浙江省教育规划课题

“现代区域研训教一体化的路径创新与实践”（2015sc042）成果

区域研训教现代转型研究与实践

Research and Practice on the Modern Transformation of Regional Research, Training and Education for School Teachers

唐西胜　著

ZHEJIANG UNIVERSITY PRESS
浙江大学出版社

序

新时代教师的专业发展，对教师研训机构的建设提出了新的要求，为此，2012年，原杭州市下城区教育研究发展中心唐西胜主任邀请我一起讨论机构建设和完善的事宜，在此次小范围咨询性活动上，大家从高质量培训的理念与研训机构的任务、性质、类型、特征等关系上，做了深入讨论。唐主任根据下城区委、区政府和教育局提出的发展战略，明确提出中心城区教师研训机构转型发展的问题，并形成了改革的具体构想。2013年下半年，原“下城区教育研究发展中心”正式更名为“下城区教师教育学院”，按照浙江省教育厅要求开展规范化建设，在这一过程中明确提出了“科学转型，内涵发展”的学院战略，开启了区域研训机构的转型、创新之路。我要特别提出的是，为了打造新时代教师教育的新品牌，转型后的下城区教师教育学院就与本人所在的浙江省中小学名师名校长工作站合作，推出了“名师好课堂”这样颇具特色的研训教一体化教师培训平台，倡导“实践导向”和“终身学习”的先进理念，成效显著，深得广大教师的认可和好评，成为我省研训机构教师专业发展工作的创造性范例！

区域研训机构的转型发展，使教师从“有培训”到能从需求出发享受“高质量培训”，逐步建立起让教师满意的服务体系，并推动研训模式的创新，下城区教师教育学院在唐院长的带领下，边研究，边实践，边反思。他们清楚地认识到，区域研训机构是颇具中国特色的教师专业化发展的专业性组织，兼具行政领导力和专业影响力，在教育教学改革的理念传播、方法探究、行为示范、教师指导等方面的作用不容小视、不可替代。在浩浩荡荡的教育改革的新形势下，区域研训机构的自身变革、转型与创新，就显得尤为重要。

转型发展，是区域研训机构内生发展能力提升的必由之路。

在他们看来，所谓转型，首先是一种状态的转变，是事物的结构形态、运转模型和人们观念的根本性转变过程。区域研训机构的转型，是理念、职能、模式、方法、手段、人员素养与作风等诸多方面创新发展的过程，是传统型研训向现代型研训演进的历程，研训形态与方式将发生重要改变：从封闭型研训走向开放型研训，从单一型研训走向一体型研训，从大一统研训走向差别化、个性化研训，从线下研训走向线上线下的混合式研训，从外延式发展走向内涵式发展。基于这样的认识，他们提出了转型的六大方向、五项指标，顺应了教育现代化发展要求，较好地体现了现代研训的重要特点，这些探索在区域研训机构建设上是极具开拓性的！

其次，区域研训机构的转型本质上也是研训教供给侧的结构性改革。因此，在转型过程中始终要坚持以师生发展为本的价值取向，从提高研训教供给质量出发，用改革的办法推进研训教结构调整，矫正研训教要素配置扭曲，扩大有效供给，减少无效供给，提高研训教供给结构对学校和教师需求变化的适应性和灵活性，提高全要素生产率，更好地满足区域全体教师专业化发展的需要。

再者，转型不是碎片化调整，需要顶层设计、系统构建和制度支撑。发生在下城区教师教育学院的转型，涵盖职能职责转变、理念文化更新、环境条件优化、内容方式变革、制度治理保障、推进策略设计等方方面面，学院较为科学地建构为目标体系、内容体系、方法体系、技术体系、保障体系等五个维度，并分别对应一体化、专业化、个性化、智慧化、治理化等五大指标，思维缜密，路径清晰，操作精细，这也是下城区教师教育学院转型能够取得实效的重要原因之一。

这里还要指出，科学推动区域研训机构转型发展，需要以深化改革为动力。改革的难点在于研训机构人员老化、机制僵化、格局固化的问题，改革的重点在于传统管理与现代治理体系建设的有效转接。马克思主义认为，人是生产力中最活跃、最革命的因素。因此，在转型的过程中，既要把学院内部教师，更要把全区教师的积极性、主动性、创造性充分发挥出来，研训教生产力才会获得生机和活力，实现蓬勃发展。因此，区域研训机构的转型，必须是全体动员、全员参与、全面推进、全程发力的过程。转型的策略和方法也成为改革设计的重要一环，规划牵动、改革推动、课题驱动、项目带动、院校联动的下城经验，值得总结与借鉴。

最后要强调的一点是，转型也是一种平衡的打破，是主动求新求变的过程，这就需要责任担当、主动作为。新旧的交替不会是自然而然的，也不是一蹴而就的，需要改革创新、攻坚克难。至为重要的是转型变革需要勇气，更需要智慧。大刀阔斧式的改革固然值得肯定，下城区采取项目式、渐进式的变革方式，采取小步子原则，稳妥而有秩序地推进转型持续有效地发生，更值得点赞。正是这种变革转型方式，让他们在转型实践中创新了许多好的项目、好的案例，打造了很多好的平台与载体，助推转型。如三级研训教体系、全员培训梯度培养模型、重点项目实践研究、名师好课堂、名师智慧空间站、小候鸟驿站教师师德真实性培训、教师海外研修等，这些既是转型的优良载体，也是下城研训的特色品牌。

切记，转型，貌似变革，实则坚守。很多时候扬弃容易坚守难。区域研训机构的转型要科学地把握变与不变的辨证关系。要不忘初心，坚守价值，坚守理性，坚守为师生可持续发展服务的价值取向。因此，在转型的顶层设计中，下城区教师教育学院冷静理性地思考追问了四个问题：为什么转？转向哪里？转变什么？怎么转？任何时候，无论我们走多远，都不要忘记当初为什么出发。

国际著名教育改革理论专家哈维洛克（R. G. Havelock）教授曾对“教育改革”做过如下定义：“教育改革就是教育现状所发生的任何有意义的转变。”这一定义告诉我们教育改革是以“教育现状的变化”为评判标准、以“有意义的转变”为标志的。这就是说，区域研训机构的转型，要有显见的具体效应或结果，意味着研训教的最初状态与以后状态的明显不同。

发生在下城区的研训机构转型创新，只是当前教育改革和现代转型的一个缩影、一种区域探索。这本书的出版，不只是为了总结教师研训的“下城道路”和“下城经验”，更期待有更多的区域研训机构一起来研究和实践探索，把我们对新时代教师发展的理想，变成理想的新时代教师，为推动学校现代化建设，打下具有决定性意义的基础！是为序。

刘　力

2018 年 7 月

目　录

第一章　问题的提出

第一节　目的与意义

《国家中长期教育改革和发展规划纲要(2010—2020)》中明确提出了“到2020年,基本实现教育现代化,基本形成学习型社会,进入人力资源强国行列”的战略目标。浙江作为经济大省、教育强省,更进一步提出要“率先实现教育现代化”,并在全省开展了教育现代化县(市、区)评估工作。能否实现教育现代化,教师的现代化是决定性因素,负责教师专业化发展的区域研训教机构责无旁贷,同时,区域研训教机构自身的现代化也成为焦点和重点。

下城区地处杭州市中心城区,教育发达,文化积淀丰厚,对研训教机构的建设一直以来都非常重视,特别是明确提出争创教育现代化强区以后,原教育研究发展中心开始谋划和规划自身的改革与发展,提出了“科学转型,内涵发展”的发展战略,以转型创新来促进现代化转身。为科学推进转型工作,下城区教师教育学院专门申报了省级规划课题“现代区域研训教一体化的路径和实践创新”,最初研究课题的切入口并不大,立足点只在区域研训教一体化这一个维度上,但越往细处做,就越吸引我们往深处走,往大处着手,课题逐渐演变成现代区域研训教制度体系建设、区域研训教机构的现代转型研究与实践。在研究中工作,在转型中研究,取得了较好的学术效果和实践效益,也由此澄清了转型过程中为什么要转型,往哪里转,转什么,如何高效、优质地实施转型等几个核心问题,小课题做成了大文章,较好地开启了区域研训教机构现代转型实践的大幕。

一、基础教育改革需要推进现代区域研训教制度建设

(一)教师是基础教育改革的主要力量

教育大计,教师为本。有好的教师,才有好的教育。教师队伍建设是教育事业发展的基础工程。只有教师队伍建设好了,各项教育工作才有充分的人才和智力的支持和保障。现代研训教制度是将科研、教师培训和教学研究相结合的制度,它是教师队伍建设的现实需要。

就基础教育发展而言,教师队伍建设的目标有不同的提法,但是不外乎注重教师的数量、质量、结构和稳定性等方面。从理想的状态看,有必要建设一支有充足数量、素质高、结构合理且稳定的教师队伍。教师队伍建设的这四个基本目标,每一个都不是轻易能实现的。改革开放以来,我国基础教育教师队伍建设面临诸多挑战,在不同时期,主要的挑战不同,挑战的大小不同,挑战的难度也不同。但是不管这些挑战如何不同,教师队伍建设的中心点不变,就是要着力建设一支能满足基础教育事业发展要求的教师队伍。

衡量教师的能力和水平主要从两个方面看,一是教师的文化程度,二是教师的教学能力。衡量教师的文化程度的主要尺度是教师的学历,看教师是从中等师范学校或高中以下学校毕业,还是从中等师范学校及高中毕业,还是从师范专科学校及同层次学校毕业,还是从师范本科院校及同层次学校毕业,还是从具有培养硕士研究生和博士研究生资格的高等院校毕业。教师的教育教学能力的基本衡量尺度是教师能否胜任教学工作:有的教师教学能力强,能胜任教学;有的教师教学能力差,不能胜任教学。好的教师队伍建设至少要达到两条标准,即绝大多数教师或几乎全部教师都能达到国家所规定的教师的起码的文化程度要求,绝大多数教师或者几乎全部教师都能胜任教学的要求。

在教师群体中,教学能力和水平最弱的是基本文化、基础知识欠缺和初步教学能力欠缺的教师。对这些教师来说,他们急需进行教材和教学方法的进修,做到能熟悉所教学科的教学大纲和教材,掌握基本的教学原则和方法,具备初步的教学能力。

有一个教师群体具备初步的教学能力,但是不具备合格的学历。他们通过实践性探索,通过不断学习和提高,具备了初步的教学能力,但是他们没有受过相应层次的学校教育,在文化程度上没有达到国家规定的学历要求。对这个教师群体来说,他们急需到相应学校进修,取得相应学校的文

凭，以达到学历合格的要求。

还有一个教师群体学历合格，并且具有一定的教学能力，他们能在自己的职责范围内做好各项教育工作。对这一群体来说，他们在成长和发展的初期，也许没有遇到多大的困惑，但是，随着时间的推移，他们会面临素质提升的瓶颈制约，即职业发展遇到“高原现象”，难以进一步提升能力和水平。

一个令人羡慕的群体是学校里的教学骨干群体，他们不仅达到国家规定的学历要求，在教学方面也具有较强的能力和工作业绩。他们是各科教学的领军人物。

对不同的教师来说，自己的事业都是需要不断往上发展的。如何找到外力的支持和内力的激发，都是一个现实的挑战。研训教制度作为一种基本制度，能给不同的教师提供必需的推动力。

（二）教师队伍存在的问题

在改革开放之初，我国教师的文化程度偏低，教学能力偏低的现象较为突出。据 1978 年的统计，全国小学、初中和高中教师学历合格率分别为 47.1%、9.8%、45.9%。[①] 这一时期我国开展的教师培训工作的重点，是提高教师胜任教学的能力和学历合格率。

1983 年以前，我国开展了以教材教法过关为重点的中小学教师培训，改变了多数教师没有受过教育专业训练、教育教学能力比较低的状况。

从 1994 年开始，我国进行了以中小学教师学历补偿为重点的教师培训工作。

针对教师队伍建设中的这两个弱项，我国着重开展了提高教师的学历合格率和提升教师的教学胜任能力的培训工作。1985 年，中共中央颁布的《关于教育体制改革的决定》指出：“要争取在五年或者更长一点时间内，使绝大多数教师能够胜任教学工作。在此之后，只有具备合格学历或者有考核合格证书的，才能担任教师。”

1986 年，国家教委在《关于加强在职中小学教师培训工作的意见的通知》中指出：“我国现有普通中小学、职业中学教师八百零二万人。不具备国家规定学历的约占半数，不胜任教育、教学工作的教师所占比例较大，有相当数量的教师急需培训提高。”这一统计数据表明，我国中小学教师的学历合格率非常低，胜任教学的教师占全体教师的比例也偏低。针对教师学历

① 马洪．中国改革全书[M]．大连：大连出版社，1992：46．

合格率普遍偏低的情况，我国建立了中小学教师专业合格证书制度，使得大多数教师通过系统进修方式达到国家规定的学历或取得相应的合格证书。

从教师队伍建设的角度看，针对不少教师来自非师范院校和非师范专业、对教育教学的专业知识十分缺乏、对教育的基本原理和方法知之甚少的情况，有必要促使这些教师进行教育学、心理学和教材教法的学习和研究。他们需要学习何为掌握教育学的基本原理和方法，做到在具体的教育教学实践中灵活学习和应用这些知识。学校应创设开展校本教育科研的条件和氛围，校外机构，尤其是高等院校和科研院所、教研机构应该加强与中小学的合作，向中小学教师传播教育科研的知识，进行必要的课题指导，提升学校教师开展校本教科研的能力。

审视教师队伍建设的另一个视角是查看教师的数量、质量、结构和稳定性。在改革开放之初，我国中小学教师的现状是：数量较少、质量低、分布不均衡、队伍不稳定。所谓数量较少，是指教师供求矛盾仍然很突出，远远不能满足学校办学的要求。缺额最大的是中学教师尤其是初中教师，而高等师范院校的毕业生数量却大大低于实际需求数量。所谓质量低，是指虽然一部分教师具有合格的学历，但大部分并没有达到应有的水平。所谓分布不平衡，是指城市教师多且质量也相对较高，农村及老、少、边、穷地区教师严重不足，质量也差。所谓队伍不稳定，是指中小学教师外流严重，人心不稳。

（三）建设教师队伍的措施

为解决教师队伍建设的这四个突出的问题，有必要采取综合管理和建设的措施。

首先，针对教师数量不足的问题，首要措施是加强和改进师范教育，扩大师范教育的规模，在短期内培养更多的毕业生，以填补中小学教师尤其是初中教师的缺口。对于社会上有志当教师且符合条件的应聘者，可以将其招收为教师，并加强后续的培养和提高工作，使其尽早成为合格的乃至优秀的教师。对于已经在中小学担任教师但是在学历和教学胜任能力方面有所欠缺的教师，要通过鼓励和动员他们参加相应培训的方式提高其业务能力，通过到教师进修学院等学校进修的方法达到学历合格的要求。

其次，针对教师质量不高的问题，重点要提高教师的文化程度和业务水平。一是对于胜任教学的能力较为欠缺的教师，学校要组织有经验的教师对他们给予帮扶，组织校内的各种教研活动，提高教师的备课、上课、作业布置、辅导的综合能力。二是采取措施促进教师的自学和提高。学校要对教师的学习和提高提供外力支持，包括请专家做讲座，或者请教师参加地区和学校的一些教研和科研活动，见世面，开阔视野。

再次，针对教师分布不平衡的状况，要采取措施促进基础教育的均衡发展。对农村的基础教育给予更多的倾斜政策。实施城市学校支援农村的系列措施，包括城市学校的教师到农村进行支教。

最后，针对教师稳定性差的问题，努力提高教师的地位和待遇。要吸引优秀学生报考师范院校，例如实施优秀生源免费进入知名师范院校的政策。

二、现代研训教制度是促进教师专业发展的需要

（一）教师专业发展

2010 年 7 月 29 日，中共中央、国务院颁布《国家中长期教育改革和发展规划纲要(2010—2020)》，提出："严格教师资质，提升教师素质，努力打造一支师德高尚、业务精湛、结构合理、充满活力的高素质专业化教师队伍。"高素质专业化教师队伍建设的核心是促进教师的专业化发展。

教师职业向专业发展是二战后发达国家教育改革和发展的一种趋势。1996 年 10 月，国际劳工组织和联合国教科文组织在巴黎召开的政府专门会议上通过了《关于教师地位的建议》，明确提出"应该把教育工作视为专门职业"。这种职业是一种需要教师经过严格而持续不断的学习才能获得并维持专业知识及专门技能的公共业务。

美国于 20 世纪 70 年代中期提出了教师专业化的口号，以提高公共教育质量，推动教学成为真正的专业。1976 年，美国教师教育大学联合会报告预言，教学能够并将自我实现为专业，同时激励教师为此做出专业的和有组织的努力。1986 年，霍姆斯小组在《明天的教师》报告中将教学从行业转换成专业作为自己的目标；同年，卡内基教育促进会发表了《国家为 21 世纪准备教师》的报告。这两份重要的报告都提出了要确立教师的专业地位，培养教师达到专业化的标准，进而提高教师教育质量。

从 20 世纪 80 年代初期开始，英国就试图建立一个更成功、更有效益的教育机制，从而解决城市学校教学成绩低下的问题。为此，英国政府加强了国家监管和对教师能力的培养，强调教师专业能力的发展只有通过对实践的反思和拥有系统理论与研究才是可能的，而这就要求大学和中小学建立新的联系。为建立这种新的联系，就应该从战略角度来看待教师的专业发展。

20世纪90年代以来，我国教育界开始关注教师的专业发展问题，并在法律政策上做出相应的规定。1994年1月1日开始实施的《中华人民共和国教育法》规定："教师是履行教育教学职责的专业人员。"这是我国教育史上第一次从法律上确认教师的专业地位。1995年，我国建立了教师资格证书制度，这是国家对教师实行的特定的职业许可制度。我国法律规定，教师资格有七种：幼儿园教师资格、小学教师资格、初级中学教师资格、高级中学教师资格、中等职业学校教师资格、中等职业学校实习指导教师资格、高等学校教师资格。教师资格包括四个方面的条件：中国公民身份、思想品德条件、学历条件、教育教学能力。实施教师资格制度是教师职业走向专业化的必要步骤，体现了教师职业的专业性和不可替代性。任用教师不能仅凭学历的高低和学科知识的多寡，教师还需要掌握教育规律，熟悉教育理论，有传授知识、发展学生个性的技能，还要有教书育人的能力，有科学的教学方法。

教师专业化，严格说来是教师通过实践和理论概括逐步形成自身的专业标准，并达到专业标准的过程。专业标准的制定过程是一个促进专业化的过程。专业标准低，实施标准过程松懈，则专业化步履缓慢，专业化水平低；反之，专业化标准高，实施标准的要求高，则专业化步伐快，专业化水平高。现代区域研训教制度在推进教师专业标准制定和实施的过程中具有两方面的作用。首先，现代区域研训教制度是一个区域性的制度，在一个特定的区域开展研训教的工作，就需要制定相应的规章制度。这些规章制度在本区域具有广泛的适用性，它需要在不同地方的实践基础上加以提炼和概括。只有通过对实践规律的总结，才能真正为专业标准的制定提供实践基础。其次，现代区域研训教制度是一项综合性的制度，它涉及教师的教育科研、教师培训和教学研究，涉及教师职后专业发展的主要方面。这三个方面的制度建设和制度创新，对于促进教师的队伍建设和专业发展具有综合的、全面的影响。建设和完善研训教制度对于教师队伍的整体发展具有重要的意义。

教师专业化不仅具有提高教师队伍整体素质，以促进教师职业的地位提高的作用，更具有促进教师个体及群体专业发展的作用。理想的教师专业发展应将触角伸向每一个教师，促进每一个教师的专长发展，对个体教师来说，教师专长的构成比一些无能为力的组织形态更为重要。只有当教师个体获得健康成长的机会，在专业知识能力方面找到发展的空间时，整个教师群体的基本素质才有提升的动力和可能性。教师个体的专业发展是一个内在专业特性提升的过程，它是教师的专业知识、专业技能、专业情意、专业自主、专业价值观、专业发展意识的综合发展过程。

教师的专业化是一个社会发展进程，其目的在于促进教师的专业发展，并最终促进学生的专业发展。当前社会高度关注教师的专业发展，不仅仅出于对教师的知识和技能是否充足的关注，而且是出于对确保教育变成一个富有活力的专业领域的关注。

教师的专业发展是一个有意识的、持续和系统的过程。首先，教师的专业发展是一个有意识的过程。为保持教师的专业发展是有意识的，教师在学校的教育教学工作中应明确发展目标，确保目标有价值，提供证据判断目标是否实现。其次，教师的专业发展也是一个持续的过程。教育是一个动态的专业领域，其知识基础在不断地扩展，因此，每个层次的教育工作者在整个专业发展过程中都必须成为连续不断的学习者。教师必须不断地分析自身做事的有效性，反思当前的实践，当事情进展不顺利时进行调整，持续地探索新的选择和完善的机会。最后，教师的专业发展是一个系统的过程。真正的专业发展是一个系统的过程，不仅要考虑跨越更长时间段的变化，还要考虑组织的各个层次。专业发展取得成功的重要条件之一，是确立组织和个体两个层面都有清晰的、完善的愿景，并且促使两者互相匹配。

（二）教师专业化发展的重要性与必要性

推进教师专业化进程是我国教师队伍建设、实施素质教育和改革教师教育的迫切需要。

首先，教师专业化是解决我国教师队伍建设现存问题的迫切需要。在我国广大的西部山区和贫困地区，教师缺编的现象十分普遍；在西部地区，仍然存在数量不少的民办教师和代课教师；由于区域经济发展的差异，某些地区教师待遇和社会地位偏低，教师队伍不稳，教师流失现象严重；在新课程实施过程中，教师队伍老化问题日益突出。上述教师问题的解决需要比较综合的解决办法，而教师专业化是一个完整的体系和综合的要求，是解决教师队伍建设中队伍老化、教师经济待遇偏低和社会地位偏低等问题的最好途径。

其次，教师专业化是推进素质教育的迫切需要。1999 年，中共中央和国务院颁布《关于深化教育改革，全面推进素质教育的决定》，开始了素质教育的全面实践。高素质的教师队伍是实施素质教育的一个基本条件。实施素质教育是一个系统工程，要求教师的教育观念、知识结构、教学实践等方面都要发生深刻的转变。教师是实施素质教育的主体，提倡教师专业化，提高教师素质，才能促使素质教育得到全面实施。

最后，教师专业化是深化教师教育改革的迫切要求。自从有教育活动开始，就有教师的存在。但是，早期的教师并不是一个专门的职业。专门的师范教育是伴随着近代工业革命的发展和教育的普及而产生的，它经历了从初等师范教育到中等师范教育再到高等师范教育三个阶段，并体现出从初级到高级、从数量增加到质量提高、从单一封闭到多元开放的发展规律，教师教育经历了从两级分离（职前和职后）逐步走向三环合一（职前培养、入职辅导和职后提高）的过程。教师专业化发展要求教师教育不仅提高其层级，而且提高其开放度。

（三）教师专业发展模式

促进教师的专业发展的途径和方法多种多样。可以依据这些途径和方法的不同，归纳出基本专业发展模式。美国学者古斯基归纳出七种专业发展模式。

第一种专业发展模式是培训模式。在绝大多数教育者的观念中，培训是专业发展的同义词，它是最为常见的专业发展形式。培训的形式包括大组讲座、讨论、工作坊、研讨班、闲聊、推理、角色扮演、模拟试验和微格教学。有效的培训一般包括四个要素：理论探索、技术分析、模拟实践、行为反馈。最佳的培训在组织时都有着明确的目标或预期的学习结果。培训是最有效和最为节约成本的专业发展模式。

第二种专业发展模式是观察及评估模式。观察他人或被他人观察，并接受具体的观察反馈，是提高行动者的意识和能力的重要手段。教师一般会利用同事的观察来为自己提供行为反馈。观察者通过以下方式获得专业特长：观看同事的表现，准备提供反馈信息和共同探讨经验。被观察者也可以获益于另一个人的观点：获取新的见解和收到有益的反馈信息。在学校里，同辈辅导和诊断性督导是观察和评估的专业发展模式的具体样式。

第三种专业发展模式是参与发展和完善过程的模式。参与发展的工作包括开发和评审课程、设计新项目、规划改善教学的策略、解决特定的教学问题。参与发展和完善过程的模式的最大优势是它不仅增加了教师的具体知识和技能，而且还强化了教师相互合作和共同决策的能力。在使用这种模式的过程中，教师对解决问题往往有强烈的兴趣，会努力寻找可操作的解决问题的方案。

第四种专业发展模式是研究小组。研究小组一般包括 4～6 人，小组成员可以是同质的，也可以是异质的。有时不同小组可以关注同样的问题，但是每个小组的侧重点可以不同。

第五种专业发展模式是行动研究模式。行动研究具有五个步骤：一是选择有关问题；二是收集、组织和解释与问题有关的信息；三是研究相关文献并进行调查；四是确定有可能取得共同的重要目标的行动；五是采取行动并证明结果。行动研究有助于教师成为更具有反思意识的实践者、更加关注系统的问题解决者和更加审慎的决策者。

第六种专业发展模式是个体指导行动模式。该模式的一个基本假定是：个体能够最好地判断他们的学习需要，并且能够自我引起和自我导向学习。在这一模式中，教师决定自己的专业发展目标，并选择那些他认为能够实现目标的活动。这一模式包括四个步骤：一是确定兴趣或需要；二是制订满足兴趣或需要的计划；三是进行学习活动；四是评估学习是否满足兴趣或者需要。个体指导行动模式的主要优势在于其具有灵活性，能提供充分的选择性。个体指导行动模式的主要形式包括撰写个人自传、利用影像资料进行自我评估，撰写日志、进行认知辅导，进行案例研究、进行角色扮演。

第七种专业发展模式是辅导模式。辅导这一模式通常用来让老练的富有成就的教育者和缺乏经验的同事进行结对。最佳的辅导者在同事当中有很高的声誉，被认为有能力推进课程变革和学校变革。辅导的形式主要包括：讨论专业发展目标，交流有效实践的观点和策略，反思当前的方法，进行观察和分析。

我国有中小学教师 1000 多万人，是国内最大的一个专业团体。尽管我国教师的教育教学活动已经在一定程度上达到专业化的初步要求，教师数量大体上满足了低水平的需求。但是中小学教师质量参差不齐，整体素质并不高。与发达国家相比，我国教师的专业化程度还有不小差距：小学和初中教师的合格学历起点较低，部分教师职业道德意识淡薄，教育观念陈旧落后，创新意识和研究能力不强，教学方法和手段落后，知识面狭窄。如何有效提升教师的专业发展水平，是目前基础教育界面临的一个重大课题。

（四）促进教师专业发展的模式

在促进教师个体的专业发展方面，存在两种基本的模式，一种模式是专家型专业指导模式，期望通过某种理论的传授而达到提高教师素质的目的。研究者和中小学教师之间形成一种自上而下的，带有指导意味的非平等关系。其中研究者被认为是以中小学教师及其活动为研究对象并进行理论创造的人，后者则是应用前者研究成果的“消费者”和“执行者”。在这种关系中，研究者扮演着“立法者”的角色，他们控制着对教师的实践工作具有绝对指导和评价作用的“权威性话语”，而教师只能扮演一个沉默客体的角色，无法享有合法的知识创造空间和地位。

另一种模式是教师自主学习和发展的模式。教师成为自主的学习者，通过反思性学习、参加专业发展项目、开展实践性研究，以规划、实施和促进个人专业发展。从理论上说，这两种模式各有其优点和缺点，笼统地肯定其中一种，而否定另一种是不恰当的。现代区域研训教制度在吸收上述两种教师专业发展的模式，促进教师的专业知识、专业自主方面发挥重要的作用。首先，在专业知识的掌握和使用方面，教师既需要通过与研究者的接触来学习和应用理论知识，又要通过实践性研究，获得关于有效教育教学的隐性知识。实践性的隐性知识是基于教师的主观知觉及个体经验的融合，针对教学情境中的实际事务，对问题解决及其意义的重新诠释。对于提高教学的实效性而言，实践性知识是在教师的教学背后真正起作用的知识。但是，教师的实践性知识并未获得应有的地位，其形成过程更是遭人忽视。缺乏实践性知识的支撑，教师的专业知识是残缺不全的，没有教师专业知识的丰富，学校改进乃至教育改革的目标都是不可能实现的。现代区域研训教制度的创建，除了鼓励研究者介入学校的研训教外，更加强调教师个体的终身学习和专业发展，提倡教师更好地进行实践性研究。

现代区域研训教制度的创建对推进我国基础教育领域的教师专业发展具有十分重要的意义，是第三种促进教师专业发展的途径。从教师职业长期发展的角度看，创建现代研训教制度是推进教师专业发展的重要机制。历史发展的经验表明，社会职业有一条铁的规律：只有专业化，才有社会地位，才能受到社会的尊重。如果一种职业是人人可以担任的，则这种职业在社会上是没有地位的。教师如果没有社会地位，教师的工作不被社会尊重，那么教师的职业认同感就低，教师就会缺乏积极性和创造力。社会中有各行各业，不同的行业之间存在占有资源和社会地位的竞争。一般说来，一个职业只有在具有高的从业标准和严格的要求、入职的要求难度大的情况下，才能具有强的专业性，才有足够强的社会吸引力。一种职业被称为专业，其前提条件之一是该职业具有专业性，从业人员必须接受过长期的特定训练，其个体与集体均具有自主性，讲求专业责任，人员具有无私的服务意识和奉献精神，有自我管理的组织，且通过专业伦理准则实行自我约束，这些特征被视为成熟专业的基本标准。值得注意的是，这些专业标准的形成，主要来自于成熟专业的特质或专业化过程所形成的特质，其本身只能作为评价职业性质的一种参考，而无法衡量每一种职业的特点。每种专业除了符合所谓一般的专业的标准外，还需要考虑本专业的特点，满足适合自身职业的一些特殊的要求。

三、现代研训教制度是推进新课程改革的需要

（一）新课程改革对教师的挑战

2001 年，教育部颁布了新一轮课程改革的纲领性文件《基础教育课程改革纲要（试行）》，拉开了新课程改革的序幕。新课程改革将课程视为一个系统工程，从课程的规划设计、实施与评价等课程研制或开发过程的维度，对课程进行全过程的系统化的改革。新课程需要新型教师，教师是新课程建设的决定因素。研究表明，课程改革的最大动力是教师，最大阻力也是教师。课程改革的重要工作之一，就是将教师从阻力状态转变为动力状态。为了实现这种转变，新课程建设要求加强教师的科研、培训和教研，促进教师的专业发展，实现教师的角色转变，从而真正建立起新课程体系，促进教育教学质量的提高。

新课程改革给教师带来了巨大的挑战。第一，教师要转变角色，从原先的知识的传授者、学生的管理者和课程的执行者等角色转变为知识、能力和素质的综合培育者，学生学习的合作者、参与者和引导者，课程的研制、开发者等角色。第二，教师需要构建新型的教学样式，以学生主动学习为核心，使用发现学习、掌握学习、合作学习、探究学习、活动学习等方式。第三，教师需要提高综合性课程教学的素养，具备综合性的专业知识素养，能够开展合作教学，具有课程资源开发的能力。第四，教师需要养成新的教学技能，包括课程整合能力、课程设计开发能力、运用信息技术的能力。第五，教师需要提高教育教学探究、创造的素养，要能在教育教学过程中通过科学探究，发挥自己的聪明才智，创造性地分析和解决问题。

新课程体系在目标、功能、内容、结构、实施、评价与管理等方面都有了重大的改革，这一系列改革，最终都要靠教师在学校教育和实践中去实现、去完善。教师要与新课程同行，要适应新课程的需要，那么必须转变角色，学习和掌握新的专业知识、技能、态度，在新课程实施中不断更新和发展。

（二）教师角色的转变

新课程的基本价值取向是以学生的发展为本，新课程中的教师角色，也

是以教师和学生之间的关系为核心的。从这个角度看，新课程实施中，教师具有八大角色：知识的传授者、学习者、学生的引导者、课程的研制者、课程和教学的组织者、团体的领导者、教育的研究者、文化的创造者。在教师角色的重新定位、适应和扮演的过程中，研训教制度发挥着相应的作用。

第一，教师需要成为知识的传授者。教师的首要角色必然是知识的传授者，当然，教师必须超越传统知识的传授者，而成为现代知识的传授者。传统的知识观是狭义的知识观，它认为知识是人类认识的成果或结晶，包括经验知识和理论知识，它主要涵盖显性的、陈述性的知识。广义的知识观表明，知识是丰富多样的，既包括显性知识，也包括隐性知识；既包括陈述性知识，也包括程序性知识和策略性知识。为了更好地向学生传授隐性知识，教师必须意识到教学实践中存在大量的隐性知识，改变自己只是一个显性知识的传递者的观念，构建起隐性知识的传授者的角色。教师认识和理解在教育教学过程中促使学生获取隐性知识的关键一步是使隐性知识显性化，以便对隐性知识进行检讨、修正和应用。教师要重新审视实践性课程的价值，通过实践的途径使学生对课堂中所学的一些知识具有更为深刻的理解和应用。重视实践性课程的目的不仅仅是为了应用显性知识，体现显性知识的价值，克服显性知识和实践的分离，而且是为了更好地学习课堂内无法学到或无法理解的相关隐性知识。教师要成为现代知识的传授者，就要通过参与研训教活动，提高自己的相应素养；教师要成为学生的隐性知识的传授者，就要首先丰富自己的隐性知识，教师自己先要通过自己的教学研究和教育科研，积累相应的知识和经验。现代区域研训教制度是一个促进教师综合全面发展的制度。

第二，教师是学习者。教师同任何人一样，也是一个学习者。教师作为学习者，是指在现代教育活动中，教师在传统知识的传授者的基础上，也是学习的参与者。现代社会知识陈旧速度加快、学习型组织和学习型社会的创建、终身教育的发展，客观上要求教师很好地进行终身学习、促进自身终身发展。在新课程的实施中，教师要参与学生对新课程的学习活动，包括课程实施前的准备性学习、课程实施中与学生一起学习，以及课程实施后的总结性学习。在推进新课程改革的过程中，虽然教师的自学是必要的，但是，教师的学习和发展还需要依托其他形式。一是教师需要参加有组织的教学研究活动；二是教师需要参加培训活动以不断更新知识；三是教师需要进行教育科研，以提升自己的研究能力。

第三，教师是学生的引导者。教师作为学生的引导者，意味着通过教育活动中师生双方的交往互动，教师在作为现代知识传授者的基础上，还扮演着引导学生全面发展的角色。教师对学生的引导是全面的引导，它包括引导学生进行知识学习，引导学生道德品质的健康发展、引导学生身心的健康发展、引导学生的人生道路的选择。为了更好地履行上述职责，教师需要成为学科教学的行家里手，成为学生道德认识能力发展和道德实践能力发展的推动者，成为学生学业、职业和人生选择的参谋。现代研训教制度在实施过程中，可以有意识地通过讲座和其他实践环节，使教师具备相应的业务知识和能力。

第四，教师是课程的研制者。新课程改革十分强调构建包括国家课程、地方课程和校本课程在内的综合性课程体系，这对教师进行课程的研制提出了新要求。在课程规划阶段，教师选择课本，挑选教学参考材料，开发课程资源，增删教学内容，修改和完善授课计划。在课程实施阶段，教师要制订教学目的和目标，讲解内容、分配时间、选择和使用教学设备及材料，选择和使用材料的呈现方式。在课程评价阶段，教师需要评定教学计划的可行性和可操作性，通过诊断性和形成性评价考察和判断学生的学业进步情况。在新课程改革前，教师基本上不担任课程研制的任务。新课程改革后，教师作为课程研制者的任务和职责相对明确起来，教师需要学习通过研训教制度来掌握课程研究的原理、技术和方法。

第五，教师是课程和教学的组织者。教师的课程和教学的组织者的角色，主要是指教师进行相互关联的媒体设计与开发、环境设计与开发、教学活动设计与开发。媒体设计与开发，是在传统的教师示范、黑板或白板以及粉笔等设计的基础上，重点进行多媒体和网络媒体的设计。环境设计与开发是通过教室、校园等环境的设计以及对家庭和社区环境建设的影响，将教学内容的设计融合在环境之中，使得学生在环境中能自然生发特定的学习兴趣和定向。教学活动设计与开发是对学生的学习方式、教师的教学方式和师生互动的教学方式，以及使他们相互作用而融合为一体的教学方法和教学过程的设计。为更好地履行教师的课程和课堂教学的组织者的角色任务，教师需要针对知识学习、经验学习和价值学习设计不同的活动方式，提供相应的技术支持，设计一人的学习环境，充分考虑“物—物”“物—人”“人—人”三种互动形式，丰富师生互动的内涵、提升互动的质量。

第六，教师是团体的领导者。教师是学校的成员和所在年级及学科的一个成员。教师不仅是学生的指路人，而且是学生的师长。教师还是一位学有专长的专家。教师要成为学生团体的共同的指导者。

第七，教师是教育的研究者。教师成为研究者，其基本理念包括：教师在教师实践中构建和创造教育的真理。教师是教育活动的意义和价值构建的主体，反思性是教师开展研究的基础。教师从事研究，有几种主要的途径：传统的经验总结性研究、质的研究、行动研究。总结性研究是指教师基于自己的实践经验而开展的研究。质的研究是指以研究者本人作为研究工具，在自然情境下采用多种资料收集方法对社会现象进行整体性探究，使用归纳方法分析资料和形成理论，通过与研究对象互动，对其行为和意义构建获得解释性理解的一种活动。教师行动研究是教师对自己的思想、信念、知识及其实践进行有目的、有系统的批判性研究的方式，是提升自身教育教学能力，获得专业成长的过程。

第八，教师是文化的创造者。文化无处不在，文化是一种力量。一方面，教师研训教活动需要有好的文化环境和文化支持。另一方面，教师在研训教活动中也在营造、创造文化，建设基于社会主义核心价值观、基于核心素养的教育教学理念文化、关系文化、制度文化、行为文化等，特别是努力创建“平等、合作、对话、理解、真实”的学习文化，为师生共同、可持续发展提供文化支撑。

第二节　文献综述

一、教育科研

自 20 世纪 60 年代英国课程专家斯滕豪斯（Stenhouse）提出“教师即研究者”的理念后，教师角色的内涵获得了极大的提升，从传统的“知识传授者”“课程执行者”“课室管理者”拓展为融教学、管理、研究于一体的综合性教育角色。在当今各国普遍重视教师教育的热潮中，教师当研究者，或鼓励教师开展行动研究，已被视为实现教师专业成长的重要环节和必由之路。① 在广州市荔湾区以文化为核心，以品牌学校为龙头，以品牌学科为支撑，以品牌教师为关键，创建“三品”工程中，教研文化作为其中的主要助动力，发挥着积极的作用和影响。探索以“习”中共愿为起点，“研”中潜思为灵魂，“行”中动情为关键，“序”中建规为支撑，“创”中有获为归宿的教研文化，可

① 钱扑．科研——教师专业成长的必由之路[J]．教育理论与实践，2008(18)．

扎实提高教育教学和教师专业水平，实现教育高水平的均衡发展。

（一）教研活动模式和方法

1.教研活动模式

20世纪50年代中期，美国的教师通过采用行动研究的方法，着手课程与教育改进。柯雷（Corey）、塔巴（Taba）主张让教师投入研究，建立可以改进每日工作情况的行动假设，考验较为优良的教学程序，并编写材料，以确定程序的效果。20世纪80年代以来，美国部分学者提倡进行定性的教育科研，鼓励大学研究人员和中小学教师进行合作方面的对话。德国中小学教师的教育科研主要通过进修中的学习、实践中的历练和教改中的尝试三个途径。目前关于教研活动操作模式，主要有以下模式："备、说、上、评、学"五环式教研活动操作模式、"行为跟进"教研模式、"选课—学课—备课—说课—讲课—议课—结课"的"三阶段七环节教研操作模式"、"评价—分享教研活动模式"、"问题驱动、研训一体、共同发展"教研模式、"科组三人行区域教研模式"、四阶段八环节式教研活动操作模式、"教研共同体模式"。

2.教研活动方法

对具体教研活动方法的探讨则更是多样化，主要包括："听课、评课、观课、议课"、学术沙龙式教研活动、对比教学式教研活动、课例分析式教研活动以及课题研究式教研活动。

（二）教育科研存在的问题

王福强指出，当前我国的教研正面临教研活动缺乏氛围、教研内容缺乏深度、教研过程缺乏合作、教研形式缺乏活力、教研活动缺乏引领以及教学教研两张皮的尴尬境遇。[①] 柳夕浪认为现在教育科研存在的问题包括以下几个方面：一是教师职业带有"专业个人主义"特点；二是教师对自身开展的教育教学活动进行研究，或许缺少研究所需要的距离感；三是教学与研究两张皮。[②]

（三）提高教研活动有效性的途径与方法

我国教研活动的具体提升途径主要表现在具体加强教研队伍建设、重建教研活动文化、优化教研活动形式及优化教研活动功能等方面。

---

① 王福强.用心做教研：一线教师最需要的教研策略[M].长春：吉林大学出版社，2010：3—9.

② 柳夕浪.教师参与教育研究：理念、方式与局限[J].华东师范大学学报（教育科学版），2002(2)：42—48.

1.加强教师队伍建设

有学者认为教研员应有积极心态、自我反思意识和高度责任心，提高教研员工作的敬业精神；构建在职自学与在职培训相结合的新型教研员继续教育制度或培训制度，优化教研员专业素养；重新明确教研员的职能定位，应走向研究型、指导型、服务型教研，从而适应新课改要求；重新定位教研员的角色，教研员不仅是专业的课程领导者、地区学科建设的领导者，也是教师专业发展的设计者、促进者和服务者。也有学者提出应加强教研组长的学科课程领导力，提高学校教研团队素质。

2.重建教研活动文化

董绍才认为“新型教研文化应当注重民主的态势，平等合作、互动交流、伙伴共生，是一种追求理想、与时俱进的文化，是一种求真务实的文化，是一种以人为本、注重提升生命价值的文化，是一种实践反思、不断创新的文化，更是一种‘网络’文化和团队文化”①。姚丹提出构建以“习”中共愿为起点，“研”中潜思为灵魂，“行”中动情为关键，“序”中建规为支撑，“创”中有获为归宿的教研文化。②

3.优化教研活动组织形式

有学者主张开展教研员与教研员、教研员与教师以及教研员和专家、学者之间的多层教研合作。有学者主张构建生态性教研网络，教研要走向生态取向，走向一线课堂。还有学者主张教研员深入学校听课、兼课，聚焦课堂，运用课例实作开展教研指导。

4.转变教研机构职能

有学者认为应该重新审视教研室职能，明确教研工作方向，将教研与科研相结合，提高教研机构服务意识；将教研机构建立成学习型、研究性、服务型教研机构，加强教研人才队伍建设，更有利于教研室作用的充分发挥；完善以校本为基础的教研制度，从教研主体的需要出发提供专业引领，建设高素质教研员队伍以及开展信息化建设，有利于教研室服务基础教育。

二、教学研究

（一）国外教学研究特色

美国的教学研究通常以专题研究为主导。教研工作的基本思路大多数

---

① 董绍才.知识管理视域下基础教育教研室的课程领导[J].教学与管理，2009(9)：3—4.

② 姚丹.探索教研文化，打造教育品牌——区域教研文化建设的探索与实践[J].中国校外教育，2010(S2)：273，276.

以具体的案例为切入点，他们将课堂上发生的事例和困惑作为一种案例进行研究，将研究结果概括为一种方法与模式。英国重视教研组长在提高学校教学质量和在学校改革过程中的重要作用，加大了对教研组长培养的力度。英国师资教育署颁布了《英国中小学教研组长的专业标准》(*National Subject Leader Standards*)，提出了英国中小学教研组长的五个专业标准，旨在有效地促进教师和校长的专业成长。法国则设立了一些专门的教研机构，重点关注对中小学的教学研究，例如建立了国际教学研究中心，主要为中小学提供教学服务。在日本，授业研究是指由民间发起的一种教学研究活动。其基本形式是通过自由参观原汁原味的公开教学，观摩者对教学过程中注意到的问题开展共同讨论，并对学校、教师和班级下一步教学活动的开展提出建议。[①]

（二）国内教学研究

在理论的层面上，李继良提出运用现代权变组织理论建立以课题研究为核心的弹性教研组织[②]，这类新型的教研组在理论上是对传统型教研组的扬弃和拓展。龚鸣、王洁根据学习型组织的“五项修炼”理论提出提高教研组的学习能力，促进教师个体的不断发展和学校教育质量的不断提高。[③]

在方法论的层面上，彭菁提出了创建学习型教研组的具体方法与措施。[④] 周彬提出了年级组和教研组的冲突与论争的现实问题，并且通过分析年级组与教研组的定位和职责，找到了这一问题的解决之道：互助与合作。这些策略、方法与措施的提出有利于教研组管理的具体实践，具有现实的针对性和可行性。[⑤]

在实践的层面上，针对目前我国许多学校实行年级组管理的模式，顾泠沅在全国率先开展了“创建以校为本教研制度建设基地”的项目建设。就教研有效性而言，姜兴明针对当前中小学教研组活动中存在的工作疲软的症

---

① Avalos B. Teacher professional development in teaching and teacher education over ten years[J]. Teaching and Teacher Education，2011(27).

② 李继良.普通高中基层弹性教研组织的建构[J].教育理论与实践，2003(17)：33—37.

③ 龚鸣，王洁.在学习中凝聚 在凝聚中发展“学习型教研组”的建设与提升[J].上海教育，2006(20)：34—36.

④ 彭菁.创建学习型教研组的实践研究——以一中学政治教研组为例[D].上海：上海师范大学，2007.

⑤ 周彬.年级组与教研组的冲突与协作[J].中小学管理，2005(7)：10—11.

状，进行深入的“病因探究”，进而提出增强教研组工作效益的应对策略，如加强理论修养，改进教研方法，增加教研经费，改善、加强教研考核，促进教师间的良性竞争等等。刘明华、王必闩通过调查研究提出中学教研组建设的策略，即各参与方转变观念，提高认识；学校加大支持力度；教研组加强自身建设；教师不断提高自身素质。① 尹文坚通过调查研究，提出中学英语教研组有效开展教研组活动的策略：营造良好的教研组环境氛围；加强教研组科学管理；组织丰富多彩的活动；加强“组本”培训等。②

三、教师培训

针对社会不断提出的新要求，教师的知识、技能、态度需要不断改变和更新，发达国家十分重视教学工作的专业化问题。早在1954年，美国就开始了教师专业化标准的制定。美国卡内基财团组织倡导的《教师专业化标准大纲》是一份迄今为止最明确地界定了教师“专业化”标准的文件。1989—1992年，经济合作与发展组织（OECD）相继发表了一系列有关教师及教师专业化改革的研究报告，如《教师培训》《学校质量》《今日之教师》《教师质量》等。1996年，联合国教科文组织召开的第45届国际教育大会提出：“在提高教师地位的整体策略中，专业化是最有前途的中长期策略。”同年，在约旦安曼召开的“国际教育全民论坛”十年中期会议的核心问题就是：“通过改善教师的地位、培训及士气从而提高教学质量。”

（一）教师培训理念

赵明仁、周钧提出了指导我国教师培训的根本理念为：专业化与终身化；一体化、自主化、多元化、信息化与制度化。③ 王冬凌认为，“以师为本、以生为宗、实践取向、终身学习”应成为区域教师培训课程建设的核心理念，并提出：核心思想是基于并引领需求，重要取向是激活教师的实践知识，基本架构是宽基础、小模块、多选择，最终归宿是促进学生发展，价值追求是教师培训学科建设。④ 余新指出，教师培训管理的七个关键环节是：做好培训需求分析，掌握学员个体学习特征，聚焦培训目标，设置有针对性的培训课程，

---

① 刘明华，王必闩.教研组建设现状及功能思考[J].上海教育科研，2008(4)：47—48.

② 尹文坚.中学英语教研组建设的问题与对策[D].上海：华东师范大学，2006.

③ 赵明仁，周钧.教师培训的理念更新与制度保障——首届“中国教师培训论坛”综述[J].教师教育研究，2007(3)：37—40.

④ 王冬凌.构建区域教师培训课程新体系[N].中国教育报，2010-11-26(005).

优化培训师资资源，发挥研修主体的参与作用和全程监测与控制培训质量。①

（二）教师培训模式

在国内外教师专业化发展过程中，随着社会生活的变化、教育改革的影响、中小学教育的发展和普及、教育学科的进展和反思以及对教师质量要求的提升，出现了多种教师研修模式。

1. 国外教师培训模式

（1）"高校本位"模式

美国的教师专业发展学校（Professional Development School，以下简称PDS）以中小学和大学为依托和基地，通过大学与中小学的密切沟通、交流与合作共同培养师资的新型教师教育组织模式与形态。在这种新型发展模式的推动中，大学教育者作为中小学教师能力培养的参与者、促进者与领导者（Jenlink & Kinnuncan-Welsch，2001），在对教师自信心的提升与高责任感的培养方面起了积极的促进作用。通过大学和中小学合作建立的旨在促进教师专业发展的教学研共同体，可加强大学教师与中小学教师的合作研究，在研究解决现实问题的实践中实现对中小学教师的培养，使他们获得有效的持续发展。②

（2）"校本培训"模式

作为当前英国教师在职培训的主流模式，其看重实践教学，以能力培养为主，强调的是基于教师任职学校及教学课堂的教育模式，由中小学根据自身的实际情况而设计出符合教师专业发展需要的课程的过程。中小学校本培训逐步倾向于满足教师的个人需要，重视教师在实践过程中问题的解决和所需教学技能的获得。这一模式通常由中小学校、地方教育当局、大学或教师中心或其他培训机构三方共同参与规划与实施。

（3）"网络本位"模式

"网络本位"模式是随着信息化的发展而产生的一种崭新的教师培训模式。它有效地利用了网络与多媒体的优势，把"面对面"的学习扩展到纵向的、横向的、空间的和时间上的四维时空模式。目前，英国许多大学或教育

① 余新．有效教师培训的七个关键环节——以"国培计划——培训者研修项目"培训管理者研修班为例[J]．教育研究，2010(2)：77—83.

② 王会，傅松涛．理论与实践有机结合的美国教师专业发展学校[J]．河北师范大学学报（教育科学版），2014(3).

机构都开设有供不同层次教师学习的网络课程，教师不仅可以依靠网络进行自学，还可通过参加本国或其他国家的网络课堂来提升能力和学历。英国远程教育中不少课程实现了异地交互，培训双方以及学员可以通过网络进行对话和交流。其中，开放大学是英国网络教育中最有市场影响力的教育机构。①

2. 国内教师培训模式

理论上，教育部在2003年指出，教师培训模式大概可以分为五种：一是"课程本位"模式，即以高校为主；二是"教师本位"模式，即以大学、教师培训中心、民间非营利教师委员会、协会为主；三是"学校本位"模式，即由教师任职，学校自主制订培训计划、自主组织培训活动；四是协作式的培训模式；五是网络培训模式。有学者指出，我国目前教师培训项目的实施模式主要有以下三种：政府模式、项目模式和科研模式。严军提出"三自"培训模式，是指在教师专业发展各阶段的教师培训中以"自主学习—自主研修—自主发展"为统领，即在以人为本的理念指导下，以学员为主体的总体框架体系中，培训内容来自于学员的自主需求，培训过程由学员主动组织研修、互动，培训目标来自于学员要求专业发展的内在诉求，其核心价值观为学员自主，在整个培训中充分体现以学员为本的理念。② 陈向明、张玉荣指出，目前国际流行的两种教师教育模式对我国教师的专业发展及其研究也产生了很大的影响，第一种是"基于能力"的教师教育模式，注重观察教师的有效教学行为，将其转化为事先规定的"能力"，并与学生的学习结果相联系。第二种是"基于证据"的教师教育模式，起源于医学领域的"循证研究"，通常有预先规定的目标，通过寻找证据来证实教师实践活动的"有效性"③。

实践上，Vescio等认为学习共同体的建设、监督与评估对教师教学实践能力及学生学业成绩的提高均起着积极的促进作用。④ 基于专业发展目的的学习型组织有着共同的价值观，都强调学习的自主性，关注学生的成长、

---

① 陈时见，谭建川. 中小学出任教师入职教育的国际比较[M]. 重庆：西南大学出版社，2011：11.

② 严军. 促进教师专业发展的"三自"培训模式研究[D]. 苏州：苏州大学，2009.

③ 陈向明，张玉荣. 教师专业发展和学习为何要走向"校本"[J]. 清华大学教育研究，2014(2)：36—43.

④ Vescio V, Ross D, Adams A. A review of research on the impact of professional learning communities on teaching practice and student learning[J]. Teaching and Teacher Education, 2007(1).

学校的治理及自我的终身性学习，是实现教师专业发展的一种重要模式。[①]在两极混合培训模式和三级培训模式的基础上，重庆市提出"理论研修、影子研修、反思研修、实践研修"的"四阶段"教师培训模式。其中，理论研修定位为更新学员的专业知识，影子研修着眼于提升学员的教学能力，反思研修聚焦学者型教师培养，实践研修则指向成果转化与示范引领。广东省教育厅在问题演绎和实践归纳的基础上，初步建立了一套较为完整的"四主四环"骨干教师培训模式。该模式包括高校（导师）、名师工作室（名师）、区域教师培训机构和骨干教师培养对象四个培训主体，"集中培训、跟岗学习、岗位实践、成果展示"四个培训环节以及分工合作、课题带动和分段式评价等实施策略。"四主四环"培训模式的实施过程涉及较为复杂的社会关系，需要教育主管部门、培训院校、中小学之间的密切合作，尤其需要资金和配套政策的保障。

杨彦军、郭绍青研究发现，我国的教师培训评估存在管理导向模式、绩效导向模式和过程优化模式。[②]

（三）教师培训保障

1. 制度保障

Cochran-Smith 指出基于教师专业发展和教师教育研究的政策制定和实施有利于解决教师在教学实践中遇到的问题，从而有利于提高教师质量。美国在 1986 年提出的《准备就绪的国家：21 世纪的教师》报告中明确强调教学是一种专业以及与此相联系的专业培训，该报告就专业发展的物质保障、内外环境、教师队伍、教师专业水平、教师奖惩和教师组织建设等提出了许多建议。法国教师专业发展从萌芽到成形也获得了连续的政策支撑。1972 年，法国国民教育部和全国小学教师工会发表了《关于初等教育教师终身教育基本方针的宣言》。该文件指出，教师培养是一个完整的概念，应该包括职前培养和职后培训。19 世纪 70 年代日本师范教育产生。之后，日本教师专业发展的方方面面都渗透着法律、制度的规范，如《学校令》《师范学校令》等。二战后，日本教育立法实行分权制，严格的立法程序使日本教师专业发展的每个细节都有法可依，有利于制约以政府为背景的个人权力对教师专

---

① Dooner A M, Mandzuk D, Clifton R A. Stages of collaboration and the realities of professional learning communities[J]. Teaching and Teacher Education, 2007(3).

② 杨彦军，郭绍青. 国内教师培训评估研究现状综述[J]. 中国人民大学教育学刊，2012(2)：170—180.

业发展的干扰，从而促进教师专业发展。

2.经费保障

在培训经费方面，形成了分层次的经费保障机制。教师参加在职进修，不仅是教师的义务，也是教师应当享受的权利。各国为教师在职进修制定的制度或有关教育的法规中，还具体规定了教师参加进修的时间、经费开支渠道和考核办法。美国、英国和德国中学教师的在职进修和继续教育，都采用分级经费资助的形式。有些州的教育研究所或教师进修学院，采取逐级培训本地区教师的方法，州一级培训进修教师，进修教师回本地区再培训教师。联邦政府对按规定参加进修的教师除带薪休假外，还给予专项经费资助和支付各种津贴(主要是交通费)。美国和英国的一些州(地区)政府拨专款设立教师培训中心和中小学教师进修基金。日本的新任教师研修，在经费投入方面也具有专项性，初任教师研修经费全部由文部省统一从教育经费中划拨，预算费用逐年递增，1987 年为 30 多亿日元，到 1994 年已经上升到 100 多亿日元。近年来，文部省每学年在教师研修上的花费大约是 200 亿日元，大约相当于 2 亿美元。在美国，教师积极参加进修的主要原因之一，是通过进修可以使其资格或身份有所提高，又可以在考试合格或取得新的资格后提高待遇，这也大大促进了教师进修活动的开展。1983 年，美国众议院通过一项决议，拨给州和地方 2 亿美元，专门用于数学和物理学科教师的在职进修和对新教师的培训。

(四)培训存在的问题

谢小波指出，目前校本培训存在的问题主要集中在：前沿理论与培训方式滞后，认识不到位，指导不到位，培训的内容难以满足教师的需求，资源不到位，评价方式单一，观念陈旧。① 杨彦军、郭绍青认为，理论研究还处在低水平的研究阶段，符合我国国情的成型理论体系严重缺乏；教师培训评估研究机构较多但缺乏有代表性的机构，研究代表性人物较少且缺乏成体系的理论成果。② 孙二军、郝瑜指出，培训体系不健全，国家、省、市、区县的培训工作缺乏系统设计；培训机构较为单一，多元化的培训格局尚未形成；培训

---

① 谢小波.2004 年国内教师校本培训研究综述[J].宁波大学学报(教育科学版)，2005(3)：28—31.

② 杨彦军，郭绍青.国内教师培训评估研究现状综述[J].中国人民大学教育学刊，2012(2)：170—180.

要求整齐划一，缺乏学科教学的针对性；培训评价落后，形式主义严重等。①

有鉴于此，王冬凌指出，探索教师培训工作的运行规律，实施高效教师培训模式应在培训思想上坚持“以人为本”的培训价值观；在培训目标上以促进学员可持续发展为目标取向；在培训课程上以激活学员的实践知识为重要取向；在培训实施上以参与式培训为核心策略等。教育行政部门需要针对中小学教师队伍的实际状况，在经费投入、政策保障、培训机构布局、培训模式分层分类、培训评估模式跟进、培训手段与形式完善等方面谋求有针对性的改革举措，切实加强中小学教师培训的各项工作（孙二军、郝瑜，2012）。杨彦军、郭绍青提出实践与研究并重、加强系统深入的理论研究、加强本土化理论创新研究等建议。

四、研训教一体化

（一）教师教育一体化

20 世纪 70 年代《詹姆斯报告》中提到教师教育“三阶段论”，即个人教育阶段、准备教育阶段、在职教育阶段。教师教育一体化着眼于教师职业生涯各个阶段的专业发展，强调职前培养、入职教育、职后提高的一体化，即学历教育与非学历教育的一体化，目的在于强化教师职前培养和职后培训的连贯性。教师的终身教育主要承担了在职教师的知识补充、更新，教师的教育教学能力的提高，以及教师的学历提高等职能。同时，正如浙江大学刘力教授所说，终身学习是个人主动、自发进行的，教师教育要使教师在实践、体验、反思、学习与研究中完成教师专业发展，实现教师专业发展与生涯发展的统一。教学研究与实践一体化建设，强调师范大学（教师教育机构）与中小学的协作关系，打破了以职前教师培育为重点的传统观，开始重视教师的终身学习与发展，逐渐将教师教育、教育科研、课程评价结合在一起。②

（二）教师研训教一体化

陈萍指出，新课程改革以来，呈现出以下几个特点：从“研训分离”走向“研训合一”，从“承上思维”转向“顺下思维”，从“单一型教师”朝向“多能型

① 孙二军，郝瑜. 教师培训模式系统设计及改革策略[J]. 中国教育学刊，2012(8)：76—79.

② Metzler M W, Blankenship B T. Taking the next step: Connecting teacher education, research on teaching, and programme assessment [J]. Teaching and Teacher Education, 2007(4).

专家”。[①] 徐丹指出，研训教一体教师发展模式有开放性较强、针对性强、实践和理论结合等特点。[②]

理论层面，吴丽芳提出，建构以“教”为指引、以“学”为支撑、以“研”为提升、以“训”为落脚点的“教学研训一体化”实践教学体系。[③] 陆正芳指出，“研训教一体化”中小学德育管理者培训模式主要包括：问题研究、专题培训、教育实践、反思评价。[④] 陈文指出：“‘研’的是学校教育教学中存在的共性与个性问题以及在新课程背景下教师专业发展所面临的困惑；‘训’的是促进学校校本化发展的理论与策略以及促进教师专业化发展的理论与方法。”[⑤]

实践层面，杜惠慧指出，杭州市下城区教师教育学院从区域层面的顶层设计和制度推进两方面入手，形成了区域教科研培训新路径：基于全域科研素养提高的“学术大讲堂”路径，基于某研究领域科研素养提升的“研究共同体”路径，基于个体科研能力突破的“小组工作坊”路径，整体提升了区域教师的科研素养，形成了区域科研工作的特色和品牌。[⑥] 蔡伟指出，浙江师范大学创造的以角色转换为核心的“全动型”教师培训模式具有代表性，包括全面发动、全体行动、全员互动、全程跟动四大板块和定向、定员、定时、定式、定评的“五定”环节。[⑦]

五、研究述评

综上所述，学者们对教师的专业发展进行了多方面的探索性研究。这些研究成果无疑为教师发展、区域研训教一体化发展奠定基础，也为本研究提供了丰富的理论资料。但从已有文献来看，多数文献主要从教育科研、教师培训、教学研究等某一方面着手进行研究，涉及区域研训教一体化的研究

---

① 陈萍. 教师进修学院研训一体化方式的研究和实践[D]. 上海：上海师范大学，2006.

② 徐丹. 中小学教师教育技术能力“学研训一体化”发展模式研究[D]. 沈阳：沈阳师范大学，2014.

③ 吴丽芳.“教学研训一体化”实践教学体系的特点与建构[J]. 学前教育研究，2010(7)：63—66.

④ 陆正芳.“研训教一体化”中小学德育管理者培训模式的探索[D]. 苏州：苏州大学，2010.

⑤ 陈文.“研训一体化”教师教育模式的研究[J]. 江苏教育研究，2011(7)：53—56.

⑥ 杜惠慧. 基于“研、训、教一体化”的区域教科研培训路径创新——以杭州市下城区教师教育学院为例[J]. 教师教育论坛，2017(2)：68—70.

⑦ 蔡伟. 建构以角色转换为核心的“全动型”教师培训模式[J]. 课程·教材·教法，2011(12)：87—92.

较少。而且，上述研究由于种种限制，也存在诸多不足。

（一）理论与实践脱离

现有研究主要存在两种趋势：一是作为研究者，对现有研训教制度的现状以及存在的问题泛泛而谈，并提出一些空洞、难以实践的对策，未形成具有针对性的研训教实践模式；二是作为实践者，基于自己的实践过程，简单论述研训教的实施过程，少有研究在理论的指导下对研训教模式进行总结与提炼，研究本身呈现简单化的趋势。

（二）研究范式仍需要完善和丰富

从当前研究来看，教育学研究占主流地位，政策研究、社会学研究极少，跨学科分析视角尤为欠缺。应该说区域研训教制度发展绝不仅仅是一个单纯的教师专业发展问题，同时也是一个复杂的社会问题，需要政策、经费、法律法规的多方面保障，需要多学科协同研究，从而提出有一定深度的研究成果。

（三）区域研训教一体化研究较为缺乏

多数研究只是从教育科研、教师培训、教学研究某一侧面或层次切入，研讨了中小学教育科研、教师培训、教学研究的历史发展、活动模式与方法以及提高活动有效性的对策或建议，局限于教研员的实践经验的介绍层面，分析和论述不够全面和深入，且都是零散研究，系统研究很少。

第三节　研究设计

一、核心概念界定

所谓“研训教”即区域教研、教师培训、教育科研。“研训教”三者之间的关系是：“区域教研”是核心，也是基础；“教师培训”是专业提升，是有效研究和有效教学实践的保障；“教育科研”是引导，是对教研经验的提升、提炼，形成科学的方法、规律，并应用到教学实践中，提高教育教学质量。

“一体化”，是将教师培训与教育科研、区域教研有机结合，以教育科研作先导，通过有专题、有系列的教研活动对下城区教师进行有目的、有计划的培训，使教研活动成为教师培训的课堂，使教研活动与教师的专业提升结合起来，通过教师参与问题解决的过程来获得经验，促进教师由“个体被动的专业发展”转向“个体主动的专业发展”，由“个体主动的专业发展”转向“区域群体主动的专业发展”，取得以训促研、以研带训、研训结合的效果，从而整体提升区域教育教学质量。

二、理论基础

从本质上说，教师专业发展是教师个体专业不断发展的历程，在动态上体现为向上前进的态势，静态上体现为整个发展过程中的阶段性或终结性目标达成。在这一过程中，既离不开教师个人在自身专业发展中的主动性，又离不开促进教师专业发展的外在支持活动，如本研究中的研训教一体化，只有外在推动力量与教师的内在改变力量相结合，才能顺利而有效地实现教师的专业发展。这就要求教师研训教活动尊重和充分利用教师自身的主动性，并且还要培养教师自主专业发展的意识和能力。

（一）强调教师专业发展的内容和过程

教师专业发展涵盖两个方面：一是指教师要关注课堂教学的复杂性过程，主要研究特定的教学法、课程改革的实施、教师如何学会教学以及如何获得知识和专业成熟；二是指影响教师教学成效和学习动机的社会条件、组织保障等。

（二）把教师视为“专业人员”

将教学视为专业、将教师视为专业人员，体现了对教师具有较高社会地位、职业声望、专业水准的一种期许和努力。教师专业发展意味着教师个人在专业生活中的进步，包括信心的增加、技能的提高、对所任教学科知识的不断拓宽以及对自己在课堂上这样做的原因意识的强化。就积极意义而言，教师专业发展还包含更多的内容：教师的教学不仅具有技术性，更体现了艺术化；教师要能把职业升华为专业、把专业技能转化为专业权威。由此，教师作为专业人员，其专业发展涉及教师专业知识、专业技能、专业情意、专业理想的全面发展与提升。

（三）主张教师是具有无穷潜力、持续发展的个体

教师专业发展不是一朝一夕之功。这个概念的基本假设是“教师需要持续的发展”，“当我们要了解教师时，必须考虑的首要因素是，教师是一个‘人’”。虽然教师的身心发展已经比较成熟，但是并非就此原地踏步或停滞不前，他们还具有无限可能的发展空间和前景，处于持续的发展、变化、进步中。教师是发展中的人，这是教师专业发展所要传达的核心思想。

(四)要求教师成为学习者、研究者和合作者

教师的专业发展既是一种认识,更是一个奋斗过程;既是一种职业资格的认定,更是一个终身学习、不断更新的自觉追求。“不论时代如何演变,也不论是自发的还是外在刺激的,教师都是持续的学习者,这种学习就是‘专业发展’。”比“教师是学习者”的解说更进一步的是“教师是研究者”。

“教师是研究者”是指教师不是“被发展”或“待补救”的尴尬个体,也不是别人研究成果的简单消费者,而是自己研究成果的能动创生者。“依据教师是研究者的概念,教师的成长历程主要涉及专业判断、批判性反思、系统的自我分析。”威廉·皮恩克和亚瑟·海德也指出,教师专业发展的计划必须包括理论研究和实践反思,以便寻觅到特定背景和环境下的学校革新。

教师不仅是学习者、研究者,还应该是一个合作者。丹·洛蒂曾批评“中小学建筑所呈现的‘蜂巢式的结构’以及像‘装鸡蛋的条板箱’”产生并助长了学校中教师的孤立、隔绝状态。其实,“教师专业发展代表了一种更为宽广的思想,它不仅是教师与学生一起改进实践的途径,而且还意味着在学习中建立一种相互合作的文化,在这一文化中教师之间相互学习的行为受到鼓励和支持”。

有鉴于此,本研究以教师专业发展理论为指导,研究研训教一体化模式对教师专业发展的促进作用。

三、研究内容

本课题研究的问题指向区域内研训教制度和体系建设过程中如何有效促进研训教的一体化、如何克服现有的困难和障碍、如何畅通现有的路径、如何开拓新的路径、如何整合现有路径的问题。

路径研究要基于目标的研究。路径是指向目标达成的路径。路径研究要关注路径依赖,先前的路径制约以后的路径。路径研究要关注操作体系的改进,关注条件的具备和行动的过程。

四、研究方法

在研究方法的选择上,本课题主要采用理论分析、文献分析、调查研究、深度访谈、案例分析等方法。

第一,本研究通过对相关理论的分析,借鉴教师专业化理论、机构转型发展理论、学校变革理论,形成相应的理论分析框架。

第二,在文献分析方面,本研究注重全面搜集和利用政策文本、学术研究文献、学校案例研究资料和田野研究资料。

第三，在调查研究方面，本课题对教师教育机构、基层学校、教师和学生进行问卷调查，撰写调查报告。

第四，在深度访谈方面，本研究选取部分校长、研究员、教师和学生进行的深度访谈，使用编码技术对访谈材料进行分析。

第五，在案例分析方面，本研究选择部分学校、研究员、课程建设、课堂教学进行案例分析。

第二章　区域研训教制度发展阶段演变

第一节　国外区域研训教制度演变

一、美国的区域研训教特色

(一)教育科研的特色

20 世纪 50 年代中期,美国教师通过采用行动研究的方法,着手课程与教育改进。柯雷、塔巴主张让教师投入研究,在他们的指导下,界定问题,建立可以改进每日工作情况的行动假设,考验较为优良的教学程序并编写材料,以确定程序的效果。1985 年美国科学促进协会提出了一个旨在全国范围内改革幼儿园至高中毕业阶段科学教育的长远的综合型计划,即“2061 计划”。“它是美国进行科学教育改革的主要项目,也是一个最早由中小学教师、大学教师和中小学生家长共同参与的教改项目。”①作为实施该计划的一个措施,美国科学促进协会编著了《科学普及的资源》(*Resource for Science Literacy*)、《科学普及的设计》(*Design for Science Literacy*)等书,帮助教师提高自身的科学素质,指导教师获得专业发展和进行课程改革等。

20 世纪 80 年代以来,美国部分学者提倡进行定性的教育科研,鼓励大学研究人员和中小学教师进行合作方面的对话。以前人们认为,教学知识

---

① 高红梅.美国 2061 计划简介[J].中小学管理,1997(10).

主要应该由外入内，即这类知识创造于大学，然后应用于中小学，这种看法未能充分反映教师本身其实在某种程度上也是知识的创造者的事实，忽视了教学的知识蕴藏于教师的实际工作中和环境中这一事实。教学的知识必须从外部和内部两个角度进行观察，必须注重如何培养教师的反思、研究能力及如何让教师本人去促进其教育教学工作。美国注重对教师反思实践能力的培养，认为教师是学习者、研究者，教师专业成长的关键在于教师反思自主意识形成和提高。因此，在教学内容上，不仅重视学科知识的选择，也重视普通教育知识、教育科学和实践知识的比例协调；在教学手段上采用了以行动研究为主的促进教师自我成长的手段。①

（二）教师培训的特色

1.初任教师的入职教育

美国初任教师的入职教育又称初任教师入职指导计划（Induction Program），是指教师在获得临时教师资格证书、受某所学校的聘用后，所接受的至少一年的有计划、有系统、持续的业务上的支持与帮助。初任教师的入职教育旨在解决初任教师进入岗位后所遇到的一些现实困难和问题。

（1）初任教师入职教育的目标设计

初任教师入职教育的目标是对教师入职的定位和要求，是设计和实施初任教师入职指导计划的出发点，它反映了社会对教师职业的要求，体现了教师职业初期活动的内在需求。初任教师入职教育的目标可以归纳为以下四个方面：第一，帮助初任教师顺利过渡，以降低教师的流失率。第二，改进初任教师的教学行为，以提升教师的教学水平。第三，促进初任教师了解学生的多元需求，以提高学生的学业成绩。第四，传承学校和社区文化，以促进教师的社会适应能力。

（2）教师入职教育的内容结构

尽管美国各州的教师入职教育内容结构存在差异，但总体内容结构要素基本相同，通常包含以下几个方面。第一，开设和修习定向课程，旨在帮助初任教师熟悉和了解联邦、州、学区和学校各个方面的政策、程序和课程安排，从而帮助初任教师胜任学校或学区的工作并更好地融入社区文化和学校文化。第二，组织和参加专业发展研讨会，为初任教师提供集体解决问题和反思教学方法的机会，为他们的进一步学习创造了条件。第三，支持与

---

① 马志鸿.美国中小学教师反思能力培养方式研究[D].成都：四川师范大学，2008.

帮助，主要包括导师支持、同行支持、合议支持和外部支持等。

(3)教师入职教育的主要模式

根据州或学区教师入职指导计划构成要素的不同，美国教师入职教育的模式主要有以下几种。

基本定向模式(Basic Orientation Model)。这种模式侧重于让初任教师了解学校的运行机制、文化以及学区的政策和初任教师的责任。其具体做法是为初任教师提供一些有关学校的信息以及与同事见面的机会。召开研讨会，主要强调初任教师如何处理实际工作中面临的问题，如召开家长会、安排节假期和发放成绩单等，但很少关注教师的教学技巧或专业发展规划。

教学实践模式(Instructional Practice Model)。这种模式亦称初任教师发展模式(Beginning Teacher Development Model)，这是目前美国较为盛行的一种教师入职教育模式。教学实践模式入职培训持续三至五年，主要目标是帮助和提高初任教师的教学技能。学区为初任教师提供教学导师，帮助他们适应教育教学工作，指导他们掌握有效的教学方法，为初任教师提供高密度的专业学习机会和切实可行的专业发展计划。

学校变革模式(School Transformation Model)。这种模式结合基本定向模式和教学实践模式的优势，是目前最前沿的一种入职教育模式。它旨在帮助初任教师成为学校文化的一部分，积极参与学校的改革，并使其高质量的专业成长与改善教学的学习行为结合起来。①

2. 中小学教师的在职培训

美国师范教育开始不久，中小学在职进修就相继出现。20 世纪 50 年代以前，美国师范教育中心倾向于教师职前教育，培养足够多的中小学教师，以满足基础教育发展的需要。50 年代后期，中小学教师的在职培训问题引起了人们的注意。②

(1)在职培训的内容结构

第一种是为了改进课堂教学而开展的在职培训，它强调教师在课堂教学中的实际表现，从中发现问题，并通过培训分析和解决问题。第二种是与教学管理工作相联系的在职培训，主要帮助教师解决工作中存在的沟通、配合等问题。第三种是关注一般性专业发展的在职培训，主要帮助教师提高一般素养。第四种是以提高专业地位为目的的培训。第五种是以发展个人

---

① 刘永凤，谭菲. 美国中小学教师的入职教育[J]. 教育研究，2015(4).

② 时伟. 当代教师继续教育论[M]. 合肥：安徽教育出版社，2004：7.

兴趣爱好为目的而开展的培训，它不一定对教学工作产生直接的影响，但是对教师的个人成长颇为有益。

(2)在职培训的主要模式

美国的区域教师培训的途径和方法很多，具有重要国际影响的是创建教师专业发展学校和进行校本培训。

教师专业发展学校。1986 年，卡内基教育和经济论坛发表了《国家为培养 21 世纪的教师作准备》的报告，指出教师是教改成功的核心和关键，并提出了教师专业发展的理念。同年，霍姆斯小组发表了《明日的教师》报告，提出了未来教师应具备的各项能力，并第一次提出创建教师专业发展学校的建议。PDS 以中小学和大学为依托和基地，通过大学与中小学的密切沟通、交流与合作共同培养师资的新型教师教育组织模式与形态。① 在这种新型发展模式的推动中，大学教育者作为中小学教师能力培养的参与者、促进者与领导者，在对教师自信心的提升与高责任感的培养方面起了积极的促进作用。② PDS 一般由一所或多所中小学与其所在学区的大学特别是大学的教育学院共同参与，建立起稳定紧密的多所学校联合体，旨在促进教师专业发展的教学研共同体，加强大学教师与中小学教师的合作研究，在研究解决现实问题的实践中实现中小学教师的培养，使他们获得有效的持续发展。双方的合作主要体现在四个方面：组织指导实习工作、组织教师的校本培训、举办科研论坛、共享科研信息和成果。

PDS 的目的在于为职前教师提供真实的实习环境和为在职教师的专业发展提供实践条件。教师教育一体化建设，打破了以职前教师培育为重点的传统观，开始重视教师的终身学习与发展，逐渐将教师教育、教育科研、课程评价结合在一起。③ 教师的专业发展是一个复杂的过程，其扮演着学习的主体与客体的双重角色。④

---

① 黄雪娜，许明. 专业发展学校与美国教师教育的发展[J]. 福建师范大学学报(哲学社会科学版)，2002(4).

② Jenlink P M, Kinnurcan-Welsch K. Case stories of facilitating professional development. Teaching and Teacher Education, 2001(6).

③ Metzler M W, Blankenship B T. Taking the next step: Connecting teacher education, research on teaching, and programme assessment[J]. Teaching and Teacher Education, 2007(4).

④ Avalos B. Teacher professional development in teaching and teacher education over ten years[J]. Teaching and Teacher Education, 2011(27).

通过参与PDS的活动，不仅使实习教师的专业化程度得以提高，大学教师和中小学教师也在理论和实践的交互中弥补了各自的缺陷；PDS通过教育理论与实践的结合推动了合作伙伴关系的完善；在PDS中，大学与中小学增加交流合作和信息的共享，大学可以根据中小学的实际要求及时布局或更改培养计划，同时，这个平台还有助于增强双方的相互信任和支持，以多种形式的活动增加师范生的职业适应能力；PDS的建立带来教师培养模式的变化，保证了教师培养的质量，畅通了大学和中小学之间的信息交流渠道，为合理调整师资培养计划、整体性提高教育和教学质量奠定了坚实的基础。①

校本培训。校本培训主要有两种界定方式：一种以培训地点为依据，指完全在中小学校内进行的教师在职培训计划与活动；另一种是以培训内容为依据，只要是以促进教师专业发展、改善学校和教学实践为中心的计划与活动，无论是完全在中小学校内进行的还是中小学与其他机构合作开展的，都属于校本培训。② 美国主要采用第二种校本培训模式。自20世纪90年代以来，美国探索出了学校本位的教师培训模式，这一模式的操作步骤包含十个要点：(1)学校指定专人，负责初任教师的入职培训。(2)每个中小学均指定教师培训的联络人，定期收集教师培训的信息，并向其他机构通报信息。(3)设立校外中心，由教师教育机构选择若干所中小学设立此类中心，为邻近的中小学教师提供各种进修服务。(4)吸收资深中小学教师担任专职培训人员，共同设计和制订中小学培训计划，确定培训的内容和目标。(5)在中小学设立教师继续教育管理小组，一般由校长和资深教师参加，负责制订和管理本校教师的在职学习和工作提高计划。(6)由大学、教师教育机构和教师专业团体定期在中小学和校外中心开展研讨会，安排教师和专家见面。(7)由中小学教师提出申请，大学、教师教育机构和教师专业团体指派专家到中小学开展专题研究。(8)建立顾问制度，由中小学向大学、教师教育机构或教师专业团体聘请顾问，让他们帮助解决学校各个方面的问题。(9)中小学之间紧密合作，互通有无，资源共享。(10)充分利用现代教育技术手段，为中小学教师提供良好的进修机会和条件。

---

① 王会，傅松涛. 理论与实践有机结合的美国教师专业发展学校[J]. 河北师范大学学报(教育科学版)，2014(3).

② 于建川. 国外教师校本培训经验及其启示[D]. 上海：华东师范大学，2003.

(三)教学研究的特色

美国的教学研究通常以专题研究主导。一般是以州为行政单位来承担责任和具体规划的,联邦政府对教育教学的影响不是十分明显。学校的教育和课程的自主权都比较大,所以教育教学被认为是学校行为。在各州的教育主管部门中,一般不设立专门的对学校教学实施具体管理或承担教研工作指导性质的机构和人员。学校在教育教学的实施中,从课程设计开始到课程评价,一般都是在符合各级政府的教育法规的前提下进行的。

美国基础教育的教研工作方面,大体呈现三个特点:一是教研活动的开展一般以课题为牵头,实际是由州政府或某个基金会的任务来驱动的,以研究报告的完成为标志。二是教研工作的重点指向,一般都是在现代心理学研究的基础上,着重在课程的总体设计和课堂学习方法这两个领域。三是教研工作的基本思路大多数以具体的案例为切入点,他们将课堂上发生的事例和困惑作为一种案例进行研究,将研究结果概括为一种方法与模式。

二、英国的区域研训教特色

(一)教育科研的特色

自 20 世纪 60 年代英国课程专家斯滕豪斯提出“教师即研究者”的理念后,教师角色的内涵获得了极大的提升,从传统的“知识传授者”“课程执行者”“课室管理者”拓展为融教学、管理、研究于一体的综合性教育角色。

1970 年,斯滕豪斯在英国的东安格利亚大学创建了应用教育研究中心。他深信教育研究应该赋权于教师,教育研究人员不应该将教师仅仅当作研究对象,而应该让他们参与系统的、自我批判的研究。斯滕豪斯提出:“为了使课程研制的生产或过程模式发展成为一种研究模式,首要的不是使课程研制者成为创造者或使用者角色,而是成为研究者角色,因而他创造的课程,是看它是否促进我们的知识,而不是看它是否正确,来加以评判。”斯滕豪斯认为,教师开展研究有三种途径:一是通过系统的自学;二是通过研究其他教师的经验;三是在教室中检验已有的理论。其中,最后一条途径最为重要。因为斯滕豪斯认为“课程研究和课程编制应该成为教师自己的事情,实践也已显示它是有前途的方式,当然也不得不承认这需要几代人的努力。如果大多数教师而不只是少数人掌握了研究技巧,那么教师的自我形象和社会地位就会得到改善”。

英国学者埃利奥特也重视“以中小学教师为基础的课程研究”,坚持“没有教师的专业发展就没有课程编制”。他更愿意使用“教师成为行动的研究者”(teachers as action reseachers)来表达发展教师专业自主的期望。埃利奥特区分了两种教师变革实践的方式:(1)教师将研究者提出的方案用于解决实际问题以便改进自己的教学,观念上的转变先于教学策略的变更,即“思先于行(reflection initiates action)”。(2)教师针对某些实际问题改变自己的教学方式,在解决问题的过程中自我监控、评价,教师最初对问题的理解可望在评价的过程中得到修正和改进。可见改变教学策略的行动先于理解力的发展,即“以行促思(action initiates reflection)”。埃利奥特认为斯滕豪斯提出的“教师成为研究者”即属于第一种方式。这种“思先于行”的方式可能导致有学术偏见的研究方案进入教师的思考与研究,使研究和实践(采取行动)成为“两张皮”。为此埃利奥特建议从“教师成为研究者”转向“教师成为行动研究者”,即转向第二种研究方式,使研究与行动真正合二为一。一旦出现实际问题,实际工作者(教师)首先要做的就是迅速采取行动以便解决问题。教师只有在实践中不断进行批判性自我反思,才能拓展专业自主。①

(二)教师培训的特色

1. 初任教师入职培训

1999 年,英国正式在英格兰和威尔士地区建立新教师入职培训制度,以便新教师在向职业教师的过渡衔接中更加自然与富有延续性。该制度的具体内容规定:凡是 1999 年后首次参加工作的新任教师必须在完成三个学期的入职培训后方可在公立或私立学校任教;三个学期的培训期允许中断,但必须在参加培训的五年内完成。参与入职培训的初任教师、指导教师和董事会以及地方教育当局等人员和机构在入职培训中担负着不同的职责。

英国初任教师的入职教育是从学校聘任初任教师开始,直至教育主管部门对初任教师是否达到入职标准做出终结性评价结束。整个培训工作主要围绕入职培训的支持与监督、入职培训的评估两个方面开展。入职培训的时间一般为一年,即三个学期,不同的学期有不同的目标和要求。对初任教师先后进行三次正式的评估,分别在第一学期末、第二学期末、第三学期末进行,主要评估他们是否达到教师资格证书的标准及其完成入职培训标准的进展情况。初任教师的入职培训过程包括以下六个步骤。

① 高慎英. 教师成为研究者“教师专业化”问题探讨[J]. 教育理论与实践,1998(3).

(1)做好入职培训前的准备

在对初任教师开展入职教育之前,先由教育主管部门进行资格审核,待确认后,校长将初任教师的信息上报教育主管部门,并为初任教师安排适当的入职教育指导教师。初任教师需要对培训的各方责任和义务及培训流程有所了解。校长、指导教师与初任教师三方就入职教育计划中的具体安排进行商议并最终达成共识。

(2)设立成长目标和行动计划

此阶段的首个任务是指导教师先要明确初任教师自身的专业优势和专业发展需求。初任教师在培训初期要熟悉学校情况和自己的工作内容,并结合观察到的学校实际情况和个人教学经历,与指导教师一同参照入职培训标准进行研讨,初步确立自身的发展需要。随后,初任教师要积极参与各项活动,诸如参加教师培训和专业发展活动,在活动中考察自身的专业优势和学校学科发展情况。最后,在指导教师的协助下,初任教师要确定专业发展的短期目标,并制订可行有效的行动计划。

(3)开展教学观察和跟踪讨论

在入职培训期间,学校通常在每学期的前四周安排一次对初任教师的听课活动,之后每隔 6～8 周组织一次对初任教师的听课活动。指导教师以及一些资深教师都会参与听课和跟踪式的讨论。通常初任教师与指导教师会在课前就听课侧重、授课方式与发展目标等关系进行商讨;听课过程中,指导教师关注的重点是讲课内容是否符合初任教师入职培训的标准和个人发展目标。讨论要有建设性,且与初任教师的专业发展相关。

(4)召开专业考查会议

指导教师在培训期间有责任定期或不定期(通常每 6～8 周一次)对初任教师专业发展进行小结。同时,在听课和跟踪讨论的基础上,校长、指导教师和学校董事会通常每半个学期要开展一次专业考查会,对培训情况进行短期的回顾和展望。考查会上,指导教师应分析初任教师的教学水平和其专业发展上的阶段性进展和不足,并提出改良的建议。同时对初任教师的下一步行动计划和目标进行考评和修正。考查必须确保严肃性、公正性和公开性,并有详细的会议记录。

(5)处理特殊情况

在培训开展的过程中,个别初任教师可能会对培训项目提出异议,也可能申请延长入职教育期限甚至放弃教师工作岗位,入职教育的相关主管机构应根据初任教师的具体情况依法采取不同的措施。

(6)做出终结性评价

在入职教育期满的10个工作日内,学校必须将对初任教师的考评结果和建议上报教育主管部门。地方教育当局根据评价材料在20个工作日内做出终结性评价,即合格、延期和不合格,并将决议告知初任教师、校长及相关机构。

2. 中小学教师的在职培训

1998年,英国教育和就业部颁布《教师:迎接变革的挑战》的绿皮书,将教师的职业生涯分为五个阶段:一是获得教师资格阶段;二是进入见习阶段;三是申请业绩关口评定阶段;四是取得高级技能教师资格阶段;五是成为校领导阶段。其中后四个阶段都与教师在职培训相关。2000年以来,英国政府采取了以下措施保障中小学教师的在职培训:一是中小学教师每执教五年可脱产进修一学期。教师的在职进修不仅是义务,而且是权利;二是对参加在职进修的教师给予特别照顾,诸如带薪学习;三是安排非教学时间进行进修;四是将在职进修和晋级加薪相结合。

英国教师教育在长期的发展过程中,由于教育目标的不同而呈现出多样化的实施模式。从培训主题的角度看,英国教师教育可分为"高校本位"模式、"校本培训"模式、"培训机构本位"模式和"网络本位"模式四种类型。①

(1)"高校本位"模式

"高校本位"模式就是以高校为中心的教师教育模式,偏重于理论教学,以证书教育为主,通常把教师集中在高等学校,由高校教师进行有关知识和技能的培训。实施教育的主体通常有两类:一类是大学教育学院,主要是教育理论、课程研究以及教学实习三方面,它提供三年制或四年制的培训课程和研究生教育证书课程。另一类则是非大学高教机构如高等教育学院、教育学院等。这类机构不仅承担职前教师培训和教师在职进修任务,同时还培养其他方向的专业人才。

(2)"校本培训"模式

"校本培训"模式是当前英国教师在职培训的主流模式,看重实践教学,以能力培养为主,强调的是基于教师任职学校及教学课堂的教育模式,由中

---

① 杜静. 英国教师在职教育发展研究[D]. 重庆:西南大学,2007.

小学根据自身的实际情况而设计出符合教师专业发展需要的课程的过程。①中小学校本培训逐步倾向于满足教师的个人需要，重视教师在实践过程中问题的解决和所需的教学技能的获得。通常由中小学校、地方教育当局、大学或教师中心或其他培训机构三方共同参与规划与实施。

(3)“培训机构本位”模式

“培训机构本位”模式的实施主体是教师中心、教师工会、学科协会、皇家督导团(HMI)等。教师中心、教师工会和学科协会都是教师教育的提供者，经常会通过报告和专题讨论会的形式为教师专业发展提供广泛的资源。皇家督导团本是与师资培训署并列的一种监督、评价机构，它在实施评价的过程中，能深入了解到学校和教师的不足与需求，并为政府决策提供建议。

(4)“网络本位”模式

“网络本位”是与信息化的发展相伴而来的一种崭新的教师培训模式。它有效地利用了网络与多媒体的优势，把“面对面”的学习扩展到纵向的、横向的、空间的和时间上的四维时空模式。目前，英国许多大学或教育机构都开设有供不同层次教师学习的网络课程，教师不仅可以依靠网络进行自学，还可通过参加本国或其他国家的网络课堂来提升能力和学历。英国远程教育中不少课程实现了异地交互，培训双方以及学员可以通过网络进行对话和交流。其中，开放大学是英国网络教育中最有市场影响力的教育机构。②

(三)教学研究的特色

近年来，英国重视教研组长在提高学校教学质量和在学校改革过程中的重要作用，加大了对教研组长培养的力度。英国师资教育署颁布了《英国中小学教研组长的专业标准》，提出了英国中小学教研组长的五个专业标准，旨在有效地促进教师和校长的专业成长。英国设立国家标准的主要目的在于阐明对教师精通专业知识程度的期望；帮助教师计划和引领学术发展，为其提供有效的培训；为提高效率设立明确的目标；确保提高学生的学习成绩和教学质量；为教师的专业知识和成绩评定提供基准；帮助提供专业发展的组织者计划和提供高质量的培训，符合教师和校长的发展需求，促进

---

① Vescio V, Ross D, Adams A. A review of research on the impact of professional learning communities on teaching practice and student learning[J]. Teaching and Teacher Education, 2007(1).

② 陈时见，谭建川. 中小学初任教师入职教育的国际比较[M]. 重庆：西南大学出版社，2011:11.

学生的良好发展。《英国中小学教研组长的专业标准》阐述了教师必须具备的专业知识、理解力、技能和品质。该标准同时关注教研组长的专业知识发展、学科管理能力,在支持指导和激励任课教师和其他人员方面起重要作用。

三、法国的区域研训教特色

(一)教育科研的特色

1. 自觉引导教师进行教育科研

教育界的理论工作者和实际工作者普遍认识到中小学教师参加教育科研的重要性。20 世纪 80 年代以来,法国的教师重视采用行动研究方法,推进课程改革与教学改革。

2. 设立教育科研组织

为了更好地组织教师科研,法国在学校设立教学委员会,组织教师进行课程设计、学科设计、探讨教学和学校发展中的问题。

3. 强调校长的示范作用

随着教育的快速发展,法国地方教育行政管理部门将教育科研能力作为校长任职条件之一,认为校长必须是教育和教学的专家。法国的教育家米亚拉雷认为,中小学教育科研的情况与校长的关系十分密切,不能低估校长在这方面的作用。校长在学校教育科研中起着示范和领导作用。校长不但要领导教师进行科研,还有责任为其科研创造条件。在实际工作中,中小学校长不仅领导教师科研,也亲自参加科研。法国中小学校长不仅有较高的学历,而且有专长,有研究成果,许多校长都是教育界的权威。

4. 对学校或教师的科研情况进行评价、奖励

法国评选示范学校的标准是,学校是否充分利用了有效的资源进行了有效的工作,重点考察其改进教育教学的能力、学校课程设置等方面。现在法国一些地区也对中小学的教育科研情况进行评比奖励。在对教师的评价中,法国中小学都重点评价教师的业务学习效果和科研水平,注重教师更新知识的程度及其将研究应用于实践的能力。

(二)教师培养的特色

1. 中小学教师培养一体化

1989 年,法国颁布了《教育方向指导法》,其中第 17 条规定:“自 1990 年 9 月 1 日起,在每个学区创办一所培养中小学教师的学院,这些高等教育机构各自附属于本学区一所或几所在人员和资金上保证其法定职责得以履行

的大学。这些学院根据国家规定的方向进行师资的起始职业培训。"[①]这就是"教师教育大学院"(Institut Universitaire de Formation des Matres,简称IUFM),它取代了原有的各类教师培训机构。IUFM是专门化的大学层次教师教育机构,是以教师职前培养的大学化、教师职前培养与职后培训一体化和教师教育专业化为理念而建立的一种新型教师教育模式。

法国的中小学初任教师的入职教育是从法国教师教育大学院通过"3+2"(大学本科三年加教师教育大学院两年)教师教育模式培养后,正式获得教职,按规定在第一年里"不少于3个周的研修",即入职第一年"不少于3个周的研修"才算入职教育。不过,从入职教育的实质和宗旨的角度看,法国中小学初任教师的入职教育主要是在教师教育大学院的第二年里完成的。从时间上看,英美国家的中小学教师教育多采用"3+1"模式,而在法国采用的"3+2"模式中,法国教师教育的第二年相当于英美国家的教师教育中的入职教育的第一年。从培训内容上看,法国教师教育大学院第一年的课程主要是解决教师资格所要求的知识问题,第二年解决的主要是教学、班级管理等实践性问题。从受培训者的待遇和责任的角度看,在教师教育大学院的第二年,受培训者已是准教师身份,享受着全职教师80%的薪酬,同时他们在这一年里承担着每周6小时的教学任务。[②] 总之,法国教师教育大学院第二年的培训内容,实际上就是法国教师的入职教育内容。IUFM的设立打破了传统师范教育体制的束缚,通过统合学历教育与非学历教育,沟通职前与在职培训,使大学参与到教师在职培训中来,实现了教师职前培养与在职培训在高等教育水平上的完全一体化。[③]

IUFM作为法国在职教师培训体系的重要机构,具有以下几个特点:

(1)IUFM在在职教师培训方面具有多种职能:一是作为参与者承担国家级培训工作;二是作为主办者开展学区级培训工作;三是作为管理者管理和指导各分院开展省级培训。这种职能定位将有助于IUFM更好地发挥"统合"功能。

---

① Edducation Audiovisual & Culture Executive Agency, European Commission. Organisation of the Education System in France (2009/2010)[EB/OL]. http://eacea.ec.europa.eu/education/Eurydice/documents/eurybase/eurybase_full_reports/FR_EN.PDF, 2010-12-11.

② Foster R. Becoming a secondary teacher in france: A trainee perspective on recent developments in initial teacher training[J]. Educational Studies, 2000(1).

③ 吴锋民.大国教师教育[M].北京:中国社会科学出版社,2013:12.

(2)紧密结合中小学教育教学实际开展培训,注重培训实效。

(3)形式灵活多样,中小学教师有较大的选择空间。

(4)建设了一支富有经验的兼职教师队伍,特别是起用IUFM一年级学生担任教学工作。

2. 中小学教师校本培训模式

(1)确定专业指导教师。其职责是校长亲自制定的,在校内,他必须与教学研究组和班级教师等达成一致;在校外要与学科专家、地方教育当局的中小学顾问建立密切的联系,以便学校能常常在需要的时候得到他们的建议与支持。

(2)成立教师专业发展委员会。一般来说,该委员会主任由副校长兼任,成员由学校教师代表、地方教育当局的中小学总顾问、地方教师中心或教育学院的代表组成。专业发展委员会的运作要能使学校教研组、年级组以及具体职能性组织都能发挥各自的主动性和创造性,为其各自的专业发展提出规划与补充。

(3)成立教师在职培训小组。其成员由校长和学校的资深教师组成,他们的工作主要包括:收集教育教学新信息并及时让教师了解;组织校内教师进行教学观摩与研讨;与教师建立"学习契约",监控教师专业成长;促进教师之间的交流,包括组织同年级教师或同学科教师定期聚会,交流彼此的想法,研究困难问题,讨论解决办法等。

(4)制订和实施校本培训计划。每所学校在制订计划时都要综合考虑运用各种资源,有明显个体性。设计教师校本培训计划的着眼点是教师专业发展,而教师专业发展又是与学校发展密切相关的,因此,为了在学校和教师专业发展之间谋求一种良好平衡,学校精心确定校本培训的内容。教师校本培训日益重视教师在教学实践过程中的问题解决和所需技能的获得,诸如,如何实施有效教学、如何运用信息技术加强学生课堂学习、如何满足有特殊要求的学生的需要等。培训的主要内容非常全面,涉及知识和技能的扩充、教育理论的学习、学校管理的理论和方法的学习和应用、教师教育研究能力的提升等内容。

(三)教学研究的特色

法国设立一些专门的教研机构,重点关注对中小学的教学研究。法国建立了国际教学研究中心,它的创建已有半个多世纪之久,在国内外久负盛名。国际教学研究中心是独立的实体单位,主要为中小学提供教学服务,其主要的工作包括三个方面:(1)参与教育教学的基础建设,诸如对学校的教育教学设施、设备进行评估鉴定,培训教育系统(业务)干部,参与有关资助的活动和项目。(2)进行国际教学交流活动,诸如促进教学交流和跨文化对话,提供多种教学资料,支持国际教育及双语教学等。(3)开展有关法语的教学活动,诸如培训法语教师及相关人员,对国外发放法语文凭,开展网上法语教学等。

四、德国的区域研训教特色

(一)教育科研的特色

德国中小学教师的教育科研主要通过进修中的学习、实践中的历练和教改中的尝试三个途径来进行:(1)中小学教师通过进修的途径学习教育科学中的理论和方法,并加以应用。当代教育科学发展迅速,新的研究成果和新的见解层出不穷。为了跟上科技进步的步伐,促进知识更新,教师必须进行终身学习。教师需不断学习和掌握新的教育思想和方法。(2)各类教师进修机构经常举办各种短训班、研讨会、学术报告会等,组织教师进行教育科学方面的理论学习,并且在平时的教育教学工作中应用这些理论和方法。其次,中小学教师在学校的教育教学工作中,相互之间要不断地切磋琢磨、交流经验。为了更好地为其他教师提供有益的经验,教师需要通过学习和应用教育的理论和方法,积累经验、提高教育教学水平。(3)德国联邦政府、州政府和其他地方政府不时推出教育改革的举措,进行新的改革尝试,中小学教师为了适应政策调整的需要,也需要了解政策内容的变化,并学习和掌握执行政策的策略和方法。学校的校长和其他教师必须通过开展教育科研的途径,消化、吸收政策调整的内容。

(二)教师教育的特色

1. 教师教育培养一体化

从教师教育阶段上来说,当前德国把教师的入职教育、在职进修与继续教育事务共同划分为教师教育的第三阶段。德国教师的入职教育大部分都属于自愿性质,大部分不强迫教师参加。而对教师在职进修与继续教育的要求也是各州文教部从宏观层面上制定的,把教师在职继续教育的权利下放到各学校与各教师,由教师自主选择参加何种形式的在职继续教育。

一般而言,提供教师入职教育培训事务的机构为各州各类教师在职进修学校,也有的是各州文教部为入职教师组织专题报告入职教育。德国大部分州并不强制性要求教师参加入职教育活动。原因主要在于教师在正式入职之前都参加了为期 12～24 个月的见习服务期。见习教师通过见习期服务已经对学校体系、教师职能等方面有了较为初步的认识，所以见习期在某种程度上也起到了入职教育的作用。因此，从当前而言，德国各州并没有清晰地划分出入职教育阶段，而是把该阶段并入教师的在职教育阶段中。

德国教师的在职进修与继续教育事业较为发达。其中，在职进修的时间相对较短，教师通过参与此类在职进修活动也能获取相应的在职进修证书。德国中小学教师在职培训的内容包括执教、教育科学、社会问题等诸多方面。这使教师的教学能力得到提高，知识结构得以完善。

2. 教师进修机构多样

在德国，教师进修被称为“第三阶段教师训练”，受到各方面的重视。与职前教师培养一样，其教师职后进修也建立了健全的机构制度。但是，德国的教师进修机构没有全国性，而是多种多样的。其最重要的也是最高级的教师进修机构为州教师进修中心或州教师进修学院，有的州称之为继续教育学院或学校实践与理论学院，其名称各不相同。如黑森州设立在卡塞尔的莱茵哈尔茨瓦尔特进修学校与黑森州教师进修学院（HILF）、巴伐利亚州设在迪林根的巴伐利亚教师进修中心、莱茵兰-法尔茨州设在施佩耶尔的州教师进修学院、石勒苏益格-荷尔斯泰因州的学校实践与理论学院（IPTS），北莱茵-维斯特法伦州的州立学校与继续教育学院（LSW）等。[①] 除此之外，还包括一些由民间团体、社区、高等院校负责组织的教师进修机构。据统计，20 世纪 70 年代初州一级的教师进修学院承担了教师进修任务的 42%左右，民间团体承担了 18%，社区承担了其中的 20%左右，其余的则由其他教师进修组织形式来承担。80 年代以来，州一级的教师进修学院、民间团体及社区等三种组织形式承担教师进修任务的比重进一步增加，这意味着教师进修更趋集中化。

3. 不断完善教师教育标准

2000 年 10 月，德国文教部长联席会议（KMK）颁布了“不来梅决议”，阐述了德国教师教育的未来以及教师职业形象的内涵，尤其阐述了“教师作为促进学习的专业人员”的内涵。2003 年德国文教部长联席会议颁布了德语、数学等系列学科教育标准。2004 年 12 月，德国文教部长联席会议颁布了《教师教育标准：教育科学的视角》（以下简称《教师教育标准》）。2008 年，德国文教部长联席会议颁布了一个关于“各联邦州统一教师教育中的学科专

① 吴锋民. 大国教师教育[M]. 北京：中国社会科学出版社，2013：12.

业以及学科教育的内容要求"[①]的决议，该决议旨在保证各州在师范教育课程的目标以及要求上的可比性，也保证各州的学科专业成绩以及毕业证之间的相互认可。其中，《教师教育标准》明确提出了专业教师应承担的具体任务以及其应具备的教学、教育、评价、创新四大领域的11种能力。

（三）教学研究的特色

德国联邦政府和各州政府非常重视学校教学质量的提高。政府派出一些专家担任政府副督学，分别深入一些学校，一般时间长达两三年，对该校的教学情况做全面的考察，包括对全部课堂教学状况进行跟踪考察，一方面取得对该校教育评价和诊断的第一手资料，另一方面也可以对教师的教学进行直接指导。由于传统意义上的讲座式教师培训对教师的认知与教学行为模式的改变影响不大，那些接受过培训的教师或者因为无法找到教学、教育学和心理学与教学实践之间的桥梁，只能放弃变革实践的努力，或者因为缺乏周边环境的理解和支持，其创新只能半途而废。

咨询式指导是企业培训中行之有效的方法。企业领导为了满足企业发展的需要，开发了咨询式指导模式，它是一种用于解决职业问题、完成职业任务的个性化的咨询模式。它包含过程咨询和专家咨询两个部分：在过程咨询中，咨询员详细分析当事人为解决职业额外难题或完成职业任务的各种需要；在专家咨询中，咨询员根据学术研究成果，激发当事人去获得各种可能的问题解决方案。通过这两个相辅相成的过程，有效解决迁移问题，促进研究成果向实践转化，同时将来自实践的知识反馈给研究者。

咨询式指导建立在一个基本假设的基础上，教师的教学行为嵌入他们结构化的观念之中。这些观念包括：学生如何学习，教师如何有效组织课堂教学，如何成为一个好教师，如何处理学习问题，如何解决学生普遍存在的错误等。这些观念影响着教师的教学，引导着他们的教学行为。

咨询式指导的第一个阶段是前干预阶段。在这一阶段：(1)咨询者围绕具体的教学片断或者问题，进行半结构化的访谈，领会参与项目的教师的行为规则和主体理论。(2)分析评价第一次访谈，咨询者根据教师的表述，重构教师的行为结构以及支撑这些行为结构的行为规则和主体理论。(3)研究者与教师共同检验由研究者重构的行为结构的合理性。(4)研究者为这

① KMK(Hrsg.)：Das Bildungswesen in der Bun-desrepublik Deutschland 2010/2011. Bonn：KMK，2011.

些教师每个人拍摄两节课。(5)研究者分析这些录像，检验各自的行为规则与主体理论在教学实践中的体现程度。(6)研究者分析总结来自学生问卷调查与成绩测试的结果。第二阶段是干预阶段。研究者立足于教师的主体理论以及教学录像，与教师共同分析其主体理论框架所希望达到的目标；研究者选择和设计有助于解决问题的咨询过程，实施咨询并记录咨询过程。通过这种个性化的咨询指导过程，既能有效解决迁移问题，也能促进研究成果向实践转化，同时将实践的知识反馈给研究者。

五、日本的区域研训教特色

(一)教育科研的特色

20 世纪 70 年代，日本有学者指出，要改变传统的教师观，教师不能满足于做知识的传递器，而要做创造性的教师，因此，每个教师都要不断地在教育科学方面进行学术研究。日本《教育公务员特别法》明确规定“教育公务员为完成其职责，必须不断地进行教学研究和提高修养”。日本的中小学校为了动员教师参加科研，大都成立研究会、教学研究会等。研究会一般按学年组织，也有的按学科组织，或按特别教育活动、生活指导、现代化教学手段等特殊领域来组织。教导主任负责对研究会进行指导。如神户大学附属小学、明石小学，就设立了教学实验研究部，负责组织、领导教师参与教育研究。日本政府机关也采取了一些措施：(1)改革师范教育，加强教育科学及研究学分的比例，提高教师学历。到 1987 年，日本的初中教师有本科或研究生学历的占全体初中教师的 75.6%。(2)鼓励教师研修。据文部省调查，1985 年全日本在职教师中被选派到教育研究生院攻读研究生学位课程的有 4000 多人，到大学所属专业研究所进修并参加科研工作的教师有 1593 人。(3)实行优秀教师休假制度。休假期间，优秀教师可集中精力研修或著书立说。(4)为教师提供科研场所。日本教育科研机构遍及全国，都、道、府、县共建立 506 个研究团体。中小学教师是这些研究团体的骨干。

(二)教师研修的特点

1. 完善的法规、制度，确保教师参加研修的权利和质量

日本是一个教育法制比较完备的国家，在 20 世纪 90 年代以前，日本已经构建了一套较完整的教师现职研修法律体系，除《教育基本法》《学校教育法》等对教师基本素质进行规定外，还颁有《教育公务员特例法》《教育职员许可法》等单项法规，并且在社会发展的不同时期对一些教育法令不断进行适时修订。在法律的保障下，日本逐渐构建了一套较完善的教师研修制度，

确保了教师参加研修的权利与质量，对教师队伍素质的提高和教育的迅速发展做出了很大贡献。

（1）逐步建立初任教师研修制度

初任教师培训是教师专业发展的一个重要阶段。日本政府非常重视初任教师的培训。1986 年 4 月，审议会提出第一份咨询报告，建议政府实施“初任教师研修制度”。1988 年，日本正式规定所有国立和公立中小学初任教师均需参加一年的入职培训。1992 年，初任教师研修制度开始在全国范围内实施。初任教师研修制度规定，初任教师研修的形式主要有校内研修、校外研修和自我研修活动。校内研修是指初任教师在学校内部学习研修，由学校校长负责，校长要选择有经验、能力强的教师担任指导教师。校外研修是指初任教师在校外的教育研究中心等机关通过讲座、讨论组和野外活动等形式，接受职业道德、教育研究、实际教学技能等方面的培训，研修时间一年不少于 35 天。自我研修是指初任教师利用业余时间刻苦进修。比如：课后应及时总结自己一天工作的情况，根据自己的实际情况，有针对性地进行教育科学知识、专业知识和教师职业道德的学习；在寒暑假期间，新任教师应自选课题进行研究，还要总结上学期的学习与工作情况，提前制订下学期的学习与工作计划。研修形式多样、研修内容全面，有力提升了初任教师的职业素养，使初任教师弥补了在师资培养阶段所欠缺的实际研究能力，能熟练地将教育教学的原理原则应用到教育教学实践中去，学会了必需的实际知识和技能，有能力胜任学校的各项工作，很快成为学校的正式教师。①

（2）不断完善在职教师研修制度

日本 1949 年颁布的《教育公务员特例法》明确规定，“教育公务员为尽其职责，必须不断地进行研修”，“必须给予教育公务员接受研修的机会”。这些法律条文明确规定了教师研修的权利和义务。在法律的保障下，日本从 20 世纪 70 年代开始，逐步完善了教师在职研修制度。1970 年，日本制定了全国校长研修会制度和全国骨干教师研修会制度，从 1977 年开始了对有 5 年教龄的教师实行研修的工作，从 1993 年开始了对有 10 年教龄的教师及新任校长、副校长进行研修的制度。在职研修内容包括适用于所有研修对象的基本研修内容、针对不同研修对象的具体内容以及针对中小学的某些具体问题开展的专题研究，研修目的是为了帮助在职教师加强教育教学理

① 房艳梅. 日本教师研修制度及对中国教师教育的启示[J]. 河南师范大学学报（哲学社会科学版），2013(1).

论的学习，总结教育教学经验并相互交流，提高对某些常见问题的认识、处理能力。90年代以后，文部省修改了《研究生院设置基准》，建立了职业研究生院、函授研究生院、业余研究生院等，为教师研修向高层次发展提供了广阔空间。[①] 从2008年起，日本正式实行教师教育研究生院制度，教师教育研究生院以应届本科毕业生和在职教师为对象，培养"学校领导者"和"高度实践型教师"。[②] 在职教师研修制度的不断完善，确保在职教师一边从事教育工作，一边进行必要的学习和研究，为教育的发展提供了高质量的师资。

2.建立激励机制，激发教师参加研修的积极性

日本将中小学教师定为国家公务员，教师享有较高的社会地位和待遇。为了维持并提高教育职员的资质，从2000年开始，日本政府对教师资格制度采取了一系列改革措施，文部省教师资格制度工作组为此展开了多次讨论。2006年，中国教育审计学会提交的正式建立教师资格更新制度的报告指出：教师资格证书的有效期限为10年，教师在更新期限到来前必须接受30个小时的培训，考试合格后才可以继续获得教师资格。如果在任期内没有接受在职培训，原有教师资格证书就失效。日本实施教师资格更新制度的主要目的是为了打破教师资格终身制，激发在职教师不断进修学习，提高自身的专业知识和指导技能，更好地适应教学工作，并通过资格更新制度淘汰不能胜任工作的教师，以确保教师的质量，促进教育的发展。

3.充足的经费投入，确保教师研修的有序实施

经费是影响教师培训工作顺利开展的重要因素。日本政府对教师研修给予法规支持的同时，还制定政策，拨出专款用于教师研修，对教师和教育研究团体都给予资金上的支持，使得教师研修有了雄厚的物质基础。日本的新任教师研修，在经费投入方面也具有专项性，初任教师研修经费全部由文部省统一从教育经费中划拨，预算费用逐年递增，1987年为30多亿日元，到1994年已经上升到100多亿日元。近年来，文部省每学年在教师研修制度上的花费大约是200亿日元，大约相当于2亿美元。[③] 这为教师研修提供切实的经费保障，确保了教师研修的有序实施，极大地提高了教师参加培训的积极性与主动性。

---

① 张玉琴，赵晓凤.日本教师现职研修制度改革研究[J].日本问题研究，2005(2).

② 三石初雄，张德伟，饶从满.日本创设教师教育研究生院的动向——对高等教育机构扩充新教师培养和在职研修职能的要求及其课题[J].外国教育研究，2009(7).

③ 陈海凡.初任教师的入职引导制度——以日英为例[D].上海：华东师范大学，2003.

（三）教学研究的特色

日本的授业研究是比较有特色的教学研究形式，并得到国际教育界同行的重视。授业研究，我国一些学者将它翻译成课例研究。在日本，授业研究是指由民间发起的一种教学研究活动。其基本形式是通过自由参观原汁原味的公开教学，观摩者对教学过程中注意到的问题展开共同讨论，并对学校、教师和班级下一步教学活动的开展提出建议。①

日本的教学研究者在探讨教师专业发展的过程中形成一个看法，即让教师走进课堂同学生一起做研究，这种教学研究活动比起其他形式的在职教育更能有效地发展教师的能力、提高教学质量、促进学生学习。

授业研究是一个包括提出问题、制订计划、采取行动、进行观察、反思和修改计划的实践性过程的循环过程。现以名古屋大学和日本东海市教育委员会的一个历时 3 年、由 1 所中学和 2 所小学参与的合作项目为例，说明授业研究的步骤。

1.提出问题。例如，学生在做数学应用题时，出现个别差异，如何应对这种个别差异？为了研究这个问题，全体教师共同设计研究课，借此创造了一个共同研究的体制。

2.制订计划。包括制订向社区开放学校的公开研究课计划、每学期授业研究的计划、进行研究的会议计划、课堂分析方法的研究会议、各门学科的课堂合作计划。

3.实施与观察。一名教师根据与同事合作备课后的教案上公开课，其他教师在课堂上充当积极的观察者，并以全景实录的方式记录课堂上发生的事件，每个记录的教师分工不同：有的拍摄、有的速记，有的对学生做个别的观察记录。

4.讨论与反思。课后根据不同主题分组讨论。先由观察者讲述自己对特定学生或全体学生或对教师的观察情况；小组内讨论的内容在大会上交流，然后由开课的教师根据大家的意见，向与会者介绍自己对课程的反思，以及对大家提出的意见的认识。

5.修改计划。根据讨论确定的修改意见或新建议的教学策略，修订计划并由另一位教师进行新的行动。

---

① Avalos B. Teacher professional development in teaching and teacher education over ten years[J]. Teaching and Teacher Education,2011(27).

6. 成果评估。在这一合作项目中，研究成果从五个方面进行考察：学生学业成就（平均成绩的变化）、学校学习环境、教师能力与专业发展、人际关系的调查、为改善教学而发生的学校氛围的变化。

授业研究要求教师全面参与“计划—实践—反思—修正—再实践—再反思”的循环过程，以反思性实践理论和建构主义学习理论为依据，实际上就是一种以反思和合作研究为中心的行动研究历程。①

第二节　我国区域研训教制度演变

一、教育科研制度的演变

（一）1977—1991 年教育科研机构的设立

1978 年党的十一届三中全会召开，标志着我国进入改革开放的新时期，我国中央和地方的教育科研机构逐步设立，教育科学研究进入全面繁荣的新阶段。1978 年，经国务院批准，重建了中央教育科学研究所，由董纯才担任首任所长。1979 年 4 月，教育部和中国社会科学院在北京联合召开了全国教育科学规划会议，成立中国教育学会。

各省也陆续创建教育科学研究机构。1977 年 10 月，河北省“革命委员会”批准省教育局在原教材组的基础上筹建河北省教育科学研究所。1978 年 1 月，河北省教育科学研究所正式成立，编制 60 人。1980 年，湖南省教材教学研究室改为湖南省教育科学研究室，其主要任务是在原来的基础上加强普通教育理论与实践的研究，教育科学研究所下设教育理论研究室、小学教育研究室、中学文科教材教法研究室、中学理科教材教法研究室和办公室。到 1984 年，湖南省各个地（州、市）都设立了教育科学研究室。

1981 年年底，全国地方和高校共有教育科研机构 47 个，专业研究人员约 1200 人。其中属于中央和省、自治区、直辖市的教育科学研究所 15 个（包括北京、天津、河北、山西、辽宁、吉林、黑龙江、上海、山东、湖南、广东、陕西、新疆、贵州），研究人员约 500 人；高等师范学校和其他高等院校（包含设教育系的综合大学和部分重点大学）设立的教育科学研究所（室）32 个，研究

---

① 侯琳. 日本教师在职研修的实践取向研究[D]. 开封：河南大学，2012.

人员约700人。[①] 到1991年，全国30个省、自治区、直辖市都创建了教育科学研究所。

自1978年开始，各省市区相继建立和恢复教育学会及分支机构。一般而言，教育学会设有理事会、常务理事会和秘书处。各省市区也成立了各类专业研究会。多数地（市）成立和教育学会，有的县（市、区）也成立了教育学会。教育学会开展的教育研究活动主要包括：(1)学术年会。以检阅科研成果，交流科研经验。(2)学术报告会。就某一学术问题，请专家、学者或者优秀的实际工作者作专题报告。(3)经验交流会。围绕某一两个中心议题进行研讨。(4)教育实验座谈会。以进行教学改革和教育实验的学校和教师为对象，组织座谈，总结和交流教育实验的经验。(5)教育科学讲座。以普及教育科学知识为主，系统地讲授教育学和心理学，介绍国外重要的教育科研动态和成果。(6)创办刊物和编印资料。介绍和分析国内外教育科研动态和成果，沟通情况，交流经验。

（二）1992—2014年教育科研机构的设立

随着教育科研地位的提升，“教育事业要发展，教育科研要先行”成为越来越多的教育行政领导和教育工作者的共识；向教育科研要质量，靠教育科研上台阶和形成特色，成为广大教育工作者的自觉行动。许多地方的教育行政部门提出了“科研兴教”和“科研兴校”的要求。科研兴教是地方政府的提法，科研兴校是学校的提法。

1996年，内蒙古兴安盟把“科研兴教”列为“九五”期间教育工作的重点。1997年，内蒙古兴安盟成立了盟教科所，实行所长负责制，将教育科研工作纳入各级教育行政部门工作议程，凡是重要的科研计划、举措、总结、表彰会都由教育行政部门发文件，确保尽快贯彻落实，从而形成了行政和科研“双轮驱动”的趋势。

1997年，深圳市政府确立并积极实施“科研兴市”和“科研兴教”战略。1997年3月，市政府制定了《深圳市教育科研成果奖励暂行规定》，大力推动教研、科研工作的深入开展。全市教研、科研机构、制度和网络健全，建立了市、区、镇、校四级教育科研管理机构，一半以上学校设立教育科学研究室。

2003年，河南省教委出台了《关于加强我省教育科学研究工作的若干意

① 中国教育年鉴编辑部. 中国教育年鉴：1949—1981[M]. 北京：中国大百科全书出版社，1984：665.

见》及《河南省教育科研基地建设意见》，提出教育科研基地建设目标为：充分发挥省级教育科研单位和高校在教育科研方面的人才和智力优势，推进高层次科研单位和基层学校及教育工作者相结合，推进教育理论和教育实践相结合，共同创办一批教育科研的窗口学校和示范学校，培养一支学者型、科研型的校长和教师队伍，促进学校走“科研兴校”之路。文件出台后，河南省兴起了科研兴教和科研兴校的热潮，推动了全省教育事业的改革和发展。

2004 年，湖北省教育厅出台了教育科研的指导性文件《关于进一步加强教育科学研究工作的意见》，初步形成了以省级教育科研机构为主研究宏观决策的重大课题，以地方教育科研机构为主研究区域教育特色课题，以一线学校研究微观教育教学改革课题为主的工作局面，涌现出一批科研兴校的先进典型。

二、教师培训制度的演变

(一)1977—1991 年教师职后培训政策制定

1. 教育行政干部和中小学校长的培训政策制定

据 1982 年的统计，普通教育方面的教育行政干部，全国总数约为 100 万人，其中未受过教育专业训练、不熟悉学校管理和教育行政管理的干部占 60%，因此，普通教育方面的干部培训工作迫切需要加强。这一阶段提出两个加强干部和校长培训的措施。

第一，举办为期半年、一年和两年的干训班。1982 年 2 月 19 日，教育部发布《关于加强普通教育行政干部培训工作的意见》，指出：“培训方式应多种多样，学制有长有短。当前不应以离职学习为主。学习期限一般半年为一期，可以举办一年的干训班，有条件的院校可以试办两年制干部培训班。”同时规定了学习的内容和要求，学习内容主要包括政治理论、教育理论和科学管理理论，此外还可以举办一些专题讲座，介绍中外教育科学动态，讲解党的重要方针政策等。

第二，进行校长岗位培训。1990 年，国家教委发布《关于开展中小学校长岗位培训的若干意见的通知》(以下简称《通知》)。《通知》指出，“依靠现有各级教育(教育行政)学院、教师进修院校及有关高等学校的力量培训中小学校长，凡承担这项任务的单位，除具备能按上述教学计划组织教学的师资、图书资料等条件外，必须具有培训中小学校长的经验，并经地(市)以上或有关部委教育主管部门审核批准”；“中小学校长参加岗位培训，经考试、考查成绩合格，发给岗位培训合格证（或专项结业证），岗位培训的成绩列入本人档案，是任用、考核校长的依据之一"；"从全国范围讲，在职中小学校长这一轮岗位培训任务争取在三至五年内完成，为了切实搞好这项工作，各级教育主管部门应高度重视，加强领导。承担培训任务的各单位，应树立全心全意为中小学校长服务的思想，千方百计地保证培训工作的顺利进行"。

2. 中小学教师的职后培训政策的制定和实施

第一，尽快恢复教师培训工作。1977 年 12 月，教育部颁布《关于加强中小学在职教师培训工作的意见》，指出："除努力发展示范和积极办好师范教育外，要采取有力措施，尽快地、切实地抓好在职教师培训工作。""当前，各地要根据即将下发的中学各科教学大纲和新教材的要求，立即采取多种应急措施，利用今年寒假和明年暑假以及今年和明年上半年一切可利用的时间，组织培训。""把现有大多数教师提高到能够初步适应明秋使用新教材的程度。"

第二，整顿和培训教师队伍，将合格的民办教师分期分批转为公办教师，优化教师队伍结构。1980 年 12 月 3 日，中共中央、国务院颁布《关于普及小学教育的若干问题的决定》，提出将合格的民办教师分期分批转为公办教师的措施，强调"各级教育部门必须大力做好教师队伍的整顿和培训、提高工作。除分期分批组织教师脱产学习之外，还应该办好多种形式的在职进修。对确实不适宜做教学工作的，应由各地人事、劳动部门或社队妥善安置"①。

第三，提出教师培训的具体规划。1985 年 5 月 27 日，中共中央颁布《关于教育制度改革的决定》，指出"必须对现有的教师进行认真的培训和考核，把发展师范教育和培训在职教师作为发展教育事业的战略措施"；"要争取在五年或者更长一点的时间内使绝大部分教师能够胜任教学工作，在此之后，只有具备合格学历或有考核合格证书的，才能担任教师"；"要大力提倡和鼓励教师密切结合教学进行自学和互教；要为在职教师举办函授和广播电视讲座；要切实办好教师进修院校，并且利用现有设施，分期分批轮训教师"。②

---

① 国家教育委员会政策法规司. 十三届三中全会以来重要教育文献选编[M]. 北京：教育科学出版社，1992：67.

② 中国教育年鉴编辑部. 中国教育年鉴：1982—1984[M]. 长沙：湖南教育出版社，1986：3.

1983年1月,教育部颁布《关于加强小学在职教师进修工作的意见》,指出多数地区力争到1985年,通过多种形式进修,使小学教师的多数实际文化水平达到中师毕业程度,大多数能胜任和基本胜任教学工作,并有计划地培养一批小学教学骨干。再用三到五年时间,使小学教师的绝大多数文化水平达到中师毕业程度,并完全胜任教学工作。文化经济条件好的地区,可以提前实现培训规划。①

第四,提出教师培训的具体和总体要求。1985年11月20日至25日,国家教育委员会在北京召开了全国中小学师资工作会议,指出:一是要广开渠道,采取多种形式。教育学院和教师进修学院要集中力量搞好在职教师培训工作。高等师范学校、其他高等学校、有条件的中等师范学校和中等专业学校,要在国家教委和地方政府统一规划下,以函授、夜校和假期辅导、举办短期或系统进修班等方式培训中小学在职教师。广播电视教育、自学考试和其他形式的成人高等教育要把培训中小学教师作为自己工作的一项重要内容。二是要以不脱产培训为主。除了组织少部分教师脱产进修以外,绝大部分教师应当通过各种培训渠道进行不脱产进修。今后要把自学考试作为教师资格考试的一种重要形式。三是要保证质量,讲求实效。一方面,要坚持应用的质量标准,严格把好入学关、教学关和毕业考试关;另一方面,要讲求实效,防止因片面追求学历合格率而出现形式主义甚至弄虚作假。

第五,用立法手段推进教师培训工作。1986年4月12日,第六届全国人民代表大会第四次会议通过《中华人民共和国义务教育法》,指出国家采取措施加强和发展师范教育,加速培养、培训师资,有计划地实现小学教师具有中等学校毕业以上水平,初级中等学校的教师具有高等师范专科学校毕业以上水平,初级中等学校的教师具有高等师范专科学校毕业以上水平。

第六,组织教师取得考核合格证书或合格学历,参加教材、教法进修。1986年2月,国家教委发布《关于加强在职中小学教师培训工作的意见》,要求各地通过认真培训,使现有不具备合格学历或者不胜任教学工作的小学教师,绝大多数能够胜任教学工作,并取得考核合格证书或合格学历。对少数不具备最基本文化基础知识和初步教学能力的教师,应组织他们参加教材、教法进修,使他们熟悉所教学科的教学大纲和教材,掌握基本的教学原则和方法,具有初步的教学能力。

① 关于加强小学在职教师进修工作的意见[J].人民教育,1983(4):40—41.

(二)1992—2014年教师职后培训政策制定

1.教育行政干部和中小学校长的培训的政策制定

(1)规范校长培训工作。1999年12月30日,教育部颁布《中小学校长培训规定》。在规定校长培训的目的、指导思想和原则外,还具体规定校长培训的内容与形式、组织和管理、培训责任。《规定》指出:“中小学校长培训要以提高校长组织实施素质教育的能力和水平为重点。其内容主要包括政治理论、思想品德修养、教育政策法规、现代教育理论和实践、学校管理理论和实践、现代教育技术、现代科技和人文社会科学知识等方面。培训具体内容要视不同对象的实际需求有所侧重。”

(2)制定教育干部培训规划。2006年,教育部党组印发《全国教育干部培训“十五”规划》(以下简称《规划》),《规划》提出了“十五”期间全国干部教育的指导思想、工作原则、主要目标和内容、主要任务、保障措施。《规划》的主要目标是:按照不同工作岗位对干部在思想政治、职业道德、领导素质、业务能力等方面的要求,采取灵活多样的方式,分类分层施训,提高各级各类教育干部的政治、业务素质、道德修养和组织实施素质教育的能力,建设布局合理、分工协作、开放高效的教育干部培训网络,编制符合需要、内容规范实用的教育干部培训教材,逐步建立和完善灵活有效的干部培训制度。《规划》主要内容是:强化教育干部的专业知识与能力的培训。要使干部在学习社会主义市场经济理论、精神文明和法制建设理论的基础上,重视现代教育科学理论,特别是现代教育管理知识和教育政策法规的学习,还要学习和掌握计算机及其他履行岗位职责必备的知识和技能。要把学习理论知识与研究解决实际问题结合起来,围绕教育改革和发展中的重点和难点问题,开展专题研究和讨论,努力使广大干部精通本行业务,提高工作水平和创新能力。适应干部成长和社会发展的要求,还要学习科技、历史、文学、艺术等方面的基本知识,以开阔视野、陶冶情操,全面提高自身综合素质。

(3)对校长培训的形式做出新规定。2013年,教育部发布《关于中小学校长培训以在职或短期离岗的非学历培训为主的通知》,主要包括:一是任职资格培训:按照中小学校长岗位规范要求,对新任校长或拟任校长进行以掌握履行岗位职责必备的知识和技能为主要内容的培训。培训时间累计不少于300学时。二是在职校长提高培训:面向在职校长进行的以学习新知识、掌握新技能、提高管理能力、研究和交流办学经验为主要内容的培训。培训时间每五年累计不少于240学时。三是骨干校长高级研修:这是针对富有办学经验并且具有一定理论修养和研究能力的校长进行的，旨在培养学校教育、教学和管理专家的培训。

2013 年 8 月 29 日，教育部发布《关于进一步加强中小学校长培训工作的意见》，提出了六项要求：一是明确总体要求，提高校长培训工作水平。二是加强统筹规划，开展校长全员培训。三是精选培训内容，满足校长专业发展需求。四是改进培训方式，发挥校长学习主体作用。五是完善培训制度，实现校长培训规范化。六是创新培训机制，激发校长培训工作活力。

2. 中小学教师的职后培训政策的制定

2011 年，教育部颁布《关于加强中小学教师培训工作的意见》，提出要紧紧围绕新时期教育改革发展的中心任务，开展中小学教师全员培训。当前和今后一个时期中小学教师培训工作的总体目标是：以实施“国培计划”为抓手，推动各地通过多种有效途径，有目的、有计划地对全体中小学教师进行分类、分层、分岗培训。今后五年，对全国 1000 多万教师进行每人不少于 360 学时的全员培训；支持 100 万名骨干教师进行国家级培训；选派 1 万名优秀骨干教师赴海外研修培训；组织 200 万名教师进行学历提升；采取研修培训、学术交流、项目资助等方式，促进中小学名师和教育家的培养，全面提升中小学教师队伍的整体素质和专业化水平。

就教师全员培训而言，要抓住三个重点。第一，以农村教师为重点，有计划地组织实施中小学教师全员培训。全员培训要按照基础教育改革发展的要求，遵循教师成长规律，着力抓好新任教师岗前培训、在职教师岗位培训和骨干教师研修提高。一是新任教师岗前培训：对所有新任教师进行岗前适应性培训，帮助新教师尽快适应教育教学工作。培训时间不少于 120 学时。二是在职教师岗位培训：重点是帮助教师更新教育理念，深入钻研业务，学习新知识，掌握新技能，提高教育教学实际能力。每五年累计培训时间不少于 360 学时。三是骨干教师研修提高：重点是帮助骨干教师总结教育教学经验，探索教育教学规律，进一步提升教育教学能力、教研能力、培训和指导青年教师的能力，使其在推进素质教育和教师全员培训中发挥引领示范作用。

第二，以中青年教师为重点，努力提升教师学历水平。在有计划地补充优质师资的同时，重点鼓励支持 45 岁以下中小学教师通过在职学习、脱产进修、远程教育、自学考试、攻读教育硕士等多种学习途径提高学历水平，特别是对专科学历以下小学教师进行学历提高教育。到 2012 年，小学教师学历逐步达到专科以上水平，初中教师基本具备大学本科以上学历，高中教师中具有研究生学历者的比例有明显提高。在职教师进行学历进修，应坚持学用一致、学以致用的原则。

第三，以师德教育为重点，提升教师教书育人的责任感和能力水平。大力加强师德教育：重视教师职业理想和职业道德教育，将师德教育作为教师培训的重要内容；学习贯彻《中小学教师职业道德规范》；创新师德教育的方式方法，增强师德教育的实效性；开展丰富多彩的师德教育活动，广泛宣传模范教师先进事迹，弘扬人民教师高尚师德；将师德表现作为教师考核的重要内容，并与教师资格定期登记紧密挂钩，形成师德教育和师德建设的长效机制。大力加强班主任教师培训：深入实施中小学班主任教师培训计划，建立健全班主任培训制度，所有班主任教师每五年须接受不少于 30 学时的专题培训；针对班主任工作中的实际问题，加强班主任工作基本规范、班级管理、未成年人思想道德教育、学生心理健康教育、安全教育等专题培训，不断增强班主任教师的专业素养和教书育人的本领。

就实施"国培计划"而言，要以实施"国培计划"为抓手，推动大规模教师培训的开展。进一步加大支持力度，实施中小学教师国家级培训计划（简称"国培计划"），发挥示范引领、雪中送炭和促进改革的作用。"国培计划"包括优秀骨干教师示范性培训、中西部农村教师培训、紧缺薄弱学科教师培训、班主任教师培训等重要项目。通过实施"国培计划"，为各地推进教育改革发展和开展教师培训输送一批"种子"教师；探索创新教师培训模式，开发教师培训优质资源，建设教师培训重点基地；为中小学教师特别是中西部农村教师创造更多更好的培训机会，提供优质培训服务。

三、教研制度的演变

新中国成立之前，全国各地的中小学教师虽然也结合自己的教学工作的需要开展教学研究，但是教育系统层面和学校层面均没有建立独立的教研体系，也没有从事常规性的教研工作的专门机构。虽然也有教育科研机构的科研人员进行教学研究，但那是结合自己的科研工作进行的研究，不是专门的依托教研组织和教研机构进行的研究，严格意义上说，那是一种附带的和从属的工作，并非独立进行的教学研究。虽然教师也进行教学研究，但那是渗透在教学工作之中的思考和探索，是零散进行的，缺乏组织性和专门性，缺乏系统性。

(一)1977—1991 年教研组织的制度建设

1. 省级和县级教研机构成立

1978—1979 年，教育部组织编写、出版和发行全国通用的中小学各科教学大纲及教科书，从 1978 年秋季开始，各地中小学开始使用全国统编教材。在使用统编教材后，原有的各省教材编写处就无须专门编写教材，其职责大为削弱，调整这些机构成为一个急迫的任务。调整这些机构、恢复和建立各级教研组织，成为顺利推进教研工作需优先考虑的问题。

自 1978 年开始，全国各省、自治区、直辖市先后成立了省级教研机构。各省、自治区和直辖市创建省级教研机构的方式主要有三种：

第一种方式是由各省、自治区和直辖市教育厅(局)直接设立教研室，作为厅(局)的直属事业单位。1978 年，宁夏回族自治区教材编写组改名为宁夏回族自治区教育厅教学研究室，主要负责全区中小学教学现状调查、组织经验交流、开展教学实验、进行专题教学研究和教材教法研究等工作。1979 年 5 月，江苏省教育厅中小学教学研究室恢复成立，设在教育厅内部。1979 年 8 月，天津市教育局正式发文，恢复天津市教育教学研究室。天津市教育教学教研室的主要任务是协助各个区(县)成立教研室和组建教研队伍，积极开展改革教学内容和方法的教研活动。

第二种方式是各省、自治区和直辖市将教研室这种机构并入教育学院，设立教学研究部，保留教研室的独立建制。为了进一步开展教学研究工作，1978 年，浙江教育学院建立了浙江教育学院教研部，作为浙江省省级教研机构。1979 年，湖北省教育厅将中小学教材研究室并入恢复重建的湖北教育学院，对内称为湖北教育学院教学研究室，对外称为湖北省教学研究室。1981 年北京教育学院成立了教学研究部，下设各个学科的教学研究室，该教研室作为北京市教育局兼管的教学研究室。

第三种方式是将教学研究室并入教育科学研究所(院)，两个机构两块牌子、一套人马，同一批人分别承担教研任务和教育科研任务。1980 年，湖南省教材研究室改为湖南省教育科学研究所，其主要任务是在原来的基础上增加普通教育理论与实践的研究。教育科学研究所下设教育理论研究室、小学教育研究室、中学文科教材教法研究室、中学理科教材教法研究室和办公室等，这些机构既开展科学研究，也开展教学研究。

在各省、自治区和直辖市先后成立教研室的同时，其他层级的教研室也陆续成立。在农村地区，县级教研室包括县教研室和教科室。在城市，县级教研室包括市教研室和县(区)教研室。1979年,云南省教材编审室改名为教材教学研究室,编制为50人。下设中学文科、中学理科、小幼科、职教科、资料信息科、行政科等6个部门。到1981年年末,云南省16个地(州、市)和122个县(区)都建立了教研室,共有教研员649名,初步形成了囊括省、地(州、市)、县(区)三级教研机构的教研体系。到1989年,全国各级教学研究机构已有专职教研员12万余人。他们多数来自中小学教学第一线,是中小学教师队伍中的一支骨干力量。

2.各级教研机构的内部管理制度建立

自1978年各地教研机构组建以来,制度建设成为教育机构改革的重要内容之一。各项规章制度的制定完善是促进各级教研机构正常运作的重要保障。教研工作的相关规章制度需要明确教研机构的性质、组成方式、职能、任务、操作规程等。

在20世纪80年代各地教研机构开展各项工作积累和总结经验的基础上,国家教委对进一步规范教研机构的工作提出了总的要求。1990年6月6日,国家教委正式颁布《关于改进和加强教学研究室工作的若干意见》(以下简称《意见》)。

关于教研室的性质,《意见》规定:"教研室是地方教育行政部门设置的承担中小学教学研究和学科教学业务管理的事业机构。"既然是地方教育行政部门设置的,那它就是教育行政部门的直属机构。它是事业机构,而非行政机构。其主要职责有两个,进行中小学教学研究和学科教学业务管理。

关于领导制度及管理制度,《意见》规定:"省、地市、县区都要设立教学研究室。各级教研室在当地教育行政部门的领导下进行工作,并接受上级教研部门的业务指导。国家教委基础教育司在方针上对中小学教研工作进行指导。"可见教学研究室分省级、地市级和县市区级三级,其领导制度实行两级领导,既接受当地教育行政部门的领导,又接受上级教研部门的业务指导。

关于经费,《意见》指出:"各级教育行政部门要从教研室(所)承担任务的实际需要出发,保证教研室的经费。除拨给经常性经费外,还应按工作需要拨给专项业务费,以保证教研工作的正常开展。此外,还要逐步改善教研工作条件,根据实际需要配备必要的图书资料和教研设备。"

关于教研室的机构设置方式,《意见》指出:"各级教研机构,可以单独建制,也可以同教育科学研究所或教师进修院校联合设置。具体办法由当地教育行政部门根据实际情况自行确定。"这里指出三种设置方式:一是独立设置；二是同教育科学研究所联合设置；三是同进修院校联合设置。联合设置的方式是使教研室作为教育科学研究所或教师进修院校的一个组成部分。

关于教学研究人员（教研员）的素质，《意见》明确规定："有系统、扎实的学科基础理论和专业知识，有一定的教育科学理论素养和丰富的教学实践经验，掌握教学工作的一般规律，能运用科学的方法开展研究工作；具有一定的指导教学工作的水平和组织管理工作的能力。"

关于教研室的人员配备，《意见》规定："教研室的教学研究人员原则上应按照中小学教学计划规定的课程门类进行配备。其编制数额，应本着精干原则，参照当地教育事业的规模，由各地教育行政部门与当地编制管理部门研究确定。"

关于教研室的教学研究人员的晋升，《意见》规定："教研室的教学研究人员可以按照中小学教师职务系列评聘职务。设在教科所或教育学院的教研人员，也可根据实际情况按科研或高级职务系列评聘职务，并享受相应的职务待遇。"

关于教研室的七个方面的职责，《意见》规定："(1)根据中小学的教学需要，研究教育思想、教学理论、课程设置、教学内容、教学方法、教学手段和学科教学评价。(2)根据本地实际，提出执行教学计划、教学大纲和使用教材的意见，为教育行政部门决策提供依据。(3)根据地方教育行政部门的部署，组织编写乡土教材和补充教材。(4)组织多层次、多形式的研究活动，帮助广大教师执行教学计划，钻研、掌握教学大纲和教材，不断改进教学方法，努力提高课堂教学效益。(5)总结、推广教学经验，组织教改实验，探索教学规律，推动教学改革。(6)指导和帮助教师开展学科课外活动。(7)组织对学科教学的检查和质量评估，研究考试方法的改革。"依据这些具体表述，可以将它们简要地归纳为研究职责、决策咨询职责、编写教材职责、指导教师课堂教学职责、教改实验职责、指导教师课外活动职责、检查评估职责。

《意见》对教学研究室的各项规定，为促进教研室的规范化和制度化建设，确立了重要的指导思想、基本原则、操作方法。

1979 年 2 月 11 日，山东省"革委会"教育局发布《关于印发〈山东省教研室工作条例(试行意见)〉的通知》。要求建立健全各级教学研究室，配备合格的教研人员；对教研室的性质、任务、机构编制、教学研究人员、领导管理等做了具体规定。其规定了教研室的性质：教研室是教育局下属的一个专门从事教学研究工作的业务部门，是教育局抓教学工作，提高教学质量的参谋部。教研室的任务是“研究各学科的教学内容、教学方法和教学手段，总结经验，发现和解决存在的问题，努力提高教学质量”。其对教研室的编制做了规定：“主要学科2～3人，一般学科1～2人，共计20人左右。”

1980年年初，湖北省教育厅发布《关于进一步加强教研工作的意见》，规定了教研室的主要工作：“教研室的日常工作有两项：按照教育部颁布的中小学教学计划和各科教学大纲及教育行政部门有关教学的指示，结合本地实际，提出实施意见，调查教学情况，分析教学质量；总结推广教学经验；组织教学改革的试验，进行教材教法的研究；开展多种形式的教研活动，帮助教师改进教学，选编教学资料。”关于各级教研机构的隶属关系，《意见》指出：“上一级教研室对下一级教研室负责业务指导，省教育学院教学教材研究室对地、市、县教研室工作负责业务指导，可直接组织召开各种教学研究会议。”

1980年，河南省教育厅发布了《河南省中小学教研室工作条例（试行草案）》，对各级教研机构的职责做了明确的规定，各级教研室是同级教育行政部门所属的教学研究机构，是教育行政部门领导学校教学工作的参谋和助手。各级教研室的分工如下：省级教研室着重研究高中各科教学，兼顾初中和小学；地区、市教研室着重研究高中和初中各科教学，兼顾小学；县教研室着重研究小学和初中各科教学，兼顾高中和初中。各级教研室在业务上应加强联系，要向上一级教研室汇报工作及教研活动开展情况。各级教研室的经费，由教研室编制预算，报主管教育行政部门审核，从教育事业费中拨给。

1980年，云南省教育厅发布《云南省各级教学研究室试行工作条例》和《关于加强我省教学研究工作的意见》，明确提出机构设置的要求：“地（州、市）教学研究室一般可设10～15人，县区教学研究室可设5～7人。各级教学研究室设主任和副主任，按教学计划分别成立学科教研组，也可结合当地实际，成立学科中心组，并与有关部门配合成立学科教研组，开展教学研究工作。”

2. 基层学校教研组的建设

1977年11月6日，中共中央决定，从学校撤出工宣队和军宣队，各地陆续恢复党支部领导下的校长负责制，学校内部设立教导处、总务处和办公室，并恢复教研组的设置。

1978年《全日制中学暂行工作条例（试行草案）》强调要充分发挥教研组的作用，教师备课应以个人钻研为主，同时注意集体研究。

1978年以来，一部分班数较多的中小学，在设置教学研究组的同时，还设置了年级组。年级组的主要任务是协助教导处做同年级学生思想品德教育的研究和协调工作。教师的教研工作仍然以教研组为主要载体。

1988年，教育部颁布的《中学德育大纲（试行稿）》规定，学校要加强对年级组和班主任工作的指导和管理。年级组应定期组织教师分析研究本年级学生的政治思想品德状况，实施本大纲的分年级要求，协调各方面的关系，组织本年级教师共同贯彻德育大纲的要求。

（二）1992—2014年教研组织的制度建设

1. 省级教研室的建设

在国家教委颁布《关于改进和加强教学研究室工作的若干意见》后，各省级教育厅都根据地方的实际情况，制定了关于教研室的文件。

1992年，天津市教育局发布《天津市市区县教育教学研究室暂行工作规程》，指出教学研究室是在同级教育行政部门的直接领导和上级教研部门指导下，承担中小学（包括职业学校、中等师范学校和特殊教育学校）教学研究和学科教学业务管理职责的事业机构，是同级教育行政部门领导教学工作的职能机构。

1996年，云南省教育委员会颁布了《云南省各级教育教学研究室（所）管理条例》，规定了各级教研室的职责。(1)省教研室的职责包括：组织教育、教学改革实验；选订和编写全省基础教育各类学校（园）使用的教材和教学参考资料；检查、督促全省基础教育教学中存在的问题；总结交流教育教学工作，研究解决教育教学中存在的问题；总结交流经验，表彰先进；研究、指导、帮助边疆、贫困山区、少数民族地区基础教育提高教学质量；研究基础教育与职业技术教育结合的理论及实践问题；贯彻和执行省教委党组关于开展教学研究、教学管理及教材编写方面的具体要求。(2)地（州、市）教研室的主要职责：组织指导本地（州、市）基础教育和各类学校的教育教学业务工作；组织教育、教学改革实验；研究教育教学理论和教材教法；参与培训教师工作；对本地基础教育教学工作进行检查、指导、评估，并总结交流经验，表彰先进；组织编写本地乡土教材；研究解决本地基础教育中存在的难点问题。(3)县教研室的主要职责：组织指导本县义务教育阶段、学前教育阶段的教育教学业务工作；组织教育、教学改革实验；研究教育教学理论和教材教法；参与培训小学、幼儿园、学前班教师；对本县小学、初中、幼儿园、学前班的教育教学工作进行检查、指导、评估，并总结交流经验。

1995 年，上海市教育局、教委办合并成立了“上海市教育委员会”。同年，上海市教研室也重新组建，更名为上海市教育委员会教学研究室，新的研究室与上海市课程改革办公室实行两块牌子、一套班子、一套人马的做法。

1998 年，青海省共有各级教研室 48 个，其中包括省教委所属教研室 1 个，省辖市、地、州教育局（教委）所属教研室 8 个，县区教育局所属教研室 39 个。48 个教研室共有教研员 326 个，涉及 20 多个学科，教研员主要集中在语文、数学和藏文三大学科中。

2008 年，海南省教研部门由原来的海南省教育厅教研室和海南省小学师资培训中心合并而成，名称为海南省教育研究培训院，隶属海南省教育厅，主要从事基础教育和中等师范教育教学研究，学校管理研究和有关业务培训工作。

1993 年 5 月 4—7 日，国家教委基础教育司在北京召开了全国省级教研室主任会议。与会代表认真总结了教研室的工作，讨论了新形势下教研室的中心任务和工作重点，提出了改进教研室工作的意见和建议。

到 2009 年，全国共有省级专职教研员 1800 人，全国各级专职教研员近 5 万人，形成了一支数量庞大、素质逐渐提高的专职教研员队伍。

2. 基层学校的教研组建设

在新课程实施过程中，人们关注到基层学校的教研组建设需要学校层面构建一系列教研组工作制度。比如，明晰教研组长和备课组长岗位职责的制度，学校中层干部蹲点制度（学校中层以上干部全部深入教研组和课堂中，蹲点一个教研组，参与教研活动），教研组长月工作汇报制度，教研组长考察进修制度，校本培训和教学反思制度，教研沙龙制度，专题论坛制度，师徒结队制度，案例、课例研究制度，跨学科研讨制度，教学课题研究制度，教学奖励激励制度，教学评价制度等等。

各个教研组内部层面也应形成一系列工作制度。(1)教研组常规活动制度。力求做到“五有”——有切实可行的计划，有明确的专题，有符合实际的活动安排，有研讨过程的材料积累，有具有一定价值的阶段性书面总结和交流研讨课。(2)读书分享制度。在教研组建设中积极倡导“与书为友”的思想，重视合作互补、经验共享、精神分享。读书包括两类：第一类是“杂书”。教研组要求组员广泛阅读各类有益的书籍，增加自己的人文底蕴。教研组每次活动都安排一点时间让教师介绍自己的读书摘录、读书体会或者把好书推荐给大家，与大家一起分享。第二类是专业理论书籍。教研组要求组员根据自己的研究专题，有目的、有选择地精读专业理论书籍，做好摘抄，积累专业理论知识，提高专业理论水平。(3)备课主讲制度。采用主讲制的备课方式，倡导“多种方案的备课”和“专题性备课”。还可以围绕某个教学环节进行更多的研究性备课，将个体的备课与集体的备课、教研相结合，将课前的设计与课后的反思、重建相结合。(4)听课、评课制度。可按三个步骤进行：①教师上反映自己教学常态的真实的课；②教师说课，重点说反思和重建情况；③听课人员诚恳地发表自己的意见，重点谈问题，并提出建设性的改进意见。(5)建立共享资源制度。

第三节　当前区域研训教制度存在现状和问题

一、我国基础教育中研训教制度的现状

(一)科研制度

随着我国教育战略地位的逐步落实，教育科研的地位和作用也不断得到提升。20 世纪 80 年代以来，教育改革实践不断深入，客观上要求发挥教育理论的引领作用，广大教育工作者逐步形成了依靠教育科学研究指导教育实践的共识。教育行政部门不断加强对教育科研事业的领导和管理，对教育科研制度的建立和完善起了重要的推动作用。

我国教育科研制度建设在以下几个方面取得了明显的进展。

1. 教育科研的地位和作用逐渐明晰，为基层单位提供了思想观念上的重要支持

随着教育科研地位的提升，“教育事业要发展，教育科研要先行”成为越来越多的教育行政领导和教育工作者的共识，向教育科研要质量，靠教育科研上台阶和出特色成为广大教育工作者的自觉行动。一些地方教育行政部门提出了科研兴省、科研兴市、科研兴县、科研兴区等要求，一些学校提出了科研兴校的要求。地方和学校均努力通过教育科研带动教育工作和其他相关的工作。确立教育科研的相应的地位和作用之后，地方和学校在部署工作的时候，就能够将教育科研放在一定的议事日程上，不是完全抛开科研埋头工作，而是先谋划教育工作和其他工作的大思路和大措施，把握工作的规律性及其基本原则和方法，避免走弯路，也使得工作的时候不发生或者少发生越位、错位和失位的现象。

2. 建立和完善教育科学研究的规划制度，促进教育科研的科学化管理

1978 年，教育部成立了教育科学规划小组，其办公室设在中央教育科学研究所。1979 年 3 月，召开了全国第一次教育科学规划会议，审议通过了《教育科学发展规划纲要（草案）（1978—1985）》。在此后的不同年份，教育部多次召开了全国教育科学规划会议，分别制定了不同的五年期教育科学发展规划。全国各个省、自治区、直辖市和计划单列市分别建立教育科学规划领导小组及其办公机构，一般说来，成立省级教育科学研究院（所），即在该院所内设立办公室。不少县（市、区）也相应地成立县级教育科学研究所，组织本地的学校申报教育科研课题。各地的教育科学规划及其主管部门，以立足本地、服务本地为宗旨，以本地教育事业发展中的重大理论问题和实践问题为重点，以本地教育优势和特色为突破口，制定和实施地区教育科学规划，有力地促进了地方教育事业的健康发展。规划机构的建立及其规划的制定和实施，促使教育科学研究能按照教育前沿理论研究的指向和国家、地方的重大关切来遴选教育科研的题目，能较好地满足教育科研服务地方事业发展的目的。

3. 组建了各种各类的教育科研机构，很好地推进了教育科研的制度化进程

改革开放以来，我国不同的教育科研机构相继组建，且具有不同的科研指向。国家级的教育科研机构以国家教育政策与综合性研究为主要方向；地方教育科学研究机构以地方和学校的教育改革和发展为研究的主要方向；高等学校所属的教育科研机构主要为改善教育学科教学和培养教育专业人才服务；群众性的教育学术团体以依托学科研究提供科研服务为基本方向；民办教育科研机构以重点研究民办教育及相关研究为基本方向。在各类教育科研机构中，数量最多的当属基层学校的各类教科室及类似的研究机构，它们主要以学校内部和当地的教育科研课题为指向。各级各类教科研机构从实际出发，发挥自己的优势，形成各自的特色。

4. 基层学校的教科研机构组建呈现常态化的趋势

基层学校的教育科研的活力增强，已经成为教育科研的一个重要方面军。

（二）教师培训制度

1. 相关政策文件均对在职教师培训做了明确的规定

中小学在职教师培训是教师队伍建设的关键措施。教师培训是个人行

为，又不单纯属于个人行为，国家每年培养几十万名师范生，最大的雇主是政府教育部门，教师的资格标准、任用考核标准和师资配置，无不体现国家的意志。教师培训政策的基点在于政府行为和市场机制的有机结合，教育人力资源的有效配置需要政府和市场的合力。

2.建立了以教师进修院校为主渠道的培训体系

各地建立的教育学院、教师进修学院、教师进修学校，是专门从事中小学在职教师培训工作的学校，是教师培训的主要渠道。省级教育学院主要培训在职高中教师，地级教育学院和教师进修学校主要培训在职初中教师，县级教师进修学校主要培训小学教师。师范院校在主要为基础教育培养合格新教师的同时，也承担一部分中小学在职教师的培训任务。普通高等学校和中等学校，在中央和地方有关部门的统筹规划下，积极承担教师培训任务，为中小学在职教师提供各种形式的进修机会，开办各种层次、各种专业的培训班。由省、地、县三级教学研究机构和中小学各科教研组织构成的教学研究系统，通过多种形式的教学研究活动，指导教师密切结合教学来进行自学，帮助教师学习教学大纲和教材，开展教学思想、教学内容和教学方法研究，进行教学改革和试验，总结交流教学经验。远程教育也是一条中小学教师培训的渠道。由省级自学考试委员会开设的高中、中等师范自学考试专业，承担中小学在职教师的自学考试工作，为他们开辟了学历达标或向更高层次的学历前进的有效途径。

3.实施了一系列旨在加强教师培训的工程

继续推行“全国教师教育网络联盟计划”，充分利用现代远程手段培训教师，全国联网8所师范大学初步实现联合招生和课程资源共享。充分运用现代远程教育手段，打破时空阻隔，共享优质教育资源，使得大规模、高水平、高效益培养培训教师成为现实。

4.基层学校的校本教师培训已经成为教师培训的基本途径

县级教师培训的力量得到增强。各地充分整合县级教师培训、教研部门、电教部门的资源，优化资源配置，构建“多功能、大服务”、上挂高等院校、下连中小学的新型县市级教师学习和资源中心，成为现代教师教育体系的重要基础和联系纽带，为广大中小学教师研修培训，包括开展校本培训提供有效的支持和服务。一些地方建立了教师发展学校，加大对教师的业务指导力度。

(三)教学研究制度

1.基础教育教学研究制度已经成为基础教育领域一种十分重要的教学管理制度

1985年,国家教委主任何东昌在全国教研室主任会议上发表讲话,他用“不容忽视”和“不可代替”表达了对教研工作的充分肯定。1990年,国家教委发布《关于改进和加强教学研究工作的若干意见》,明确了教研组织的作用,规范了教研工作的职能,将其工作重点确定为教学研究、教学指导和教学管理三个方面。此后,各省市区也印发相关文件,明确本省市区教学研究室的职责。教研机构作为履行上述三个职能的机构,一直以来得到稳定的维持和发展。

2.形成了相对独立和完整的教研体系

我国国家层面的独立的教研机构还付之阙如,但是教育部基础教育司直接负责对下属各级教研机构的业务管理工作。各个省、自治区和直辖市分别建立了教研室,但是其名称不同、挂靠的机构也不同,主要有四种模式:一是教育行政部门直属的教学研究室;二是教育科学研究院下属的部门;三是与教育科学研究院所合二为一,且直属于教育行政部门;四是教育学院(或师范学院)下属的部门。地市级教育行政部门也相应地建立地市级教研机构,县市区教育行政部门也建立县市区教研机构。每一个基层学校,除了规模极小的学校外,都建立了学校教研组,一般按照学科分设。教研部门作为教学研究的业务部门,与教育行政具有非常紧密的关系,它是教育行政部门了解一线教学情况的窗口,是制定基础教育教学文件和政策的主要参谋。上级教研机构对下级教研机构具有管理和指导的职责。教研机构与其他相关业务部门发生横向的联系。

3.教研组织的制度建设日趋完备

不同的教研机构既受上级的教研机构以及其他机构的规章制度的约束,又受同级机构的规章制度的约束。教育部尤其是基础教育司制定的关于教研机构的规章制度具有普遍的约束和激励作用。各省市区制定的关于教研机构和教研活动的规章制度对省级以下属的教研机构具有约束和激励作用。有关教研机构的规章制度主要涉及机构职责、人员配置、管理规章等。每一个教研机构为了搞好内部管理工作,一般也分别制定相应的规章制度。

4.教研机构分别开展与课程建设和教学改革相关的活动

我国的各级教研机构在国家的课程改革的推进中发挥着重要的作用。在课程改革推进的初期，教研机构承担课程计划和课程标准的宣讲任务，通过一系列形式多样的教研活动，帮助教师尽快熟悉新课程、认同新课程、实践新课程。

5. 教研机构还承担教育教学质量监管的职责

在教育教学质量监管方面，单纯依靠教育行政部门的人员进行监管不太合适，因为教育行政部门的官员主要是事务管理者，对教育教学的业务不太熟悉，不是学科教学的行家里手，因为他们对教育教学质量进行直接管理和指导缺乏专业性和权威，故不适合直接对教育质量进行监管。而教研机构的情况就有所不同，教研员一般是从教育教学的骨干挑选出来的，他们是教育教学的行家里手，对教育教学质量监管较有发言权。教研机构对教育教学质量进行持续的管理和监控，有利于稳定教学秩序，规范教学行为，推进教学改革。

二、我国研训教制度存在的问题

(一)教育科研

我国基础教育研训教制度存在的问题包括基层学校的教科研存在的问题和独立的教育科研院所的教科研存在的问题。

1. 基层学校的教育科研

(1)有的学校把教育科研当作一种摆设，或多或少存在形式主义的做法。部分学校领导口头上重视教育科研，实际上非常不重视教育科研。

(2)有的学校的教师认为教育科研非常神秘，想要参与却无从下手。在没有校外的专家学者和其他研究者的指导和帮助的情况下，学校的教育科研会处于无人问津的状态。

(3)有的学校的教师把教育科研看作额外的负担，表示无暇顾及。有的教师的教学工作已经非常饱满了，对他们来说，搞好教学工作已经非常不容易了。

(4)有的学校对待教育科研，写的和做的不一致。学校在搞课题研究时，主要请外面的人帮忙，学校里的教师参与甚少，教科研是走过场。

(5)有的学校教科研是教科研、学校工作是学校工作，教科研对学校工作改进、教育质量的提高几乎没有什么影响。

2. 教育科研院所

大学和科研院校在指导和帮助基层学校开展教科研方面担负一定的职责，它们在履行职责的过程中也存在问题。

大学和科研院所在给基层学校提供科研服务的过程中，过分关注理论研究，忽视实践性研究。有教师指出："我们认为，教育科学研究严格的学科规训制度对于一般教师而言高不可攀且现实意义不大。因为基层教师从事教育研究的根本旨趣不在于构建什么教育理论，而在于通过教育研究使自己得到专业化发展，最终改善自己的教育教学实践行为。教师置身于教育教学情境之中，作为'教育教学交往'的主体之一，他交往的主要对象是学生，其交往的主要目的也是为了学生。教师在日常的教育教学交往中，会因为孩子的喜而喜，会因孩子的忧而忧，会被美好的童心感动，会因失误而痛苦，会因成功而幸福。"①

(二)教师培训

教师培训制度的问题涉及基层学校教师参加培训方面存在的问题和培训机构存在的问题。

1. 学校的教师培训

(1)所在学校和教师参加培训的积极性不高

骆伯巍、吴卫东对381名未参加过教师培训的中学教师进行调查，认为教师培训"很有必要"的教师占全部教师的49%，认为"有必要"的教师占全部教师的44%，认为"无所谓"的教师占全部教师的4%，认为"没有必要"的教师占全部教师的3%。② 一个教师指出，由于学校里各种各样的事情把教师的业余时间都占去了，老师没有时间学习，尤其是进行关于自身专业修养和研究能力的学习，老师的综合素质越来越差。

(2)因工学矛盾突出，部分教师难以参加培训

由于学校编制比较紧，工作量较大，教师难以获得离职进修的机会，没法脱产学习。有教师指出："现在学校编制比较紧张，很少进人。我在这个学校十多年了，基本上没有脱产进修，参加的都是短期(主要是假期)进修。"

(3)培训经费少，受训面不广

"教师的培训，很多时候涉及面太窄，一般老师都没有机会参加高层次的培训，像国际级、国家级和省级的培训，一般都被校长、学校中层领导和骨干教师占去了，一般教师很难有机会参加这种高层次的培训"，一个教师如是说。另一个教师指出："高一级的培训都让校长、中层干部参加了，一线的

① 顾荣. 让教师在真情言说中感悟：江苏省海安县实验小学教师撰写教育故事的故事[J]. 当代教育科学，2004(4)：35.

② 骆伯巍，吴卫东. 继续教育：愿望与现实的矛盾[J]. 教育评论，1999(5)：21.

农村教师很少有机会参加高规格的培训。同时，一些培训还让学校出钱，这样学校派教师出去培训的机会就更少了。”

(4)培训内容重理论、轻实践

有教师认为，课改中对教师的培训都是理论培训，没有实质性意义。老师需要专业技能的培训，如“案例讲解”“小课题研究”等。但是，在培训中，这些内容很难涉及。另一个教师说：“培训教师包括大学教师虽然有非常好的理论知识，具有一些教育前瞻性，但是他自己都不知道如何实践。讲得好，但是做不来，所以受培训的人心里是不服的。你讲得这么好，你自己能做到吗?”一个教育局的同志指出，中小学是需要指导的，但是，所进行的培训与教师的内心需求还是有差距的。一线教师需要的不仅是理论性知识，更多的是实践性指导，所以应该给教师更多的结合教学实际的具有针对性的教育教学理论指导。

(5)培训形式单一，培训质量不适合教师需求

据骆伯巍、吴卫东对132名经过教师培训的中小学教师的调查，67%的教师认为，教师培训收效不大，没有必要进行。这充分表明，教师培训质量不好，效益不高。①

2. 培训单位

独立的培训单位在开展教师培训方面存在的主要问题：教师队伍建设滞后，培训教师的教学水平低，素质参差不齐。

(三)教学研究

1. 基层学校的教学研究

(1)学校教学管理中行政手段的加强，削弱了管理中的指导职能

在学校发展过程中，学校管理的行政化倾向有所加强。尽管教学秩序更加井然有序，但是也制约着很多方面，学校的备课管理、作业管理、考试评价管理等，本应该以提高教师的教学设计能力、驾驭作业的能力、运用评价改进学习的能力为目标，但是学校的这些管理制度往往只是起到监督和控制的作用，很多教学管理活动没有相应的指导，而没有指导的管理，其效果将大打折扣。

(2)广大教师迫切需要专业的引领，但是外出参加教研活动的机会很少

据调研的信息反馈，对教师帮助最大的研修方式是外出参加教研活动

---

① 骆伯巍，吴卫东. 继续教育：愿望与现实的矛盾[J]. 教育评论，1999(5)：21.

及平时与同事进行交流。教师在校内交流不足，便会更加依赖校外的专业引领。但由于经费有限，教师外出参加教研活动的机会不多，而专业人士深入基层参加学校教研活动的机会也很少。在信息技术迅速发展的背景下，网络教研得到教师的青睐，教师们通过网络可以获得更多的资源支持。

（3）学校教研活动缺乏计划性和系统性，实际效果欠佳

目前基层学校的教研活动主要是例行的听课和评课。但是，总的说来，活动的计划性和针对性较差，听课缺乏明确的研究目的，评课缺乏规范的程序和明确的标准。学校教研活动中经验主义的色彩较重，低层次重复较多，质疑和讨论较少，管的色彩较重，教师公开的回应较少。教学研究活动流于形式的较多，水平提高不快，实际效果欠佳。

第四节　下城区研训教制度演变

杭州市下城区研训教制度的演变，是在下城区深厚的历史文化积淀上发生的，是伴随下城区社会经济的发展、教育变革与发展而发生的。

下城区历史悠久，秦王政二十五年（前222），秦始皇设置钱唐县，后东巡至阼湖，即今下城之境北。隋文帝开皇九年（589），隋文帝废钱唐郡建杭州，后开凿大运河，沟通南北，渐为市廛。盛唐时，杭州以“东南名郡”见称于世。南宋建都后更为繁华，区内的盐桥河、菜市河和大运河运输更为繁忙，武林门外被称为“北关盛市”。元明清以来，区内的东街路、艮山门一带更是“机杼之声，比户相闻”，成为杭州丝绸手工业中心。下城区具有深厚的历史底蕴和丰富的文化内涵，自古就是商贾繁盛之地，众多珍贵的文化遗存依然坐立在今天下城区景象万千的土地上。

下城区地处市城区中心，北依京杭古运河，南濒秀丽的西子湖，西靠省委、省政府驻地，北靠市委、市政府驻地，东临古城河贴沙河。其总面积31.46平方公里，根据第六次人口普查数据，总人口52.61万人，辖8个街道。下城区经济繁荣、商贸发达、交通便利、设施完备，区内集中了省市主要的经济、文化、科研、新闻、金融、证券、保险、房地产等企事业单位和中介服务机构，人流、物流、信息流、资金流高度集聚，呈现了万商云集、游人如织的繁华都市景象，是商贸旅游、生活居住和投资创业的天堂福地。

下城区自1998年实施“工业强区”战略以来，加大了对工业、企业的扶持力度，在积极推进经济体制改革、推动企业技术创新、发展高新技术产业

的同时，大力培育大企业，鼓励发展中小企业，支持企业进行技术改造和提升传统产业，形成了以服装皮革、机械加工、电子电器、纺织印染、木材加工和印刷包装业为支柱的工业体系，自 1999 年以来，全区工业经济总量连续三年保持 17%以上的增幅。下城区培育了一批具有一定规模和较强发展活力的“小型巨人”和优强中小企业。

2000 年以来，下城区明确提出“经济增实力，环境出精品、社区上水平”三大目标，大力推进三个文明建设，使全区经济和社会各项事业都迈上了新的台阶。2010 年以来，下城区在全市率先提出打造“时尚繁华之区”。下城区在杭州市、浙江省乃至全国，其经济、社会发展取得的成绩都令人瞩目，先后荣获全国社区建设实验区、全国社区建示范区域、全国民政工作先进区、全国社区教育实验区、全国绿化先进城区、全国卫生初级保健实验区、全国科技工作先进城区、全国社区残疾人工作示范区、浙江省教育强区、浙江省科技进步区、浙江省文明城区、省级社会治安综合治理先进集体等荣誉称号。

工业经济的高速发展，城市的快速扩张，技术人才与外来务工人员数量大增，对教育量的需求也快速增长，有学上和有好学上成为当时教育要解决的重要问题。

2015 年以来，面对 21 世纪的发展机遇，下城区进一步提出了“全力打造中央商务区，全面推进下城现代化”的奋斗目标，加快推进以武林商圈为核心的中央商务区的建设，加快融入经济全球化和长江三角洲区域经济一体化的发展步伐，大力发展广场经济、总部经济、特色街经济、会展经济和文化经济，努力把下城区建设成为展现现代化大都市的新窗口、投资创业的新天堂、消费休闲的新乐园、安居乐业的新福地。下城区明确提出了新的战略目标：通过五年努力，达到综合实力更强、区域发展更协调、生态环境更优美、开放活力更强劲、人民生活更幸福、治理体系更完善。南北深度融合发展，区域功能格局进一步优化。城市国际化、现代化水平显著提升。生活品质持续改善，群众的幸福感和获得感不断增强。

按照以上目标和要求，下城区进一步提出了总体思路：打响“一大行动”，即“全域中央商务区建设推进行动”；实施国际化和现代化“两大战略”；开拓“城中村”、传统专业市场和旧小区（旧厂房）“三大空间”；依托重大工程、重大项目、重大平台、重大政策“四大载体”；壮大商贸、金融、文创、健康、信息“五大产业”。

教育既是区域经济社会发展的重要内容和任务，是国计民生，也是区域社会、经济、政治发展的重要战略支撑，具有基础性、全局性、先导性战略地位，具有优先发展的战略要求。在下城区社会、经济快速发展的时候，区域教育也在快速地变革与发展，以响应、适应并促进区域政治文明、物质文明、精神文明和生态文明建设。我们梳理并对照区域经济社会发展与教育发展，不难发现它们彼此之间是那样的契合与照应。

20 世纪 90 年代末，面对浙江省教育“创强”工作的要求和挑战，下城区坚持“科教兴区”战略，以建设具有中心城区特色一流教育为目标，拉开了以效度抢占高度的征程，加速推进素质教育。

2001 年 12 月，依托教育环境的优势，经浙江省“创强”评估验收组考评，下城教育通过了“创强”50 项标准的认定，顺利通过“创强”验收，下城区实现创建浙江省教育强区目标。2002 年，基于适应中心城区发展的需要，下城区提出了“营造高品质教育生态，打造高水平教育强区”的目标要求，持续地提出“三二一”教育发展目标、“三三三”教育发展思路和“先一步，高一层，可持续”的下城教育发展精神等理念体系，开启了集团化办学，实现优质资源共享；开启了小班化办学实践，推进了区域课程改革，构建了“名特优组织”建设、梯级名师培养、打造“教育学术之区”、中国·杭州国际教育创新大会等实践体系，推动区域教育初步显现出了均衡、公平、终身、多样、变革、科学、开放等区域教育现代化机制。其间，也提出了“国际视野，本土行动”的区域教育要求，开阔了教育视野。下城区的教育质量赢得社会认可，教育教学质量、教育科研成果持续领先，各级各类教育和谐发展，被确立为中央教育科学研究所教育综合改革试验区，领受了打造中国教育样本的使命。

2012 年，下城教育提出了围绕全区打响“繁华时尚之区”品牌的要求，认真落实《下城区教育事业“十二五”发展规划(2010—2015 年)》，以“提高质量、促进公平、打造高位高尚教育、争创教育现代化强区”为总体目标，全面推进各级各类教育持续、协调发展，不断提高教育质量，全力办好人民满意的教育，迎接浙江省教育现代化县(市、区)评估认定。

2015 年，下城教育提出：紧紧围绕下城打造全域中央商务区、建设“智慧经济”的发展战略，以争创首批省教育现代化区为总体目标，贯彻“人才强教，质量兴教，服务优教”的要求，以增强教育供给为保障，以提升教育品质为核心，以促进教育协同为途径，以转变教育评价为突破，进一步强化教育的正能量，培育师生的幸福感，提升人民的满意度，努力实现下城教育高起点上的新发展。

2017 年，下城教育指导思想是：全面贯彻党的教育方针，紧紧围绕下城打造全域中央商务区的发展战略，坚持育人为本、优质均衡、改革引领、开放共享的教育发展理念，以争创首批省教育现代化区为目标，以增强教育供给为保障，以提升教育品质为核心，以促进教育协同为手段，着眼增强群众教育获得感，全力打造更具内涵、更显开放、更可持续的教育现代化区。

纵观近几年的教育发展，我们不难发现教育现代化已成为高频词，被提上重要日程，成为区域教育重要发展目标。因此，2016 年 8 月，下城区委、区政府高屋建瓴，顶层设计，放眼 G20 峰会后的杭州和下城的发展，对教育提出了国际化和现代化的新要求和新使命，专门出台了《中共杭州市下城区委员会关于加快推进教育现代化的实施意见》(区委〔2016〕11 号)，提出了推进教育现代化的指导思想："全面贯彻党和国家教育方针，以立德树人为根本任务，积极培育和践行社会主义核心价值观，围绕加快推进全域中央商务区建设目标，坚持育人为本、优化均衡、改革引领、开放共享的教育发展理念，深化教育体制机制改革，全力提升教育现代化水平，努力打造更均衡、优质、丰富、多样的教育，提升人民群众对教育的获得感，积极推动下城经济、社会事业全面协调发展。"也科学地提出了时间表和路线图："到 2017 年率先成为浙江省教育现代化区，到 2020 年率先建成具有地方特色的高水平现代教育体系，并成为国内具有示范影响的教育综合改革实验区。"

从教育改革与发展的具体内容来看，近些年来，下城教育围绕更均衡、优质、丰富、多样，深化学生核心素养的培育，大力推进了课程改革，开展九年一贯制创新办学实践研究，推动学前教育优质发展，促使基础教育的品质提升，建立终身教育的特色示范。下城教育积极构筑人才高地，深化干部队伍建设，加快推进人事制度改革，持续加强教师专业培养。进一步增强了教育保障，持续优化教育资源配置，强力推进智慧教育，有效规范经费管理。

通过对教育演进的脉络梳理，我们不难发现，近些年来是下城经济、社会特别是教育的快速变革、发展的时期，是人民群众对教育需求不断增长的时期，因此也就成为教育不断创新和攀高的时期。这一时代大趋势，对区域教师专业化发展提出了更高要求，要求培养更多、更优秀的教师为区域教育的发展服务，为学生的可持续发展服务。

在这一宏大的社会和教育大发展背景下，区域研训教机构作为区域教育的智囊团，作为学校发展的参谋部，作为教师专业发展的发动机，又将如何直面挑战、抢抓机遇呢？又是如何快速转型、大力创新的呢？我们再来看看区域研训机构的历史演进。

杭州市下城区教师教育学院的历史可以追溯到 1959 年 3 月的下城区

小教训练班。1962 年，该训练班更名为下城区教师进修学校。1999 年 7 月，下城区教师进修学校搬迁至延安新村 5-12-1，下设校务部、培训部、教研部、现代教育技术发展中心。

2003 年 6 月，下城区教师进修学校、下城区教育局教研室、下城区教育局教科室合并，成立了下城区教育研究发展中心。2007 年 6 月下城区教育研究发展中心搬迁至朝晖五区新市街 120 号，下设办公室、基础教育研究部、中学教育研究室、小学教育研究室、教育策略研究部、教师教育研究部、教育资源开发和保障部。中心有专业技术人员 33 人，其中特级教师 4 人，获省级及以上荣誉 18 人，中学高级职称教师 29 人。整合后的教育研究发展中心在区域教育发展中发挥了应有的作用，培养了大批优秀教师，推进了课程改革，着力于课堂转变，大力提升了教育教学质量，一大批优质学校深受人民群众欢迎。

2011 年开始，下城区进一步推进区域教育人才专业化发展，深入实施新一轮的人才强教战略，全面组织实施教师专业发展培训制度，着力提升区域教育人力资源专业化发展水平。提出了教师专业发展培训的具体要求：贯彻落实教育规划纲要，围绕教育改革发展的中心任务，以提高教师师德素养和业务水平为核心，以提升培训质量为主线，以促进教师专业发展为方向，开展中小学教师全员培训，建立健全符合区域教育发展特点、满足教师专业发展需求、促进教师实践智慧生成的专业支撑体系，全面提高教师素质，为建设以“高位均衡、育人为本、师生幸福、人民满意”为指向的“开放型、内涵式、可持续”教育现代化城区提供高素质专业化的师资保障。

新一轮的人才强教战略与教育现代化战略新目标，必须要有强有力的引擎保证，必须要找到持续而有力量的战略支撑。各方的目光自然又聚焦在了具有中国特色的、行之有效的区域研训教机构上。

因此，下城区委、区政府、区教育局再次审视和重视研训教机构的建设与发展。2013 年、2014 年，连续两年在全区人代会《政府工作报告》中，下城区教育局分别提出了“提升改造教师培训机构，完成省级教师培训机构资质申报工作”和“深化教师培训机构建设，着力打造国家示范性教师培训机构”的要求。时任下城区人民政府区长吴才敏、副区长沈凯波及包晓东等领导先后多次到教师教育学院调研、指导。区教育局局长黄伟从学院的规划到建设，从学院的改革转型到研训教工作的开展等，全程具体指导。

2013 年 1 月，下城区委、区政府专门下发了《下城区人民政府关于进一步推进人才强教战略的实施意见》(下政发〔2013〕2 号)：“完成教育研究发展中心搬迁，健全体制机制，统整科研、教研、培训，成为全区教师成长管理中心、教育信息服务中心、课程教学诊断中心和教育质量监控中心。积极创造条件，使其成为省级示范教师培训机构，力争成为国家级示范教师培训机构。”

为此，原下城区教育研究发展中心跨越了重要的“三大步”：搬迁、更名和价值更新。2013 年教育局将原江心岛校区整体划拨给筹建中的下城区教师教育学院，并按照“高标准、现代化、示范性”的总要求，科学规划，整体改造。校园占地面积为 17170 平方米，校园内建筑面积近 3 万平方米，绿化面积为 8000 多平方米，绿化率达到 50%以上。

2013 年 8 月，下城区教育研究发展中心更名为杭州市下城区教师教育学院，为下城区教育局主管、具有独立法人资格的教育事业单位。学院整体搬迁至湖墅南路叶青兜 73 号(原江心岛中学)。更名后下城区教师教育学院主要职能为：负责区域教育发展政策研究和咨询；负责对全区初中、小学、幼儿园教师开展专业化发展培训；负责对区域内中小学校长、幼儿园园长等管理干部进行培训；负责全区中小学、幼儿园的教学研究、教育科研的指导和服务；负责全区中小学、幼儿园德育教育和心理健康教育的研究和指导；负责做好区域教育质量监测工作；协助做好区域内教育学会工作。下城区教师教育学院根据服务职能内设四个“中心”、一个办公室，即教育发展研究中心、教学研究中心、德育研究中心、教师发展中心和党政办公室。

教师教育学院的成立，是区域研训机构转型的标志性事件，是一次凤凰涅槃的价值更新，是职能的转变、资源的整合与未来工作方式创新的期待。

教师教育学院定位更加明确。其战略目标定位为：实施现代转型，建立现代区域研训教制度和体系；价值定位为：为区域教育可持续发展服务，为每一个师生的终身发展服务；职能定位为：研究，指导，服务。这些定位最终都指向了下城教育的现代化发展，指向了下城区“全力打造中央商务区，全面推进下城现代化”的奋斗目标。

教师教育学院师资力量更加雄厚。现有编制 42 人，在岗专任教师 38 人。其中有全国优秀教师 1 人，省特级教师 10 人，省教坛新秀 7 人，市县学科带头人 9 人，省名师培养对象 2 人，省春蚕奖获得者 2 人，市教坛新秀 15 人，省市劳动模范、优秀教师和省市优秀教研员 7 人。

研训教条件更加优化。学院建设按照现代化、示范性、人文性原则，功能齐全，布局合理，文化特色鲜明。

研训教方式更加创新。我们对现代研训教制度和体系建设进行研究并提出了五大指标体系：一体化、专业化、个性化、智慧化、制度化，并在研训教实践中进行全方位探究与实践。

研训教成果更加丰富。近年来，学院先后获得“全国校本教研实验基地”“浙江省首届教研工作先进集体”“浙江省教科研先进集体”“浙江省师训工作先进集体”“浙江省小学教师专项培训先进集体”等。其他具体成果在以后的章节中还会讲到，这里不再赘述。

如果我们纵向考察下城区研训教的演化更新，我们可以较为明显看出其三个不同的发展时期与功能、形态：1949—2003 年：下城研训教的 1.0 版，单一培训功能；2003—2013 年：下城研训教的 2.0 版，研训教复合职能；2014 年至今：下城研训教的 3.0 版，研训教现代化转型。

这种转型与升级，是教育发展的必然，也是区域研训教机构演化的自然，只有主动顺应这种变革大趋势，区域研训教机构才有大作为。

第三章　区域研训教 SWOT 分析

第一节　区域研训教机构战略管理

一、区域研训教机构战略管理的现实意义

现代研训教机构是一种多功能的教师教育组织。在促进研训教机构的科学转型和内涵发展的过程中，有必要进行科学的战略管理。战略管理的中心工作是有效地制定、实施和评估战略。战略的制定是研训教机构战略管理的核心任务，战略的实施是具体采取行动并实现战略目标的过程。战略评估是对战略实施的成败得失进行的价值判断，它有助于管理者修改计划和对环境的变化做出反应。

战略是一种计划，但是，它不同于一般的工作计划，它是对组织和机构的改革及发展的全局性、整体性和长期性的谋划。战略也是一种连续的行动，它是对行动结构和成功条件的系统构想。

克劳塞维茨在《战争论》中指出："战略是为了达到战争的目的而对战斗的运用。战略必须为整个军事行动规定一个适应战争目的的目标。"①从军事学的角度看，战略与战术有别，战略是关于战争的总体计划和部署，而战术是关于特定军事行动的具体方案。

---

① 克劳塞维茨.战争论[M].中国人民解放军军事科学院，译.北京：商务印书馆，1982：175.

所谓战略管理，是指制定、实施和评价使组织能够达成其目标、做出跨功能决策的艺术和科学。[①] 战略管理以促进组织和机构的长远发展为目的。美国哥伦比亚大学的 W. 纽曼教授认为："战略在任何时候都是为机构指明最优的前进方向，真正的战略是较长远的规划，它确定了机构的发展方向与趋势，也规定了各项较短计划的主基调。"[②]

战略管理具有三个基本特征：一是全局性。战略管理关注组织和机构发展的全局性。二是适应性。战略管理最为突出的特点是强调机构与环境的关系，关注其所具有的适应环境的能力。三是激励性。战略管理重视组织和机构的内部价值观念的变更与塑造，强调用忧患意识激励全体员工，促使其参与全程管理。

机构战略的制定和实施需要考虑三个方面。第一个方面包括四个问题：一是我们所处的环境是什么？二是我们如何抓住机会？三是我们如何面对威胁？四是我们如何对环境的变化做出反应？第二个方面包括两个问题：一是我们想成为什么样的组织？二是组织的目标是什么？第三个方面包括三个问题：一是我们怎样才能达到预期的目标？二是我们应如何配置资源？三是我们如何实现计划？

区域研训教机构的战略管理是对本机构的教育教学活动进行总体性管理，是机构制定和实施战略的一系列管理决策和行动，此种战略管理有助于机构在复杂多变的环境中保持竞争优势和可持续发展能力。

二、区域研训教机构战略分析的路径

战略分析是对特定战略时期内（一般为 3～5 年）组织和机构内外情况的综合调查、评价与预测。战略分析主要包括外部分析和内部分析。外部分析主要涉及机构的宏观环境因素的分析，宏观环境因素主要包括政治法律因素、经济因素、社会因素、技术因素。内部分析主要涉及内部因素的梳理，内部因素主要涉及人财物、时空等物质资源因素和机构的文化等因素。

战略分析是整个战略管理过程中最困难、最具挑战性的环节。学校现行的战略，加上外部和内部的信息分析，为制定和评价可行的备战战略提供了基础。战略分析旨在选定能够最好地完成组织和机构的任务和目标的行动方案。

---

① 弗雷德 · R. 戴维. 战略管理[M]. 李克宁，译. 北京：经济科学出版社，1998：17.

② 金占明. 战略管理：超竞争环境下的选择[M]. 北京：清华大学出版社，1999：1.

常用的战略分析的路径主要有两条：一条是进行系统分析，另一条是进行 SWOT 分析。系统分析法是极为流行的一种战略分析方法，它从相互关联的角度，运用系统透视的方法，来观察组织和机构的成长及发展的问题。彼得·圣吉在《第五项修炼》中提出，系统思考是第五项修炼，是既见树木、又见森林的艺术。系统思考有助于将复杂的组织通过具体分析构想为一个整体。系统分析涉及的关键因素包括：(1)组织和机构要达到的目标；(2)达到这些目标可以选择的方法；(3)完成每一个既定的目标所需要的费用和资源；(4)为预防发生的偶然事件而做出的计划安排和考察；(5)一个表明目标、系统、环境和资源相互依赖的模型——信息资源库。

另一条分析路径是 SWOT 分析。它是用来确定组织和机构自身的竞争优势、竞争劣势、机会和威胁，从而将组织和机构的战略与其内部资源、外部环境有机地结合起来的一种科学的分析方法。

三、研训教机构的 SWOT 分析法的含义

所谓 SWOT 分析法，是指基于组织和机构的内外部竞争环境和竞争条件，对组织和机构的未来发展态势所做的分析，即将组织和机构的各种主要内部优势、劣势和外部的机会和威胁等，通过调查的方式列举出来，并依照矩阵形式进行排列，然后用系统分析的思想，把各种因素相互匹配起来，从中得出一系列关于组织和机构的未来发展方向的结论。运用这种方法，人们可以对组织和机构所处的情景进行全面、系统、准确的研究，从而根据研究结果制定相应的发展战略、行动计划以及提出相应的对策。

SWOT 分析选取四个英文关键词的首字母组成一个复合词，其中 S(strengths)是指优势，W(weaknesses)是指劣势，O(opportunities)是指机会，T(threats)是指威胁。按照组织和机构竞争战略的完整概念，战略应是一个组织和机构“能够做的”(即组织和机构的强项和弱项)和“可能做的”(即组织和机构所处环境中存在的机会和威胁)之间的有机组合。

最初人们主要将 SWOT 分析方法运用到企业发展战略的研究和制定上。此后，其他领域、部门和机构也采用 SWOT 分析方法。著名的竞争战略研究专家迈克尔·波特提出了著名的竞争理论，他从产业结构入手对一个企业“可能做的”方面进行了透彻的分析和说明。能力学派管理学家则运用价值链解构企业的价值创造过程，注重对公司的资源和能力的分析。SWOT 分析法综合运用竞争理论和能力学派提出的基本观点，形成了结构化的要素分析方法，注重对企业的外部环境和内部资源进行解析。

从研训教机构改革和发展的角度看，SWOT 分析法是指系统地探明研训教机构面临的优势、劣势、机会、威胁，并据此提出机构未来发展战略的一种分析方法。在优势、劣势、机会和威胁四种因素中，优势和劣势是机构内部的因素，而机会和威胁是机构外部的因素。

优势是指能使机构获得战略优先并进行有效竞争，从而实现自身目标的某些强大的内部因素或特征，诸如充足的资金来源、强有力的凝聚力、优良的传统、良好的社会形象、较高的社会声誉等。衡量一个机构是否具有竞争优势，只能站在机构所提供的服务的角度上，而不是站在企业的自身角度上看。

劣势是指给机构带来不利、导致机构无法实现目标的消极因素和内部行动的不可能性，诸如机构的发展目标不清晰、组织涣散、先进设施匮乏、师资力量薄弱等。

机会是指机构所处环境中那些有利于实现或超越自身目标的外部因素和状况，诸如新的发展空间、新的顾客群、有利政策的出台等。

威胁是指对机构的经营状况不利并导致机构无法实现既定目标的外部因素，是影响机构的当前地位或其所希望的未来地位的主要障碍，诸如新竞争对手的出现、原先顾客的减少、资源的流失、不利政策的出台等。

四、SWOT 分析法的意义

SWOT 方法的优点在于考虑问题全面，是一种系统思维，而且可以把对问题的“诊断”和“开处方”紧密结合在一起，条理清楚，便于通过实际行动进行检验。

SWOT 分析法为研训教机构的发展提供了一种战略思考的新思路和框架。只要机构能够详细说明机构内部和外部的多项关键性战略要素，就有可能提出可行的战略方案。在列出这些要素的基础上，机构自身必须根据上述各项要素的分析，从优势、劣势、机会和威胁的可能组合中，找出机构发展的战略方向，确定机构的切实可行的发展战略。

第二节　区域研训教机构的 SWOT 四要素矩阵分析

一、研训教机构的四要素矩阵分析

SWOT 分析法是一种结构化的分析方法。人们将优势、劣势、机会和威胁四个因素进行组合，构成一个 SWOT 矩阵（见图 3-1）。

优势（S）	机会（O）
劣势（W）	威胁（T）

图 3-1 SWOT 矩阵分析模型

为了应用 SWOT 分析法，人们需要运用各种调查研究方法，剖析机构所面对的各种环境因素，即外部环境因素和内部能力因素。机构的外部环境因素包括机会因素和威胁因素，它们是外部环境对机构的发展直接有影响的有利和不利因素，属于客观因素。机构的内部环境因素包括优势因素和劣势因素，它们分别是机构在其发展中自身存在的积极和消极因素，属主观因素。在调查分析这些因素的过程中，人们不仅要考虑机构的历史与现状，而且更要考虑机构的未来发展问题。

在确定机构的战略的过程中，可将调查得出的各种因素根据轻重缓急或影响程度等排序方式，构造 SWOT 矩阵。在此过程中，将那些对机构发展有直接的、重要的、大量的、迫切的、久远的影响因素优先排列出来，而将那些间接的、次要的、少许的、不急的、短暂的影响因素排列在后面。

SWOT 矩阵分析包括两个主要部分：第一个部分是优势与劣势分析(SW)，主要用来分析机构的内部条件；第二个部分是机会与威胁分析(OT)，主要用来分析机构的外部条件。通过利用 SWOT 方法人们可以从中找出对自己有利的、值得发扬的因素，以及对自己不利的、要避开的东西，发现存在的问题，找出解决办法，并明确以后的发展方向；可以将问题按轻重缓急分类，明确哪些是急需解决的问题，哪些是可以稍微拖后一点儿的事情，哪些属于战略目标上的障碍，哪些属于战术上的问题，并将这些研究对象列举出来，依照矩阵形式排列。

通过综合考察，可以发现下城区教师教育学院的如下优势、劣势、机会和威胁。

（一）下城区教师教育学院的优势

1. 研训教三个部门的实质性融合起步早、进展快、水平高

2003 年，下城区政府就将区教师进修学校、教研室和教科室三家单位合并，成立下城区教育研究发展中心。在中心成立后，研训教三者一体化的步伐加快。2013 年，下城区教育研究发展中心又更名为下城区教师教育学院，顺应我国教师教育改革的大潮，更名不仅是名称改变，而且机构的定位也有

了变化，机构的职责被更精准地定位为服务于全区的广大中小学校和全体师生。

2.确立服务为本的行动纲领

下城区教师教育学院在转型发展的过程中努力践行以服务为本的行动纲领。学院将服务当作一种职能、一个新的理念。以服务为本的行动纲领包含四个要领：第一，确认服务是一种道德追求。全体研究员真正牢固树立全心全意、殚精竭虑为全体师生服务的思想，努力做立德树人的表率。第二，确认服务是一种智慧。研究员力求成为智慧型的研究员，以智慧的品行提供优质的服务。第三，确认服务是一种工作作风。研究员将阵地前移、重心下移，他们走进校园、走进课堂、走近师生，采取踏实、扎实和朴实的服务态度和行动。第四，确立服务是一种专业能力。研究员只有提升自己的专业素养，才能更好地为教师服务。

3.“先一步、高一层、争一流”的竞争战略

下城区教师教育学院使用标杆方法推进各项工作。先一步，就是事事抢先一步，走在前头，尤其是通过深化改革，获取和分享改革的红利。高一层，就是各项工作都按照高标准、严要求来做。争一流，就是各个方面的工作力求做到最好。在确立“先一步、高一层、争一流”的竞争战略后，学院的研究员就能最大限度地激发工作的潜力，就能很好地开展各项工作。

4.“化人化制化物”的三化的有序推进

一个机构的发展，一靠人的努力，二靠制度的完善，三靠物质技术的改进。只有人、制度和物质技术三个方面齐头并进，才能使机构的各项事业红红火火地发展下去。下城区教师教育学院形成了三化有序推进的新思路。首先，确立学院管理以研究员为本、服务学校、以教师为本的观念，采取各种措施和办法，提高研究员的素质，促使研究员以饱满的热情投入工作。其次，充分发挥制度的约束和激励的双向功能，建立和完善各项规章制度。最后，利用下城区政府的财力支持，改善学院的办学条件，尤其是充分利用各种信息技术，实现高技术化和网络化。

5.区域平台的有力依托

下城区教师教育学院凭借下城区作为杭州市核心城区的得天独厚优势，利用各种可以利用的平台。诸如利用杭州市西湖博览会的重大平台，积极融入和参加西博会的大型活动；由下城区教育局牵头每年举办国际教育创新大会，在该大会的举办中教师教育学院积极参加各项活动。

6. 大专院校的良好合作

近些年下城区分别与中国教育科学研究院、浙江大学等国内顶尖科研机构和大专院校建立了良好的合作机制和合作渠道，为下城区教育教学改革，为教师教育学院的发展，创造了良好的资源优势。

7. 雄厚的师资力量

下城区教师教育学院现有编制 42 个，在职人员中有特级教师 8 人，全国优秀教师 1 人，省级劳模 2 人，省市教坛新秀 9 人，由此可见，有较强的专业指导、研究、服务的优势。

（二）下城区教师教育学院的劣势

1. 教育的大体量和服务人员的相对缺少的反差大

下城区是一个规模中等的城区。2015 年辖区内共有公办幼儿园、义务教育段学校、高中共 50 余所，教师近 3000 人，教师教育学院在编人员 38 人，这一配编比例略显偏低。下城区教育的体量较大，政府和人民群众对教育质量要求高，教育任务繁重，但是集研训教三个角色于一身的研究员人数相对较少，要能保质保量地做好各项研训教工作，适当增加研究员人数是必需的。

2. 突破研究员个体和群体的发展瓶颈的办法不多

教师的专业发展是一个漫长的、动态的且纵贯其整个职业生涯的过程。在这一过程的不同阶段，教师表现出各种专业结构要素的差异。国内外不少学者对教师的职业发展阶段进行不同的划分，提出了不少颇有见地的看法。费斯勒将教师发展分为八个阶段：职前教育阶段、引导阶段、能力建设阶段、热心和成长阶段、生涯挫折阶段、稳定和停滞阶段、生涯低落阶段、生涯退出阶段。在这八个阶段中，后四个阶段教师的生涯发展不再是往上走的历程，而是波波折折、坎坎坷坷的历程。研究员是从中小学中拔尖的教师中选拔出来的，他们往往是学校里数一数二的好教师。他们在进入教师教育学院成为研究员后，也需要继续发展。一方面他们需要转型发展，从教师的角色转为研究员的角色；另一方面他们也需要从一种类型的研究员转变为另一种类型的研究员。一般说来，在担任研究员的前 3～5 年，研究员往往会在当好研究员方面尽心尽力，其素质处于稳步提升的过程。但是在 7～8 年以后，他们会产生职业倦怠感，缺乏努力提升素质的内在动力。如何让研究员在本单位工作 8～10 年后仍然有很大的冲劲，是教师教育学院面临的一个巨大的新课题。

3.资源整合和利用的综合效益有待提高

教师教育学院虽然将研训教 3 个部门进行整合,但是整合的途径和方法仍然有待探索和改进。研训教是单独的工作部门和单独的工作线索。研究员做好各自部门的工作,相对而言是轻车熟路的。但是,要叫他们兼做其他部门的工作,相对而言就不那么轻松了,就变得比较难了。研训教的一体化是一个难题,如何使研究员既能充分做好本部门的工作,又能协同做好其他部门的工作,是一个重要的有待进一步深化改革的课题。

4.科研能力和创新能力提升还不够快

在教师教育学院的研究员中,他们的教育教学能力、教师培训能力、教育科研能力三个方面的表现是各不相同的,有的教育教学能力强一些,有的教师培训能力强一些,有的教育科研能力强一些。但是这三种能力的形成的难易程度和快慢程度是有别的。一般说来,教育教学能力较为易于提高,教师培训能力其次,科研能力再次。一些研究员往往感到提升教育教学能力绰绰有余,而提升科研能力则感到力不从心。从实际情况看,研究员当中教育教学能力有所缺失的人不多,而科研能力有所欠缺的则较多。提升创新能力也是研究员较为薄弱的一个环节。

(三)下城区教师教育学院的机会

1.国家教师教育大政方针的调整带来的红利

从 2000 年以来,我国教师教育的重大改革和发展主要集中在以下七个方面。第一,鼓励综合性高等教育机构更多地参与教师教育工作,推进开放而规范的教师教育体系的逐步形成。开放的教师教育体系为教师教育的发展带来了生机与活力。第二,推进教师职前培养与职后培训的一体化,建立教师终身体系。教师的在职培训,将由学历补偿教育向知识更新、教学研究和提高业务能力的教育转变。第三,提高教师的学历教育层次,形成以本科和本科后教育为主体的教师学历教育格局。三级师范设置正逐步过渡到一级本科设置的教师教育院校,教师培养的主体结构是 4 年(含入职)的教师教育、4 年专业教育外加 1 年的教师入职教育。第四,改革教师培养模式,把教师教育的重心后移到教师入职和终身教育上。学生可以在本科教育时选修教师教育模块,取得教师入职的资格(3＋1 模式),也可以在取得本科学历后再到教师教育机构接受入职教育(4＋1 模式)。教师的终身教育不排除部分学历教育,但是更多的是能力提高型的非学历教育。第五,规范教师入职资格和教师教育准入资格,提高教师的专业化水平。为此,要适用教师职业专业化的要求，逐步提升教师入职资格的要求，改革和完善教师资格证书制度。第六，充分运用现代远程教育手段，推进全国性的教师终身教育体系的建立。全国各个方面、多层次的教师教育网络资源将通过教师教育网络联盟这一平台，共同建立市场化、开放式的网络教师系统，充分发挥师范院校的主体作用，鼓励其他教育机构和相关企业共同参与，探索多样化的教师教育模式。第七，注意改革的梯度推进，鼓励教师教育机构的个性化发展，关注农村教师教育工作的改进。人们特别要关注两个梯度，一是原有水平的梯度，二是地区经济发展的梯度。要注重建立和完善农村教师终身教育体系和网络，努力提高在职教师的水平，使目前在职的教师逐步提高水平，适应教育改革和发展的需要。教师教育的上述七个方面的改革，为研训教的进一步发展提供了重要的契机。

2. 浙江省新基础教育课程改革带来的机会

2015 年 3 月，浙江省教育厅颁布了《关于深化义务教育课程改革的指导意见》(以下简称《指导意见》)，提出 2015—2020 年间浙江省义务教育新课程改革总体方案，进行课程改革具体工作部署，要求 2016 年全省全面实现校本课程开发的目标和任务。3 月以来，省内各个县(市、区)迅速开展义务教育新课程改革的试点工作。各个义务教育阶段学校都将实施义务教育课程改革作为当前的中心工作，有序地推进课程改革。这一轮浙江省义务教育新课程改革重点突出校本课程建设的五个方面的个性化教育价值取向。第一，将帮助每一位学生实现全面而有个性的发展视为实施校本课程的根本目标，将推行差异化和个性化教育作为实施校本课程的根本手段。第二，形成非校本课程和校本课程的二元课程结构。与国家课程结构的要求相比，这次浙江省厅要求比以往增加一倍的校本课程容量。非校本课程又称为基础性课程，它包括国家课程和地方课程，规定了全体学生统一的学习内容。校本课程又称为拓展性课程，它是指学校提供给学生自主选择的学习内容。《指导意见》规定了小学和初中的二元课程结构的定量指标，小学阶段一至六年级，非校本课程课时占总课时的比例为 85%，校本课程课时占总课时的比例为 15%；初中阶段七到九年级，非校本课程课时占总课时的比例为 80%，校本课程课时占总课时的比例为 20%。《指导意见》强调非校本课程和校本课程的开设要求。各地和各所学校按规定开齐开好非校本课程，确保每一位学生具备适应社会必需的思想道德素质、科学文化素质和健康素质。第三，各地和各所学校积极探索校本课程的开发、实施、评价的共享机制，体现地域和学校特色。第四，校本课程开设注重兴趣性、活动性、层次性和选择性，以满足学生的个性化学习需求。第五，学校分类建设校本课程，既形成相对完整的三类校本课程，又在每类校本课程中重点建设精品课程。校本课程主要包括知识拓展类、体艺特长类和实践活动类三大类。知识拓展类校本课程包括学科研究性学习、学科专题教育、地方历史和文化教育等课程，旨在拓展学生的知识面、激发学生的学习兴趣。体艺特长类校本课程包括体育、艺术、健康教育、生活技艺等课程，旨在帮助学生培养兴趣爱好、养成良好的生活习惯和高雅的生活情趣。实践活动类校本课程包括信息技术、劳动技术、科技活动、体验活动、调查探究、社会实践等课程，旨在引导学生探究自然、体验生活、了解社会，旨在培养学生动手实践、科学探究、团结协作、服务社会的能力。

《指导意见》提出了师资培训的新要求："各级教育行政部门要加强对中小学校长、教师的课改专项培训，切实提升校长的课程领导力，提高教师的课程开发与开设能力。省内师范院校要根据义务教育课程改革的需要，有计划地调整专业和课程设置，改进教师培养模式，扩大培养小学全科教师。加强在职教师兼任学科的专业培训，培养'一专多能'的中小学骨干教师。"在浙江省义务教育新课程改革的过程中，教师教育学院应该在所在辖区的学校的课程改革和教师的课程开发及实施方面发挥重要的研究、指导和服务功能。

3. 下城教育高位均衡发展带来的发展契机

立足中心城区的区域定位，下城区委、区政府提出建设"繁华时尚之区、幸福美丽下城"的战略目标。基于此，下城区长期把"高位均衡"作为教育发展的政策取向，统筹协调发展各级各类教育，坚持教育的公益性和普惠性，建成覆盖全区的基本公共教育服务体系，整体提升区域教育质量，保障人民享有接受良好教育的机会。从托幼一体化、再生性集团化办学、社区教育资源全域共享，到梯级名师培养工程、基础教育质量监测体系、国际教育创新"文晖"品牌，下城教育人在不断创新中向着现代化目标前行。在实现下城教育高位均衡发展的过程中，教师教育学院的广大研究员有必要为实现此目标提供人才和知识、智力的支持。

4. 学院转型发展带来的机会

2013 年，下城区教师教育学院正式成立，学院提出了机构转型的重要任务。学院提出的目标是顶层设计、改革创新、科学转型、内涵发展。转型是目前学院一切工作的出发点和落脚点，也使学院有了更高位的思考、更多的实践和更多的创新。学院转型过程中，要致力于建立现代研训教制度和体系。建设研训教制度和体系的主要指标包括专业化、一体化、多样化、现代化。为了促使学院的可持续发展，有必要进一步明晰学院的办学定位，树立以师为本的理念；坚持依法办学，建立现代学校制度；坚持民主管理，建立开放的办学机制。学院转型发展为全体研究员确立了新目标，提出了新任务，明晰了新思路，指出了新的工作途径和手段。以学院转型发展为根本目标，大家可以心往一处想，劲往一处使。

5. 学院与其他机构进行战略合作带来的机会

机构合作共赢战略。所谓机构的战略合作是指双方或多方为了自身的生存、发展和未来而进行的整体性、长远性、基本性的谋划，并在合作期间实现共赢的一种合作方式。战略合作是一种有目的、有计划的合作思想与行为。归纳起来，战略合作的意义主要有：(1)战略合作可提高机构的知名度，为企业树立实力强大的外部形象。(2)战略合作可以获得协同效应，即 1+1>2，实现组织间的信息、资源共享，充分利用现有的生产要素和资源，优化资源配置，节省成本费用。(3)战略合作可以减少合作企业间不必要的浪费性竞争，维持稳定的竞争格局和态势，并且把着眼于短期的对抗性竞争转化为长期的合作式竞争。(4)战略合作可以降低和缓解合作机构的经营风险。(5)战略合作可以加快机构开发和吸收技术创新步伐。(6)在实行“合作博弈”的竞争战略时，培养竞争对手不但可以提高自己的核心能力，还是一种“占位策略”，遏制竞争对手的扩张意图。战略合作的龙头还可以利用品牌优势，形成领导价。学院成立后，与浙江大学教育学院、浙江省教育科学研究院、杭州市教育科学研究所、杭州师范大学教育科学研究院等机构加强合作。这种合作对于提升学院的办学实力具有重要的意义。

(四)下城区教师教育学院面临的挑战

1. 基础教育均衡发展带来的挑战

基础教育均衡发展是我国目前基础教育领域的中心工作之一。《国家教育规划纲要》提出：“建立覆盖城乡的基本公共服务体系，逐步实现基本公共服务的均等化，缩小区域差异。”教育公平的重点是“促进义务教育均衡发展和扶持困难群体，根本举措是合理配置资源”。下城区的基础教育虽然已经步入高位均衡发展的快车道，但是要实现完全的高位均衡发展，还面临一些艰巨的挑战。首先，下城区教育南区强、中区中等、北区偏弱的格局仍然会维持一段时间，做到这三个区域的全面均衡发展还需要做出巨大的努力。其次，虽然区政府通过财力资源的均衡配置、师资的倾斜配置和集团化办学等途径促进校际均衡化，学校间办学条件的差距逐步缩小，但是一些学校之间师资水平和办学质量的差异还是很明显的，还有待努力消除。最后，随着城市化进程的加快，进城务工人员随迁子女不断涌入，给学校布局和学生入学带来巨大压力。在随迁子女集中的郊区，学校数量少、资源匮乏，难以全面满足随迁子女的入学需要。在解决基础教育均衡发展的问题方面，教师教育学院需要发挥应有的作用，重点是为相对薄弱的区域和学校提供更优质的教师资源，为在职教师提供更多更好的专业发展机会。教师队伍的建设为促进基础教育的均衡发展提供重要的知识和智力的支持。

2. 全国和浙江省基础教育课程深化改革带来的巨大挑战

2001 年，在党中央、国务院的领导下，教育部正式启动了新一轮基础教育课程改革，颁发了《基础教育课程改革纲要（试行）》等一系列政策文件，初步构建了符合时代要求、具有中国特色的基础教育课程体系。基础教育课程改革从 1999 年开始着手调查研究，组织全国高层次专家进行了顶层设计。2001 年开始在全国 38 个县、区进行义务教育阶段课程改革国家级实验，分层推进，滚动发展。从 2006 年开始普通高中新课程全面实行。到 2007 年，小学一年级新编的教科书已经用了一轮。到 2014 年，小学一年级新编的教科书已经用了两轮。到 2004 年，初中一年级新编的教科书已经用了一轮。到 2007 年，初中一年级新编的教科书已经用了两轮。到 2010 年，小学一年级新编的教科书已经用了三轮。到 2013 年，初中一年级新编的教科书已经用了四轮。随着社会的发展，新教材需要及时更新。在新轮次的教材出版和使用之后，有必要对之前的教材使用的效果进行评估，同时对之前的教学实效进行讨论和分析，总结经验教训，提出改进的意见和建议。

最为关键的是党的十八届三中全会通过了《中共中央关于全面深化改革若干重大问题的决定》，对牵一发而动全身的高考改革做出了全面、系统、明确的部署。浙江省和上海市在全国率先推出高考改革方案，浙江省在课程深化改革和高考制度改革方面走在全国教育改革的前沿。在持续、科学推进深化课程改革的过程中，区域教师教育学院作为本地区教师专业发展的重要支撑力量，需要为课程改革方案的设计和实施提供重要的知识支持、智力支持和人才支持。

3. 市区六个核心城区乃至整个杭州对研训教机构发展的挑战

各城区研训教机构在人员编制、名师结构、资源环境、研训教条件以及研训教文化等不同方面各有优势和特色，城区之间具有较强的竞争性。当然，这种比较带来的挑战，不仅发生在杭州市内，同样发生在省内、全国范围内，这里不再赘述。

二、研训教机构的 SWOT 四象限分析

在列举了研训教机构的关键性因素后，就可以制定可行的行动方案。每个研训教机构应考虑自身的具体情况和特点，选择合适的战略。总的说来，研训教机构有四种基本的战略可供选择。图 3-2 提供了四种战略组成的象限图。

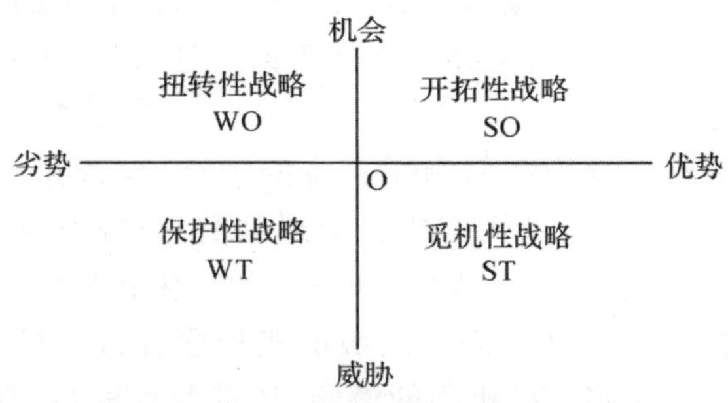

图 3-2　SWOT 四种战略的象限分析

第一种战略是开拓性战略。假如机构所处的环境中出现了新机会，具有众多的机遇，诸如出现新的顾客群、政府部门进行重点投资，而机构自身也具有很大的可挖潜力，诸如师资力量强、物资设施好、教育教学质量高，那么机构可采取拓展性战略，即扩大规模和开发市场。

第二种战略是觅机性战略。假如机构具有一定的优势，诸如研究员的积极性高、具有优良的传统，但同时，机构也面临一定的威胁，诸如经费紧张和人员不足。在这种情况下，机构可采取觅机性战略，即在发挥优势的同时，避免危险，努力寻找新的机遇。

第三种战略是保护性战略。一种情况是外部环境中存在威胁，诸如竞争对手增加且越来越强，而机构内部的状况又不佳，诸如研究员中老中青比例不协调，教师工作积极性偏低。这类机构可采取保护性战略，设法避开威胁和消除劣势，注重内部整顿和储备力量。

第四种战略是扭转性战略。假如机构遇到一定的机遇，诸如机构的自主权扩大，得到高校的大力支持。但是机构自身的条件欠佳，诸如研究员的科研意识不强、科研能力偏弱。属于这一类的机构宜采取扭转性战略，既要抓住机遇，又要致力于改变机构内部的劣势。

三、依据 SWOT 分析法所做的战略选择

研训教机构需要根据外部环境带来的机会和威胁，结合自身的优势和

劣势，并考虑机构发展利益相关者的期望和要求，确认采取哪种战略方案。研训教机构可以有针对性地选择如下三种战略中的一种或几种，促进机构的科学发展。

实施特色战略。特色战略也称差异化战略，是指机构着眼于社会需求，面向顾客即教师、学生和潜在的教育群体，提供独具特色的服务的战略。其战略主题是：通过学校的办学理念、学校的目标定位、教师的教育教学能力、机构的课程开发等途径，将机构办出与众不同之处，以使所有服务对象形成强有力的品牌偏好和忠诚。

实施一体化战略。机构如何利用自身的师资、设备和在教育市场中的独特优势不断向纵深发展，是机构成长中遇到的重要战略问题。一体化战略包括纵向的一体化战略（合纵战略）和横向的一体化战略（连横战略）。横向一体化是指机构通过与处于同一层级的机构联合，以引进先进的办学理念、借鉴先进的经验，达到发挥机构的潜能、拓宽办学思路、改造和重组资源的目标。

实施集中战略。集中战略，又称专门化战略，它不是以整个教育领域为范围来谋求竞争优势，而是将目标集中在特定的教师、学生、家长或特定的地理区域内，即在很小的竞争范围内建立独特的竞争优势。

在选定战略后，研训教机构要重点制订行动计划。在完成环境因素分析和 SWOT 矩阵的构造后，便可以制订出相应的行动计划。制订计划的基本思路是：发挥优势因素，克服弱点因素，利用机会因素，化解威胁因素；考虑过去，立足当前，着眼未来。运用系统分析的综合分析方法，将排列与考虑的各种环境因素相互匹配起来加以组合，得出一系列机构未来发展的可选择对策。

第三节 SWOT 分析下的区域研训教机构转型选择

杭州市下城区教师教育学院是一个整合了教研室、教科所、教师进修学校等机构，集教研、科研、师训等职能于一身的局属事业单位。2011 年，在原教育研究发展中心基础上，其更名为杭州市下城区教师教育学院。我们认知的更名，绝不是“高大上”的名声追求，应该是一次研训教机构的价值更新、职能职责的重大转变、工作方式方法的创新和未来内涵发展模式的转型。因此，对于转型，学院有了一定的理性思考和较多的科学实践。

一、转型的战略思考

所谓转型，是一种状态向另一种状态的转变。我们对学院转型的思考缘起，是基于以下战略的思考。

以立德树人为根本的课程改革新形势。近几年来，国家先后颁布了《国家中长期教育改革和发展规划纲要(2010—2020 年)》《教育部关于全面深化课程改革，落实立德树人根本任务的意见》，发布了核心素养研究成果，所有的文件和文本都指向了教育“以人为本”“育人为先”的战略主题，指向了面向未来“培养什么样的人、怎样培养人”这个教育的根本问题。国家战略层面已经做了顶层设计和科学规划，区域层面和学校、教师层面如何有序实施、有力推进、有效落实，就成为关键节点。区域研训教机构是颇具中国特色的专业性组织，兼具管理领导力和专业影响力，在教育教学改革的传播、引领、推动以及指导、服务方面的巨大作用不容小视且不可替代。在新形势下，这种作用和优势的充分发挥，研训教机构的自身变革、转型与创新，就显得尤为重要。

事业单位综合改革的新趋势。2014 年 7 月 1 日，国务院《事业单位人事管理条例》正式颁布施行。改革的根本在于转变职能、激发活力，在于多元化公共服务体系的构建和公共服务质量、效率的提升。去行政化，强专业化，推进行政与学术分离，管理与服务职能的厘清，回归教师教育学院作为区域学术共同体的本质，就成为我们转型设计的优先选项。

区域教育现代化的新机遇。近年来，浙江省发布了《教育现代化建设纲要(2000—2020 年)》，启动了教育现代化县(市、区)的建设与评估。下城区区委也出台了《中共杭州市下城区委员会关于加快推进教育现代化的实施意见》(区委〔2016〕11 号)，因此，建立符合教育发展新阶段、新要求的现代的研究、指导、服务体系，也势在必行。

学校、教师的新需求。研训教机构最重要、最直接的服务对象就是教师和学生。当前在以立德树人为根本指向的学生核心素养培育中，以及以选择性为重要要求的浙江课程改革中，学校、教师乃至学生对研训教机构的需求呈现多元化、个性化、智慧化等新特征，承载指导、服务职能的区域研训教机构，必须通过自身变革、大力创新、努力顺应来满足这种需求。

当前研训教机构面临问题和困难的新挑战。研训教机构存在较为严重的职能职责不清、定位不明、经费不足、人员老化、流动不畅、理念落后、方式方法陈旧等问题，这些问题严重影响其功能的有效发挥，影响区域教育教学的改革，影响学校、教师和学生的可持续发展。所有的问题，我们必须正视和面对，并努力达成共识：所有的问题，只有通过改革来解决，通过创新来找出路。

正是基于对教育大势的敏锐把握，基于SWOT战略分析，基于教师教育学院的价值追求，2012年开始，我们明确提出了“科学转型、内涵发展”的发展战略，进而开启了转型、创新之路，并且提出了“顶层化设计，体系化建构，项目化推进”的实践路径。

二、下城转型的目标、方向选择

在明晰了转型、创新战略后，在专家的指导以及不断实践之后，我们进一步确定了转型的总体目标，那就是创新构建与教育现代化相适应、与现代学校制度建设相匹配、与研训教机构自身变革发展规律相协调的区域现代研训教制度和体系，总的来说，就是要实现由传统研训教向区域现代研训教嬗变。具体提出了以下六大转变方向。

在角色定位上：由领导、管理角色向研究、引领、指导与服务角色转变。在教育现代化追求和学生核心素养培育的新形势下，区域研训教机构和研究人员如何准确定位自身位置和角色，至关重要。以管理者自居，势必造成专业影响力的弱化和自身功能性退化。以引领者、服务者为自身定位，一方面，机构和研究人员自身会不断追求专业化成长；另一方面，他们会更好地贴近学校和教师需求，实现与教师专业化的同步发展。

在机制、体制上：由上位统一的、线性的研训教向重心下移、个性化定制的研训教转变。传统计划经济体制的影响和行政化思维的主导，研训教机构更多地扮演了领导、管理角色，弱化了服务理念和服务职能，过分强调单向的、自上而下的统领方式，导致研训教背离了教育民主化要求，偏离了服务宗旨，漠视了学校、师生需求，也就贬损了学院的价值，丧失了活力与生机，同时也直接导致服务产品单一、单调，无法满足学校和师生多元、多样、多彩的服务需求。重心下移，意味着研训教机构要重心下移，把握好服务重心、把握好师生需求重心。

在工作内容上：由研究知识传承向研究全面育人、研究学生核心素养培育转变。特别是中国学生核心素养研究发布后，必将促进课程改革、教学方式变革以及评价改革等诸多的变革，也必将给教师的专业化成长带来新的契机与挑战。区域研训教机构，在工作内容上要有大幅度转身和转变，以适应和推动区域教育变革的发生和发展，推进核心素养培育的落实、落地。因此，研训教工作内容要从“老三样”——听课、检查、开讲座，转变到“新视角”——从打开课堂到拓展课堂，从学科引领到课程引领，从教师研训到教师学习、发展。

在方式方法上：由基于传统的、基于经验的研训教向基于信息化背景、基于大数据、基于实证研究的研训教转变。互联网＋等技术手段为我们现代转型提供了契机与可能，传统的研训教很多时候停留在研究人员的预估与预设，停留在单向的输入而不是双向的互动、生成，停留在走一走、看一看、听一听、说一说的随意性研究、指导，而不是基于大数据、基于实证的科学的研究与指导。因此，传统的研究、指导方式缺乏精准性、及时性、互动生成性、实证性等问题，已经较为严重地影响到服务的质量与效率。故要建立线上、线下混合式研修，要开展基于大数据的实证研究与指导。

在研训教形态上：由相对封闭走向活跃开放，变校园、师生被动参加为主动参与。没有基层学校和教师的全方位、深度的参与，积极、主动的参与，区域研训教机构就失去了本源的活力与动力，也就无法真正体现我们教师教育学院的价值和作用。开放性与参与性，成为我们转变、转型的一个重要方向。

在学院治理方式上：由传统管理向现代治理转变。更名之后的“学校”定位，确立了我们治理方式的现代化转型——建设现代学校制度，凸显了学院“治理”的法治思维、系统设计和整体推进。第一，“依法办学”成为应有之义，依据教育法、教师法等国家、地方的法律法规，保障区域教师专业化发展和培训工作的投入，保障教师教育学院的发展。因此，区委、区政府、区教育局高度重视教师教育学院的建设，在学院更名、移址和区域教师培训、培养经费等方面提供大力保障和支持。第二，完善治理结构和治理体系。第三，夯实内部的制度化保证。在建立完善学院章程、扩大办学自主权、优化学校治理结构、建立健全机制和制度等方面全方位推进。特别是要建立政府支持、学院自主、学校合作、教师参与的治理体系，保障我们学院的开放与民主、法治与人本的学院气质与精神。

第四章 区域研训教现代转型实践

第一节 创 新

2012年,原下城区教育研究发展中心提出了“科学转型,内涵发展”的发展战略,并持续开展实践与研究,其间经历了从自发到自觉、从局部到整体、从承袭到创新、从经验到理性的嬗变过程,走到今天,转型之路逐渐宽顺。

区域研训机构的转型本质上是研训教供给侧的结构性改革,坚持以师生发展为本的研训教思想,从提高研训教供给质量出发,用改革的办法推进研训教结构调整,矫正研训教要素配置扭曲,扩大有效供给,减少无效供给,提高研训教供给结构对学校和教师需求变化的适应性和灵活性,提高全要素生产率,更好地满足区域全体教师专业化发展的需要,支撑和促进区域教育可持续发展。因此,对区域研训教机构转型价值的科学、理性认知,是首要也是最大的创新。

以现代化发展为目标的区域研训教机构转型,不是碎片化的调整,也不是简单的工作更新,是一场系统性、整体性、重构性变革,是新的研训教体系、思想理念、机制制度、方式方法、研训教文化等全方位的改革与创新。

党的十九大报告提出了中国发展新的历史方位——中国特色社会主义进入了新时代。新时代,具有新的目标,面临新的挑战、新的变革、新的发展,区域研训教机构的转型创新,就成为一种责任担当。

一、观念、理念的更新

思想、理念是行动的先导。杭州市下城区教师教育学院在2013年明确提出了"为每一个师生的可持续发展服务"的理念，并进一步提出了"让每一间教室都有优秀教师"，这是基于中国社会发展要求和教育改革大势的重要认知与判断。

素质教育全面、持续推进以来，以人为本的教育理念越来越深入人心并落到实处，促进全体学生、全面发展和可持续发展，成为人本教育理念的根本要义，关注学生个性、差异并为每一个学生提供适合、可选择的教育，成为以人为本的重要实践指标。

2013年3月17日，习近平主席在第十二届全国人民代表大会第一次会议上的讲话中强调："生活在我们伟大祖国和伟大时代的中国人民，共同享有人生出彩的机会，共同享有梦想成真的机会，共同享有同祖国和时代一起成长与进步的机会。"机会的提供与获得来源于社会公平，而教育公平又是社会公平的重要基础。在党的十九大报告中，习近平总书记再一次指出："发展素质教育，推进教育公平。"由此可见，努力让每个孩子都能享有公平而有质量的教育，让人民群众共享改革发展成果，是中国特色社会主义的本质要求，也是社会主义制度优越性的集中体现，也充分体现出十八届五中全会提出的五大发展理念之一，即共享发展。

教育公平可分为教育起点公平、过程公平和结果公平。教育公平很大程度上是教育资源配置的合理性、适切性与科学性。教师是重要的教育资源，教师资源的配置公平直接影响教育起点的公平，乃至过程与结果的公平。过去，研训教机构或多或少、或明或暗地存在锦上添花、扶强弃弱的现象，把重要资源、精力投放到名校、名师和重点学生的身上，对部分学校和师生发展都造成了一定的影响。在推进教育特别是义务教育均衡、优质发展过程中，下城区教师教育学院把"为每一个师生可持续发展服务"作为研训教导向和原则，这是一次理念的更新，也是一次思想、观念的转型。

当前，中国社会进入一个新的时代，"社会主要矛盾已经转化为人民日益增长的美好生活需要和不平衡不充分的发展之间的矛盾"。人民群众特别是广大师生对美好教育生活的向往，决定了教育发展要更公平、更优质和更充裕，区域研训教机构要有责任感、使命感。在"为每一个师生的可持续发展服务"的理念指导下，下城区教师教育学院抓住教师这个关键，以专业化发展为目标，实现认知的系统、整体的升级。

（一）在发展对象上：从名师培养到关注每一个教师的发展

一直以来，教育行政部门、区域研训教机构和学校等各层面都十分强调名师的引领、示范、带动的标杆作用，在教师专业化发展过程中，把名师培训、培养作为重点工程，有的地方甚至将其作为政绩工程，投入大量的人力、物力、财力，希望抓重点带全体，抓名师带一般。在名师的培训、培养方面确实有一定的成绩和实效，名师在教育教学改革中，也确实发挥了良好的骨干、示范作用，对教师队伍整体建设产生了一定的引领和辐射作用。

但与此同时，由于过度强化和注重名师的培养，忽视和弱化每一个教师发展，其负面效应也越来越明显。第一，名师培养的投入与产出存在较大的不匹配。很多地方在名师培养上不吝资源，不惜重金，但真正培养出用得上、教得好、带得动、留得住的“名师”并不多。第二，名师的选拔、评定、培养等制度本身存在一定缺陷，导致不透明、不公平等问题，部分地方反映名师是“评出来的”。第三，名师培养过程中存在重专业、轻师德，重科研、轻教学，重评选、轻培养，重待遇、轻责任等失衡现象，导致培养出来的名师在教育教学一线的骨干、示范作用发挥不够，少数地方出现名师“墙内开花墙外香”的问题，甚至少数所谓“名师”不专心教学、不安心扎根，好高骛远，在教师中产生较大的负面影响。第四，抓重点、培养少数名师的做法，一定程度上挫伤了大多数教师的积极性，影响大多数教师专业化发展的自我追求，有的学校甚至提出遵循所谓的“二八”定律，发挥“二八”效应，漠视大多数教师的专业化成长，忽视每一个教师作用的发挥。第五，在教育均衡追求下，教师的县（区）管校聘成为改革的重点，教师流动成为常态，名师的流动也在所难免。可以想象和预见，一个重名师培养、轻全体教师发展的学校，在名师流动后，学校如何实现可持续发展？

因此，一些学校和区域把名师培养当成政绩工程、把名师作为学校和区域教育的金字招牌，让其为学校招生代言、为区域教育发展当形象大使，这是教师专业化发展的异化，只重少数名师培养的模式与教育的协调、可持续发展要求已经越来越不适应。当教育追求又好又快发展的时候，对人才、对好的教师需求也越来越大，要求越来越高，仅仅抓住少数名师的培养，远远不能满足教育发展和广大家长、学生的需求，特别是在素质教育大力推进，对学生核心素养高度关注，提倡面向每一个学生、不让一个学生掉队的当下，必须让每一个教师都有发展，并且是让每一个教师都有全面而有个性的发展。因此，名师的培养必须以每一个教师发展为基础，在此基础上，注重教师的分层发展，促进教师正向的层级流动，激活教师的发展动力。

（二）在时间维度上：从教师发展走向教师终身学习

振兴民族的希望在教育，发展教育的希望在教师。“十二五”开始，国家加大投入，完善和建立了教师培训制度，实行教师360学时的全员培训，并与教师资格证的延续挂钩，对于提升教师素质、促进教育发展，发挥了较大作用。我们站在“十二五”收官和“十三五”第二轮全员培训即将启动的时间节点上反思与展望，在充分肯定成绩的同时，也反思、发现不少问题，特别是少数地方和教师由于认识的模糊、操作的失当以及实际的困难等原因，导致教师发展在实践中出现诸多问题：国家提出了教师专业化发展，各地、校在谋划教师发展的手段和方法上主要采取了培训的办法，在培训过程中又通过学时、学分、考核等量化手段，将培训转化为显性和硬性的指标与任务，由此我们可以较清晰地看出这样一条演化路径：教师发展—教师专业化发展—教师专业化发展培训—培训任务化—完成任务。当教师发展被简单任务化的时候，一是教师发展的内涵与外延被浅化与窄化；二是加剧了本已十分突出的工学矛盾，让好事变成烦恼事；三是由于任务是阶段性的，而教师专业化发展是长期、持续性的过程，两者之间衍生出新的矛盾；四是任务是外在、被动式的，培训活动变成了“一刀切”，而最有价值和实效的教师专业化发展模式应该是以师为本，是教师主动态的，是基于教师真正需要的。

一个真正的教师，不是被打造的。培训可以改变教师是个伪命题。所以就出现了“有一种冷是妈妈觉得你冷”“有一种培训是领导觉得你要培训”的现象与问题。

教师专业化发展是有规律的。国内外教师职业生涯周期理论都反映和揭示了教师职业生涯是一个不断变化和发展的生命周期，也是一个不断学习、不断接受教育的连续过程。因此，我们在教师专业化成长过程中应始终融入终身教育理念，以终身教育理念指导教师教育对教师专业发展的全程规划。教师专业化发展需要将教师发展从被动态转变为主动态：由教师培训、教师发展转向教师学习，并且是终身学习，培训只是教师学习的方式之一。在培训过程中要将教师个人发展与学校发展、区域教育发展良好协调，不能过分强调区域教育和学校、学生的发展，弱化、忽略教师自身发展的需求。区域研训教机构应该重点研究和实践如何有效促进教师学习的真实发生，特别是基于个体实际需要的学习，基于课堂教育教学实践的学习，基于问题的学习，基于教育未来改革、发展方向的真实性学习。在研训形式上，可以采取线上、线下混合式研修，通过举办教师阅读节、读书会、读书分享会、教育沙龙等方式，可以降低培训重心，抓好校本研训乃至组(教研组、备课组)研训，营造良好的学习氛围。

(三)在发展空间上：从专业性到完整性，在完整性上追求专业化

浙江大学刘力教授曾谈道，今天一谈培训，就把一个完整的教师划分为某个学科的教师，教师培训就变成了学科教学法培训、课堂教学的培训，这种倾向是有害的，以至于出现少数语文老师不擅长讲故事，部分理科老师不懂得欣赏幽默和笑话，课程改革过程中教师课程领导力不够，在学生核心素养培育过程中教师跨学科教学能力不能适应教学需要等问题，这些问题都反映出在教师专业化发展过程中出现了教师素养的窄化现象。教师首先应该是一个完整的人，然后是一个有综合素养的老师，包括师德素养、人文素养与专业素养，这样的老师才有可能是全能型、综合型人才，才有可能具有良好立德树人的育人能力，也才会重视和培养学生的综合素养。常言说：要有珠穆朗玛峰的高度，必须具备喜马拉雅山的宽度。一个教师如果仅仅只是在专业上、甚至是学科素养上“打井”“钻探”，其教育根基势必薄弱，教育教学能力势必受限，教育生活的体验随教龄增加也会越来越乏味，终究会出现倦怠感。

2014 年 9 月，复旦大学校长杨玉良在发表新生开学致辞时，引用了伟大的物理学家爱因斯坦的一段话：学生必须对美和良好的道德有深切的感受，否则仅有专业知识的学生更像是一条经过良好训练的狗而已。

学生如此，教师更是应该对美和良好的道德有深切的感受。在漫长的教育生涯中，教师应该更多地修炼人文素养，增强文化底蕴，锤炼师德师风，涵养自身教育情怀，善于发现教育生活的美好，捕捉学生的可爱、可亲、可培养的闪光点，感受教师工作的崇高与美妙，从而乐于创造并享受有“诗与远方”的教育生活，更加乐于追求自身专业发展。技艺培训、情智培养一体化与梯度化是教师专业成长主体性价值的应然体现，也是教师专业成长阶段性规律的内在要求。

教师的专业素养与人文素养两只轮子如何一起转动？要有科学规划和一体化设计，既着眼情智培养，又着力技艺培训，造就“既是创造者，又是学习者；既是教育者，又是研究者；既改变旧的教育模式，也改变自己”的能够积极适应时代变迁和课堂变化的新型教师。要立足“宽口径”，在“宽口径”基础上再追求“深挖井”，也只有通过这样的方式，才可能获得甘甜的井水。

中共中央、国务院在《关于全面深化新时代教师队伍建设改革的意见》中指出：要“开设厚基础、宽口径、多样化的教师教育课程”。因此，教师培训，要做好课程规划与建设，科学设置教师研修课程板块，在研修内容上适当增加一些师德课程、国学课程、阅读课程、艺术教育课程、国际教育课程等。在培训方式上要多一些“闲暇”与“行走”，多一些熏陶，让教师能够享受“从容”与“恬淡”。

因此，积极、有效的培训应该是先教育、再教学，教师的发展模式应该是先完整性、再专业性。

（四）在发展手段上：从培训走向培训培养一体化

在实践中，我们不难发现，教师的发展仅有培训是远远不够的，培训和培养构成教师发展的两只轮子，是教师发展的一体两翼。良好的模式应该是基于培训，着眼培养，培训、培养一体化。这是因为：

第一，两者目的不同。培训主要是针对问题，是为了增长教师的知识，提高教师的工作技能和工作效率，一般是短期的、一次性的，本质上是以“事”为本。培养则是针对人，是为了实现教师的可持续成长，本质上是以“人”为本，因此在教师发展中担任更重要的“角色”。

第二，两者功能不同。培训侧重于知识与技能的传授，侧重于教师解决问题能力的提升，根本上讲解决的是显性素质的提升问题。培养则不同，较多的是解决隐形素质培育的问题。美国心理学家麦克利兰提出了人的胜任力模型，知识、经验、技能、技巧等属于显性素质，这部分可以通过短期的培训提升和改善，而决定个体绩效的深层次素质，如思想理念、精神道德、思维方式、成长意愿与动力、成就感等属于隐性素质，这部分是很难通过短期的培训得到提升和改善的，这也就是教师的幸福感很难通过一次、两次培训生长出来的原因。诺基亚坚持的“不要试图训练火鸡去爬树”正是基于这个道理（见图 4-1）。

第三，教师主客体地位不同。在培训的过程中，教师更多的是客体，通过外力和各种形式被动参与培训学习与成长；而培养则自始至终强调以教师为主体，注重教师的内省与自主追求，注重教师内生动力的生成与激发，让教师成为能够自我学习与成长的人，使其能自觉地吸纳知识，运用知识创造价值。教师主客体地位的不同，在发展效果上会有较大差异。

第四，两者战略规划不同。培训较多的是着眼于现在，为了胜任目前的岗位；培养则是立足当前、着眼于未来，为了胜任将来的岗位。因此，培训较

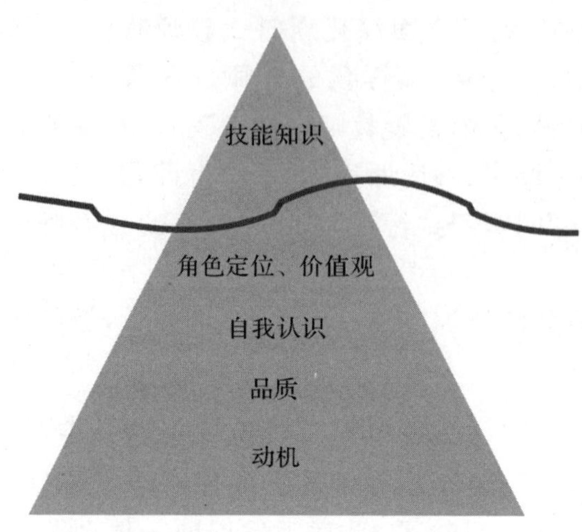

图 4-1 素质体系的冰山模型

为明显的具有短期、阶段性、任务性等特点；培养则从顶层设计出发、对未来有一定的预期，侧重于系统化、长期性和可持续发展。

因此，教师发展、人才培养是个系统工程，培训仅是其中重要的一环，是教师发展的工具和手段。区域教育需要系统思考，需要调动其他人力资源管理模块的配合。要树立"人才强教"的战略，为教师的发展、人才的成长提供政策、财物、精神、心理、成功等保障，让教师安教、乐教、会教、享教，并以此唤醒教师关心、重视自身的持续发展，以主动态参与教师的培训，形成培训、培养的良性互补、互动与循环。只有培训、培养的协同创新，区域教师发展才会走得更稳，走得更好，走得更远。

（五）在发展要求上：从统一化走向个性化

2016 年浙江省教育厅印发了《中小学教师专业发展培训学分制管理办法（试行）》的通知，明确指出：实施中小学教师专业发展培训学分制管理，是对我省现行中小学教师专业发展培训制度的进一步完善和提升，旨在遵循教师专业成长规律，以分层、分类施训思想为指导，以保证教师选择权为核心，提高教师专业发展培训的系统性、针对性和有效性。从时间节点看，这一举措是在"十二五"全员培训工作即将结束、新一轮全员培训即将开启时做出的，因此可以视为对教师全员培训方式的重要调整，即从统一的、标准化的培训向个性化、精准性培训转变。

教师发展的个体差异性以及教师需求的多元化、个性化，与大一统、标准化的培训方式越来越不适应，一定程度上也造成了培训效率低下、工学矛盾突出、教师获得感和满意度不高等诸多问题。因此，尊崇教师发展规律、体现因材施训原则、满足教师个性需求的个性化培训，越来越受到重视，也受到教师的欢迎，较好地调动了教师参与培训的主动性和积极性。

在骨干教师、名师的培训、培养层面，这种个性化培训更多地体现在如何帮助这些优秀教师加强个人风格，使之更有特色与魅力上。原中央教科所所长朱小蔓在2016年杭州市"名师名校长论坛"发言中说："只会统一化、标准化教学的老师，不远的未来可能会被互联网取代而'下岗'，只有有独特魅力的老师才符合未来教师的标准。"

（六）在教师管理上：从一般性认知到关键性管理

教师职业发展具有显著的阶段性和差异性特点。国内外学者、专家对教师职业发展的阶段进行了大量研究，较为著名的有伯顿、纽曼等学者把教师发展分为求生存、调整、成熟三个阶段。费斯勒建立了教师职业生涯发展周期模型，把教师职业周期分为职前期、职初期、能力建构期、热情成长期、职业挫折期、职业稳定期、职业消退期和离岗期等八个阶段。司德菲依据人文心理学派的自我实现理论建立了教师生涯发展模式，将教师发展分为五个阶段：预备生涯阶段、专家生涯阶段、退缩生涯阶段、更新生涯阶段、退出生涯阶段。休伯曼在其教师职业周期主题模式中将教师职业发展分为七个时期：入职期、稳定期、实验和歧变期、重新估价期、平静和关系疏远期、保守和抱怨期、退休期。

专家、学者的研究中尽管阶段划分方法不一，但教师整体发展的阶段性和个人发展的差异性却是这些研究所呈现的共同规律。

从一个新教师成长为一个合格教师、成熟教师、优秀教师乃至名师，是一个长期的、持续的、经历不同发展阶段的过程。教师在专业发展的每一个阶段，其发展状态体现出不同特点，对教师整体发展的影响也各有不同。对教师专业发展既要有共性、普遍性、一般性认知，更要有个性、特殊性、关键性的把握。在教师的职业发展过程中，在一些关键时间节点遭遇的关键事件等也往往起到关键性作用。如在教师发展的稳定期，教师很容易陷入职业"舒适区"。所谓"舒适区"即一个人在一定时期所表现的心理状态和习惯性的行为模式，人会在这种状态或模式中感到舒适。因为在"舒适区"里很多生活、行为方式已经习惯化了，很熟悉工作的套路，所承担的工作全会、全拿手、全擅长，这些固有的状态让教师感到舒服。一旦走出了这个固有模式，教师反而会感到不安全、焦虑、不舒服。而在"舒适区"中，我们往往觉察不到任何压力,并且没有强烈的改变欲望,从而忽视环境的变化,放松对自己的要求,最终出现温水煮青蛙的现象。

如何打破这种平衡、稳定状态,促进教师从“舒适区”走向“学习区”?

这就需要制造关键事件,如学校提出新的发展愿景与战略,或者深化学校课程建设,开展教学方式变革,开展评价变革,创新实施信息技术融合教学等。下城区教师教育学院当初就提出了现代转型的重要战略,描绘了转型的愿景与目标——争创国家示范性教师培训机构,并由此创新了一系列载体和抓手,较好地激发了全体研究员的创新精神和再创业意识。在这些关键事件中,教师必须面对巨大挑战,敢于应对挑战,争当创新性、研究型教师,从而主动进入“学习区”,并且较为持久地待在那里,真正实现终身学习。

其实,在教师发展的各阶段都有影响甚至阻碍教师发展的诸多关键因素,如在长期困扰学校管理者的教师职业发展倦怠期较为容易出现的职业倦怠感问题,同样需要通过关键管理来科学、有效地化解。因此,学校和区域研训教机构,要研究和把握教师发展规律,善于进行对关键时间、关键事件的管理,促进教师发展。

教师专业发展是个复杂的过程。利思伍德认为,教师专业发展是一个多维发展的过程,教师的专业知识能力发展、心理发展和职业周期发展三个维度既相互独立又相互依赖,有着密切的联系。因此,以促进教师专业发展为重要责任的教师教育学院进行理性思考,更新观念,才是一切创新的开始。

二、转型的内容出新

基于对教育大势的敏锐把握,基于 SWOT 战略分析,以及基于学院价值追求,2012 年开始,学院明确提出了“科学转型、内涵发展”的发展战略,进而开启了转型、创新之路,提出了“顶层化设计,体系化建构,项目化推进”的实践要求。

在明确学院转型的总体目标和方向后,经过广泛讨论、专家论证,我们选择了以一体化、专业化、个性化、智慧化和治理化五个维度和指标作为转型的主要内容,探索构建下城特色的现代区域研训教制度和体系,并以具体项目和载体为抓手,推进实施,促进转变和转型的渐进、有序、悄然发生。

(一)一体化

研训教一体化,是教育改革的必然趋势,是基层校园、教师和研训机构共同需要的必然结果。由于知识的拥有与传递方式产生巨大变化,课堂边界正在逐渐模糊，跨界和个性化趋势等使得教师角色被重新定义：从单一角色到多重角色，从个体教学者到团队合作者。每一个教师都不是孤立的，而是团队的一员，有多种角色，活跃在多种多样的团队之中。因此，构建教师发展共同体，让教师站在团队的肩膀上飞翔，这是促进教师成长的最有效的方式。这种合作既包括师师合作也包括师生合作进行的共同学习。从学科人到教育人，从“分体”到“合体”。浙江外国语学院吴卫东教授表达过一个观点，“关注教师发展的核心素养有一个根本点，就是把教师从学科人转变为教育人”，实现教书与育人为一体，打通教师职业的水平边界。从“教”师到“导”师。今天，教师的职业正在发生重大转变，他们不再只是知识的传递者，而是学习的设计师，他们是触发者、协助者，是促进者、引导者，同时也是教育教学的研究者。区域研训教机构应该敏锐把握这些变化，适应与应对这些变化趋势，致力于打造既擅长教学、又善于研究、还乐于学习的综合型教师。

一体化也是区域研训教机构的内在需要。转型后的一体化，既是研训教的组织系统构成，又可以视为方法体系的更新。区域研训教机构的转型，首先要从机构的组织系统变革，为整体转型奠定坚实的基础。下城区从2002年就将原区教研室、教科所、教师进修学校合并，实施研训教一体化，但一体化过程仍然是一个不断探索、不断创新升级的过程，学院的一体化大致走过了三个阶段。第一阶段是机构职能整合阶段，达成机构的一体化。通过教研、科研、师训机构合并，机构更名为“下城区教育研究发展中心”，一块牌子，三项职能，但内部的科室组织和实际运作仍然是三个部门，三条主线，三拨人员，合并的最大意义在于精简了机构，整合了职能。

第二阶段是职责资源统合阶段，达成人员、任务的一体化。2011年，国家特别是浙江省启动了教师360学时的全员培训，巨大的培训任务，促使学院在进一步整合上下功夫，特别是将人财物等资源整合、盘活，所有人员要身兼三职：既要从事教研，也要从事科研，同时还要做好教师培训。于是，将原教研员、师训员、科研员等人员名称也统整为研究员，在人员角色、职责上真正实行一体化。

2013年，原教育研究发展中心更名为下城区教师教育学院，学院大力推进“科学转型，内涵发展”，对一体化提出了更高的要求，一体化进一步升级进入第三阶段：研训教要素一体化阶段，实现研训教融合发展。在统筹发展理念和跨界思维的主导下，提升研究员综合素养，打造综合型研究员，并通过课程化方式，着力构建研训教三要素“你中有我、我中有你、协同创新、融合发展"的良好格局，进一步提升了研训教效率和效力。

在研训教一体化实践基础上，学院进一步拓展实施了院校(园)一体化、院所(科研院所)一体化等，在三个维度科学构建了立体多维、开放互补的一体化新格局。

一体化三个阶段的运行轨迹，从机构的整合、人员的统合，到要素的融合，我们可以清晰地看到学院在转型过程中的不断探索、不断创新，区域研训教机构一体化的价值和意义，不应该单单被看作是一种机构的瘦身，而是重建了区域研训教机构的组织、职责、角色、机制和工作方式，实现了"优化协同融合高效"的转型创新目标。

(二)专业化

专业化是区域研训机构的核心竞争力，研训机构通过提供科学化、规范化、标准化服务提升研训教质量，以模式管理的方式改进提高工作效率。

按照现代广泛运用的利伯曼"专业化"标准的定义，所谓"专业"，须满足以下基本条件：一是范围明确，垄断地从事于社会不可缺少的工作；二是运用高度的理智性技术；三是需要长期的专业教育；四是从事者个人、集体均具有广泛自律性；五是在专业自律性范围内，直接负有做出判断、采取行为的责任；六是非营利性，以服务为动机；七是拥有应用方式具体化了的理论纲领。

由此，学院在转型之初对专业化在四个板块上发力：着力打造一个专业的机构；培养一批专业的人员；用专业的方法；做好专业的事情。

下城转型的专业化追求的可贵之处在于以下四点：

第一，视专业化为重要的价值追求。区域研训教机构和人员在研究、指导和服务的过程中，如何最大限度地体现价值、释放价值和实现价值，凸显价值引领，在于其能否提供具有独特价值的服务产品，在于是否科学、有效地满足区域师生和学校的多元化、差异化、优质化服务需求，在于研训教机构和人员是否具有不断自我更新、可持续发展能力。所有这些"可能"转化为"可以"的重要媒介就是专业化。价值认知，成为价值追求的先导与前提。

第二，把专业化确定为一种发展模式。从社会发展视角看，专业化是社会分工的产物，是社会进步的标志，分工产生效能。特别是随着社会进入信息时代，人类面临的问题和困难越来越多、越来越复杂，必须通过专业化分工，让专门人才解决专业问题。从教育改革和发展的历程来看，伴随改革的深入推进，教育面临的问题与挑战越来越专业，急需一批专门的研训教机构和人员，用专业的方法来破解教育的难题。下城区教师教育学院就是在这种大背景下，直面挑战，抓住契机，努力实现由专门机构向专业机构的嬗变，并通过建立标准体系、支持体系和评价体系，促进机构和人员的专业精神、专业能力、专业地位获得较大、较好、较快的提升，下城区研训教工作也攀升到一个新的、较高的起点上。

第三，把专业化当作一种工作方法。转型的专业化追求最大的挑战是人的专业化素养和能力的提升。在破解教育教学改革难题、引领教师专业化成长过程中，急需区域研训教机构的专业人员从专业的视角、用科学的工具和方法，为学校和师生提供专门化、科学化、标准化和个性化的服务，提高研究、指导、服务的效能。可以认为，科学化是专业化重要表征和要求，因此，研训教专业化本质上可以看作是一种工作方法。

第四，把专业化提升为一种治理方式。习近平总书记在党的十九大报告中强调要提高社会治理专业化水平，对于打造共建共治共享的社会治理格局具有重要的指导意义。在教育领域，在区域研训教机构的管理转型中，专业化也起到重要作用。治理化具体内容会有专门介绍，这里先不阐述。

（三）个性化

所谓个性化服务是以标准化和多样化为基础，通过面向顾客的细节改善，使产品和服务在最终销售环节上能更多地融合顾客需求，给客户提供更多切合个体本身的服务。实施个性化服务真正体现了企业以人为本的经营理念，顺应了现代市场竞争趋势，是现代企业提高核心竞争力的重要途径。国际形势和理论的发展也促进个性化服务的发展。

2015年，教育部副部长刘利民在全国教研工作会议上指出："面对全面深化课程改革、落实立德树人根本任务的新形势，教研工作战线必须结合实际。实现教研工作指导思想转型、工作任务转型和工作机制与方式转型。要进一步增强课程意识，面对学校、教师的多元需求，提供个性化、差异化的指导与服务。"

个性化是针对研训教工作统一化、单一化提出来的。下城区教师教育学院在实施现代转型的时候，大力更新和提升了服务理念，明确了"服务每一所学校、服务每一个教师"的指导思想，形象地提出"从一群人的研训教转向一个人的研训教"的工作要求，为每一所学校和每一个教师提供"多样、适合、优质、可选择"的服务，确定并实施了"均衡而有个性"的服务策略。因此，在追求现代转型的实践中，引进企业个性化服务的方式，建构了需求导向个性化服务的新模式，更好地满足学校、师生的需求，提升研训教服务质量和水平，下城研训教工作由此进入了“私人订制”的“小时代”，跨入个性化服务新阶段。

区域研训教机构个性化服务方式的创新，是教育现代化发展进程中的必然产物，对区域研训教机构的现代转型有重要的价值和意义。

第一，进一步促进区域研训教机构职能的转变。近些年，区域研训教机构的职能由传统的管理、研究、指导转向研究、指导和服务。“管理”以检查、指导、评估、总结、推广等为主要活动；“服务”则以“生产服务产品”为基本职能，以系列化的实践取向的研究、探索为主要活动。“服务”不应简单表现为一种“职能”，不只是一种“态度”，而应该是一种“理念”，一种支配研训组织、研训机制、研训行为等方方面面的核心思想。在“服务”理念的支配下，区域研训机构必须以“为每一所学校、每一个教师发展服务”为旨归，以满足学校和教师的多元化需求为出发点，以学校、教师对服务的满意度为评价标准，以服务能力提升、服务作风转变和服务方式、方法、手段的创新为重要抓手。因此，如何开发更多的服务产品，让学校、教师有较多的选择，如何实施更有针对性的服务，更有差异性的服务，更能满足学校、教师实际需求的服务，就成为区域研训教机构职能是否真正转变的试金石。

第二，促进学校、教师研训教主体地位的回归。长期以来，行政化运作方式、研训教机构和人员的管理及领导职能被不断强化，研训教机构和人员处于主导、主宰地位，习惯采取上位统一的方式大一统地实施研训教工作。在研训教内容和主题选择上，由机构和研究员根据自身的判断模拟学校和教师的需求；在研训教形式上，以教师集中培训为主；在研训教方法上，主要采取理论培训和专家讲座。这种方式方法简单易操作，但问题也是显而易见：培训主体被边缘化，教师和学校基本被排斥在外；研训教针对性不强，教师感觉隔靴搔痒；理论脱离实践，培训效果不佳等。个性化服务，要求以基层学校和教师发展为根本，以他们的需求为出发点，基层学校和教师的研训教主体地位得以回归。

第三，满足学校、教师多元化、差异化需求，促进其个性化、特色化发展。当前，以立德树人为核心、以学生核心素养的培养为重点、以课程及课堂教学和评价等为关键的教育教学改革持续、深入推进，学校、师生面临的困难、问题越来越多，对区域研训教的需求越来越大，不同学校、不同专业化发展阶段的教师、不同发展特色的学校和教师，需求和追求各不相同，呈现出多样化、个性化特征。同时，学校、教师、学生等发展主体的特色化、个性化发展本身就成为教育改革和发展的重要内容。区域研训教机构面临前所未有的压力与挑战,如何回应学校和师生需求、顺应教育改革的要求,个性化服务成为较好的选择。

第四,促进研训教活动真实有效地发生。当前,提升教师研训教质量重要的是要真正改变为完成研训教任务而开展研训教,改变研训教活动针对性不强、实效性不高、教师参加研训积极性不高等问题和现实。很多时候我们会发现这样一些现象:培训专家、培训人员在台上滔滔不绝,但台下教师埋头玩手机、批作业、看别的书籍等,还有人员进进出出或是中途离场等,深究其背后的原因和解决办法,除了要从根本上解决教师研修的内在动力问题外,研训教活动教师参与不够、研修内容与教师需求脱节、研训教方式对教师吸引力不够等来自研修机构和实施研修的人员的问题,也是重要影响因素。因此,研训活动如何基于教师及学校的实际需求、基于教育教学实际问题,使教师对研训活动有意愿、有兴趣、有收获,最终对自身教育教学行为有改善、有改变,是区域研训教机构应该认真思考并大力解决的困局。个性化研训教机制的建立,就能较好地破解这一难题。个性化的研训教活动,由于学校、教师主体地位真正回归,教师研训教的话语权增强,教师、学校的需求通过正当渠道能够得到较好的表达并受到重视,教师、学校参与积极性大大提升。在这种情境下,研训教活动才真正、真实地发生。

(四)智慧化

对智慧的理解:在中文语境中智慧是"能迅速、灵活、正确地理解事物和解决问题的能力",是人类发展的一个最高境界。过去我们理所当然地把这种能力归结为人的能力,但当人类进入信息时代,计算机、云计算、大数据、人工智能等现代技术也能表现出这些能力,甚至更强的能力,也就是说智慧不仅仅属于人,同样属于现代技术。区域研训教工作智慧化,一方面强调了培养、发展教师的教育教学智慧乃至人生智慧的目的性和目标性,另一方面则强调充分利用现代信息技术为教育教学质量的提升、为师生的发展提供较好的保障和便利。当然,下城区教师教育学院实施的智慧化研训教,主要内涵还是指在研训教工作中全面深入地运用现代信息技术来促进研训教改革与发展的过程,是通过人机协同作用以优化研训教过程与促进学习者专业化发展的教师研训教范式。

杭州较早开启了智慧城市建设,教育更是先行,下城区教师教育学院敏锐地把握先机,探索如何将信息技术融入研训教活动中。2015 年 7 月,国务院印发《国务院关于积极推进"互联网＋"行动的指导意见》，为区域研训教与互联网深度融合提供了新的发展思维和新思路。学院在原先信息化建设基础上，及时提出了现代转型的智慧化指标和路径，并重点在以下方向创新探索：

第一，树立智慧教育和智慧研训教理念。让区域每一个研究员和教师都充分认识信息技术的快速发展以及其对教育乃至社会的创新发展的重要价值，加强学习、实践与研究，以积极姿态迎接挑战。

第二，构建技术融合的智慧研训教环境。智慧环境包括物理环境，资源环境，技术环境，情感环境。学院充分利用互联网平台，推进建设智慧终端、智慧教室、智慧校园、智慧实验室、智慧教育云等生态化研训教信息化环境。高质量地实施教师全员的信息技术提升工程，培养教师信息技术素养和技能，实现技术硬件与人的"软件"同步提升和迭代。

第三，打造共建共享的研训教平台。学院重点建设好高效率研训教管理平台、资源平台和大数据平台。树立众筹观念和参与式研训教理念，让每一个教师积极参与资源平台建设，发挥每个人的优势和特长，高水平制作微课、优课等作品并上传，由此建构知识和学习的价值与意义。在这一过程中，教师成为研训教内容的制作者和发布者，促进了教师从研训教的消费者、接受者向生产者、创造者转变，实现教师从被动接受研训教到主动创造学习的重要转变。

第四，创新精准个性的智慧研训教方式。将互联网融入研训教工作之中，提供"实体＋网上""线上＋线下""网上＋掌上"等多种形式相结合的研训教服务，实施混合式研修，探索教师学习型组织，建设新路径。在研训教方法上，差异化研训教、社群式研训教、入境学习、泛在学习、慕课（MOOC）等成为智慧研训教、教师学习的新方法。特别是随着统一研训教变成以教师为中心的研训，要求研究员对教师采取更加个性化的关注，定制化成为以教师为中心的在线技术的主要驱动力和优势，所以研究员必须越来越了解教师之间的差异，并能为他们提供有助于完善其自身学习模式的个性化指导，让教师获得适合的个性化研训教服务和美好的发展体验。

下城区智慧研训教的发展，用信息技术改变了传统研训教模式，以信息化促进了研训教的现代化，带来了研训教形式和教师研习方式的重大变革，对于转变教师观念和思想、提高研训教质量和效益、提升教师现代信息技术素养、培养创新人才具有深远意义，是实现区域研训教工作跨越式发展的必然选择。

（五）治理化

在"新时代"语境中，治理是相对于传统的管理而言的。与传统意义上的"管理"相比，"治理"是一个内容丰富、包容性很强的概念，从传统"管理"到现代"治理"的跨越，虽一字之差，却是一个"关键词"的变化，是一次大的社会变革，标志着整个社会治理体系从人治走向法治、从封闭走向开放、从控制走向协调。

从管理到治理的学院转型，第一，明确学院治理转型的方向与理念。治理转型是学院现代转型的重要保障和重大突破，既具有思想理论的创新性，更具有实践行动的探索性。学院组织研究员开展讨论与反思，组织专家论证与指导，统一了思想，廓清了认识，明确了方向，及时调整角色定位：以从管理型、行政性机构向服务型、专业性组织转型为总目标，促进学院从相对封闭走向全面开放，从行政管理指挥走向专业引领指导，从统一化、标准化走向特色化、个性化，真正树立以学校为中心、以师生为重心的服务理念，充分调动院内外师生主动参与研训教工作的积极性。

第二，优化治理体系，完善治理结构，建设共治格局。学院治理现代化的首要特征就是参与主体的多元化，这也是其区别于传统学院管理模式的重要标志。参与主体的多元性，是学校民主治理的良好开端，有利于学校治理的民主化和民主机制的建立。学院治理体系的建设具体体现在"一体化"推进中，从三个维度构建立体、多维的"一体化"新格局：院校一体化、研训教一体化、管办评一体化，旨在科学打造开放性、协调性、民主性治理新体系，重构学院与教育局、学院与基层校（园）、学院与社会以及研究员与师生等主体之间的生态关系，构建起一个既相互支持又相互制约、既自主实践又协同创新的全方位立体研训教环境，构筑多元、多方、多渠道参与的治理机制，优化学院治理结构，达成学院治理的民主化。因此，应打破学院内部管理的传统和藩篱，实施院校一体化的连横战略，建立学院与学校的紧密型、合作型关系，让基层校园和师生能积极参与到学院的规划、计划和管理之中，及时表达研训教诉求和意愿，全程参与研训教过程，并对研训教质效进行评价与反馈，有力促进学院工作的改进与臻善，达成合作共治、合作共赢的良好局面。实施研训教一体化，既是学院工作方式的创新，也是学院治理路径的更新，通过研训教的一体化，加强多方资源的有效整合，促进学院与学校、理论与实践的深度结合，最终使学院治理方式由行政统领走向学术引领，较大地丰富了学院治理内涵。实施管办评一体化，可统筹多方资源力量，较好地处理教育局、学院和第三方评价的关系，管办评既相互分离与独立，各归其位，各守其职，各专其能，又彼此协同，形成合力，促进学院内部治理与外部治理和谐统一，建设了“教育局宏观管理，学院自主办学，基层校园、社会广泛参与”的共治新模式。三个“一体化”的设计与实施，为学院治理现代化转型奠定了良好的基础。当然，治理体系和治理结构的完善和优化，需要多措并举，多方互动，协同创新。

第三，加强制度建设，提升治理能力，达求善治理想。实施治理的本质与核心，是一种制度的变革与创新。治理能力的现代化，就是要以科学、先进的制度设计与制度安排实现治理能力的发展。在学院的转型过程中，我们把学院的定位、定性当成转型的起点：承担区域研训教职能的教师教育学院，定位究竟是行政色彩较浓厚的局直属机构还是一所负责教师专业化发展的学校？经过反复讨论与论证，最终认为学院应该是一所通过研训教等方式实现教师职后专业化发展的学校。之所以要厘清这个定位，凸显的正是治理思维的主导。明确了学校定位，就可以开启现代学校制度建设，进而设计和重构符合时代发展且与各方面改革相适应的学院规则、制度体系，充分体现依法办学、自主管理、多方参与、民主监督的治理特点，体现公平、公正、公开的治理要求，提升学院治理能力，实现善治目标。所以，学院以推进现代学校制度建设为契机，开展了学院章程的建设，科学制定五年规划，开启研训教制度，研究员选拔、聘任、评价及培训、培养制度，兼职研究员选拔和聘任制度，蹲点联系校园制度，以及学院绩效考核制度等一系列制度建设。这些制度体现了与时俱进，体现了治理要求，受到了基层校（园）和师生的普遍欢迎，也为学院的转型创新奠定了制度的基石。制度建设的要义不是管理，而是要让制度沉淀为文化，最终让治理从制度走向文化。

在学院治理转型的具体实践中，载体创新是关键。科学、智慧地设计各种抓手和载体，正确引导研究员和学校、教师积极参与治理，主动优化治理，真正成为治理的主体和治理的主人。

三、区域教师发展模型鼎新

学院经过多年研训教实践，科学创建了“全员培训、梯度培养”区域教师专业化发展新模型，促进了区域教师的专业化发展（见图 4-2）。

所谓全员培训：严格按照国家和省市要求，区域内每个教师五年周期内完成不少于 360 学分的培训，其中 90 学分必须集中培训。在全员培训上，依托省师训平台，实施学分管理和质量监控，确保五年全员 360 学分的落实到位。

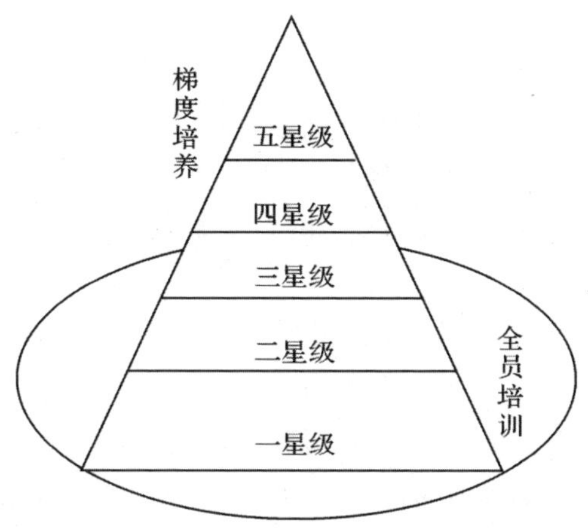

图 4-2　区域教师专业化发展模型

教师的专业化发展是一个长期的、系统的、科学化的工程，仅有全员培训是不够的。正如前面谈到的，培训与培养是相辅相成的，是促进教师专业化发展的两只轮子，只有两者一起运转，才能促进教师又快又好地发展，所以学院经过多年的实践探索，在全员培训基础上打造了梯度培养模式。

所谓梯度培养是指遵循教师专业成长规律，以分层、分类施训思想为指导，根据教师多样化、多层次需求，按照教师专业化发展所处的不同阶段，研训教机构采取不同的方式，实施不同层级的、具有一定梯度的培训、培养，促进教师正向层级流动，激发教师专业化发展的内在动力。

在具体实践中注重三个梯度：基于年龄段的成长梯度，基于专业发展阶段的成熟梯度，基于项目的成功梯度。

如在新教师培训、培养过程中，学院打造了“新教师 135 工程”，即一年能教、三年熟教、五年慧教，实施课程化、全流程培训、培养与管理。

在骨干教师建设中，学院构建了“新锐”培养系列，即培养新锐青年骨干教师、新锐名师、新锐管理者，并分别组班，开展小班化培训，多举措跟踪培养。

对于区内的特级教师、省市名师的专业化发展，重点则是为他们搭平台、建舞台，以他们为领衔导师，建设“名师智慧空间站”，建立“一名师一工作室”“一工作室即一培训中心”的新机制。同时，以“空间站”为载体构建导师与研修学员的发展共同体，在引领、指导站内教师成长的过程中，实现对白身专业化发展的二次跨越。

基于梯度培养的教师专业化发展理念，教育局自 2006 年起实施了“梯级名师培养”工程，构建由下城人民教育功臣、教育名家、教育英才、教育标兵、教育能手组成的骨干教师人才梯队，从高到低相应称其为“五星级、四星级、三星级、二星级、一星级”教师。每一个梯度，都有相应的发展目标和评定标准，也有相应的激励举措。梯级名师评选至今已进行了五届，名师群覆盖率已超过在职教师的50%，同时，每个名师也找到了自身发展的目标和方向。

下城区创新打造的“全员培训、梯度培养”模型，较好地处理了全员与名师的关系，全程与阶段的关系，培训与培养的关系，提升了专业化发展的针对性、精准性，较大地激发了教师可持续发展的内生动力，促进了教师的正向层级流动，促进了区域名师的培养，实现了名师的大覆盖。

四、转型策略创新

转型是一种变革，不会轻而易举地发生，必定是一个艰难行进的过程，是一个充满智慧的探索过程，需要上下配合、彼此协同、多措并举。因此，为推动学院转型顺利实施，对策略的研究也成为重要的一环，故打造了规划牵动、改革推动、课题带动、院校联动、项目(载体)驱动、实践行动的转型策略新体系。

规划牵动。学院先后邀请和聘请了科研院所专家、省市研训专业机构的专家到学院指导，也广泛征集一线骨干教师和学院研究员的意见和建议，科学制定了学院“十二五”和“十三五”发展规划，并按年度制订工作计划，对学院转型起到了较好的统领、引导作用。

改革推动。转型本身就是变革，在转型过程中，学院先后实施了机构、人员、机制、制度等诸多方面的改革工作，消除了部分与新发展要求不适应、不协调的因素，增强了组织活力，激发了个体内驱力，强化了学院内外协调力、凝聚力，充分将个人使命与组织使命有机结合，促进组织与个体的协同进化，促进学院与学校、教师的共同创新与和谐发展。

课题带动。转型的思考发端于笔者领衔的浙江省规划课题“现代区域研训教一体化的路径和实践创新”，在课题研究与实践中，学院思维日趋活跃，视野更为开阔，站位更加“高大上”，提出了在一体化、专业化、个性化、智慧化、治理化五个维度的全方位转型构想，学院研究员也从不同角度开展子课题和系列课题研究，学院还建立了重点课题的实践研究机制，强化行动研究。课题带动的转型方式，营造了良好的转型氛围，加强了转型的重难点研究与突破，凝聚了群体智慧和力量，促进了转型的真实发生和科学发展。转型实践也深化了课题研究，形成了彼此良好的互动循环关系。

在转型过程中，院校联动、项目（载体）驱动、实践行动等策略在后面的章节和内容中都有较多的表述，这里不再一一赘述。

当然，创新不是一次性、终结性的，创新是一个不断优化、调整的过程，从这个意义上讲，创新始终在路上。转型过程中的创新样态，有的表现为碎片化，有的表现为小步快走，有的表现为承袭中改变和借鉴中本土化等多种样态。无论如何，在学院转型过程中的创新，迸发了研究员的工作热情，促进了研究员自主学习和专业化发展，重塑了学院价值和文化，也引领促进了区域教师整体的专业化发展，为区域教育的可持续发展奠定了坚实基础。

第二节　实　践

明确了转型的总体目标和方向，学院进一步研究、实践和探索构建区域现代研训教的一体化、专业化、个性化、智慧化、治理化等五大指标体系，并以具体项目和载体为抓手，促进转变和转型的悄然发生。

一、组织体系：一体化

研训教一体化，是指研训教三个工作体系、三项基本制度的渗透、贯通和整合，是你中有我和我中有你的相互结合。

学院内涵发展的转型，一体化成为重要指标。这是因为：第一，研训教一体化是推进教师教育专业化的需要。从全社会的角度看，我国教育现代化的推进和对教师专业发展的高度重视，客观上要求建立区域现代研训教一体化制度。研训教一体化制度正是一种将教师的教育科研、教师培训和教学研究渗透和融合的促进"全能型""综合型"教师培养和发展的制度。

第二，研训教一体化是课程改革的需要。课程改革的焦点是定位、价值取向、构建，培养能力成为课程改革的主题。研训教一体化有助于课程框架走向整体，使课程更具卓越度、公平度、包容度。

第三，"研训教一体化"是学生核心素养建设的需要。建设学生的核心素养需要高素质的教师，以及教师跨学科的能力。研训教一体化将培训、教研、教改相结合，能扎实、有效地提升教师专业能力。

下城区较早开始了"一体化"探索和实践，也带给我们更广角、更高位、更深远的思考，在实践中也打造了下城特色的"五合"一体化新模式，即机构并合、资源整合、方法统合、文化融合、效益综合，形成“五指并合，合力成拳”的一体化优势。

机构并合。《中共中央、国务院关于全面深化新时代教师队伍建设改革的意见》(2018 年 1 月 20 日)明确指出：建立健全地方教师发展机构和专业培训者队伍，依托现有资源，结合各地实际，逐步推进县级教师发展机构建设与改革，实现培训、教研、电教、科研部门的有机整合。

下城的机构合并、整合工作实施较早。2002 年，下城区将原教研室、教科所和教师进修学校三个部门合并，成立了下城区教育研究发展中心。经过十多年的改革与发展，其在原“中心”的基础上进一步整合了德育研究等职能，更名为下城区教师教育学院。这种合并，不是一块牌子、一套班子、三班人马、各负其责的简单相加的并合方式，而是学院功能、职能、职责的调整、优化和更新，是从业人员角色的再定位，是工作目标的再聚焦，是工作机制的再构造(见图 4-3)。

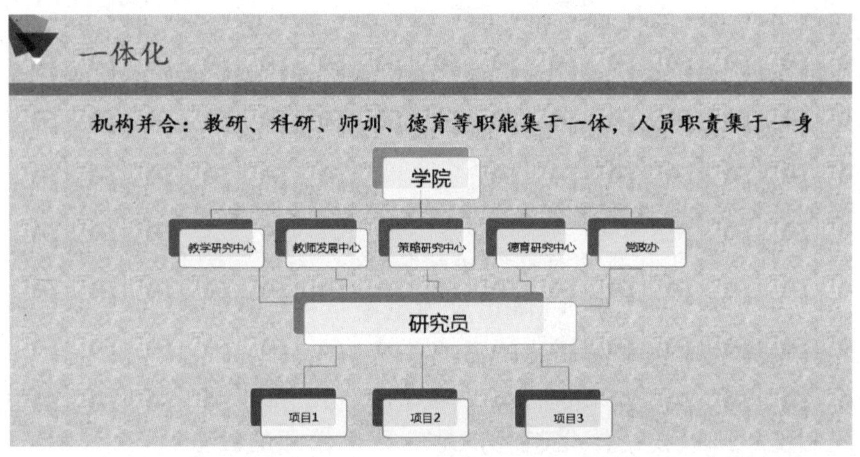

图 4-3　下城区教师教育学院机构整合

在机构合并后，学院将原教研员、科研员和教师培训员统一更名为具有较强包容性的名称——研究员。当然，学院看重的不是外在名称的变化，而是角色责任与使命的担当，研究员身兼教研、科研、师训等多职。人员角色的一体化，使教师产生职责认同，一体化运作就有了组织、人员和机制等根本保障。

这种机构并合之后的变化，如研究员角色的多样化、职责职能的综合化，也促进了管理的扁平化，为学院的转型升级打下了坚实基础。

资源整合。教研、科研、师训各有其不同的资源优势，机构合并之后，一体化效益得到充分彰显。首先要关注和加强资源的整合、共享和配置，包括政策资源、专家资源、教师资源、课程资源、信息资源、时间资源、经费资源以及基地资源等的汲取与配置、激活和有机融合，并创造出新的资源。在研训教整合特别是深度融合前，研训教资源虽然丰富但也呈现出零散、分隔和重复等问题，如果这些问题不能较好解决，也将较大地影响研训教工作的正常开展。

在内部资源整合基础上，生成、创造新资源，是一体化优势的彰显。2011 年浙江省全面实施教师五年 360 学时全员培训。在启动初期，存在着培训人员严重不足、工学矛盾较为突出、培训经费相对缺乏和课程资源十分有限等诸多问题和困难。于是，我们充分发挥机构整合的优势，将原先的教研活动、科研活动和教师培训等进行课程化整合，以课程为核心，在时间、人员、经费、场地等方面实行总体规划、一体实施，最大限度整合和激活了资源，使下城区第一轮全员培训工作得以顺利推进，并获得了高满意度培训效果，同时有效避免重复培训、过度培训的问题，大大缓解工学矛盾严重的问题。最为可喜的是在这轮培训实施中，学院积累、创造、生成了大量的课程资源，为新一轮教师全员培训工作奠定了良好的基础。

资源整合不仅仅来自于内部资源的重整与盘活，对外部资源的导入与链接也十分重要。在对艺术教师的培训中，学院先后与西泠印社、浙江美术出版社合作，引入西泠印社印泥制作非遗传承项目，建设了区域国学教育实践基地，打造了非遗传承项目活态体验馆，开发了篆刻、书法、美术、艺术等课程，特别是以此为基地，开发了艺术教育的 STEAM 课程，为艺术教师和其他教师人文素养的培训、培养创造好的学习环境和体验基地。

方法统合。方法统合是一体化效力发挥的关键和重点。方法的统合，指在研究状态下、用研究的方式方法做好教学与培训，在教学实践中研究与培训，在培训中提升研究能力与教学质量，促进教师专业化成长。这样，就形成了研、训、教三方面互为目标、内容、方法和手段的工作格局的创新，由此逐渐形成了一种新的思维模式——“一体化”思维模式，融建了一种新的工作方式——研、训、教三素同构的工作方式，为提升研训教质量与效率提供了方法论基础。

方法的统合，较好促进了理论与实践的结合，也从根本上改变了自上而下、单向传授、漠视教师既有经验和主体地位的传统师训方式，广泛采用符合建构主义学习理论的“参与式”“沙龙式”“菜单式”等多元、互动的研训教方式，强化“情景创设”“协作与对话”“意义建构”等环节，改变了“外显知识”的输入形态，激活教师个体的自主意识和反思意识，从而加强与其内隐知识的联系并通过对其的改造优化了教师的主体认识和行为。①

为了让这种统合更具示范性、指导性和实效性，学院开发了诸多项目，引领、促进研究员转变，促进研训教工作一体化的有效发生。如学院以课堂为载体，开发了下城区课堂节、名师好课堂等项目。

下城区课堂节坚持了十年举办了十届，已是一个传统的优质品牌，在不断地积累、优化和创新中，始终坚守研训教一体的价值取向，秉持“既向往云端、又接地气”的实施原则，打造了多层次、多主体、多主题的活动模块，使课堂节真正成为教学的节日、研训教的盛会，对区域教师专业化成长起到良好助推效果。

2017 年的第十届课堂节，学院在三个层面全方位开展活动，让每一个教师都能参与，都能找到适合自己的项目参与。

学校层面：凸显“学校自主，校本特色”。实施新教师“一年能教”汇报课，学校骨干教师公开课、展示课，家长开放周听课活动，教学常规检查与评价等研训项目。

片区层面：凸显“合作研训，展示评比”。实施新教师“三年熟教”之“三个一”展示与评比活动，学校研训教共同体、工作坊系列活动等研训教项目。

区域层面：凸显“高端引领，打造品牌”。实施了 2017 年“未来教师与国际视野”暨中国杭州武林汇教·明德论坛，浙江省“未来课堂”暨杭州市下城区第五届“名师好课堂”研训教活动，2017 年下城区课堂节暨第一届艺游学亚洲论坛，下城区第二十届青年教师“五年慧教”评比活动，第 16 届区、市教坛新秀评选，2017MMUN（模联）中国杭州国际峰会教师教育国际论坛，“春华秋实·教师故事”——下城区教师专业化发展成果展，以及各学科系列研训项目。

“名师好课堂”也是学院与浙江省中小学教师与教育行政干部培训中心及浙江省中小学名师名校长工作站共同合作，打造的一个以名师为引领、以课堂为载体、以教师参与式培训为主要方法、以名师·名法研究为重点、以实现研训教一体化为主要功能的创新品牌。

“名师好课堂”在五年来的实践中，走过了这样一条路径：常态化—规范化—特色化—品牌化，因此也形成了比较完善的运作模式和操作方式。

---

① 曹少华. 简论“研训一体化”教师教育新模式[J]. 江苏教育研究，2007(12).

“名师好课堂”按照功能形成了三种主要模式：展示模式、选秀模式、研究模式。在展示模式中，侧重为教师搭台，提升教师成长信心，助力教师专业发展。选秀模式则偏重选拔性，以评选好课、推选名师为价值取向。在研究模式中，重在开展课堂教学研究，共同探讨好课、名师的标准。

学院按照不同的功能，形成了不同的操作流程和规范，也有研训教一体化、综合型的操作方式。详情可见《“名师好课堂”实施方案》。

【资料链接】

“名师好课堂”实施方案

一、品牌解读

“名师好课堂”是杭州市下城区教师教育学院与浙江省中小学教师与教育行政干部培训中心及浙江省中小学名师名校长工作站共同合作，打造的一个以下城为基地、以教师专业化发展为目标、以名师为引领、以课堂为载体、以参与式培训为主要方法、以实现研训教一体化为主要功能的创新品牌。

二、设计理念

以师为本。教育大计，教师为本。教师的培养与成长，需要名师的专业引领和陪伴。

课堂为台。通过课堂中展示交流，启发教师全员、全程、深度参与互动。并通过在教学实践中发现问题、研究问题和解决问题，促进教师专业化成长。

研训教一体。以“课”为载体，以“研”为方法，以“训”为途径，以“教”的改善和提升为目的，将教师培训主题化、课程化和学术化。

三、主要功能

1. 教学研究，学术引领；

2. 名师示范，培养培训；

3. 展示观摩，信息传播；

4. 合作交流，资源汇聚。

四、操作模式和办法

（一）操作模式：三种模式

模式一：展示模式。

在教研活动或课堂教学评比活动中，所有教师都可以带上自己的“好课”,参与“好课堂”的展示活动。通过名师好课的教学示范展示,引发大家深度参与互动,引领课堂教学改革方向。

模式二:选秀模式。

通过“名师好课堂”这个平台,评选好课、推评名师。

模式三:研究模式。

以名师好课堂上展示、呈现的一节课或者几节课为对象,大家现场研究,实施情景化研训教,共同探讨好课堂、名师真正的内涵。

(二)主要形式和流程

六大环节:同上“好课”—专家点评—教师互动—资源共享—交流合作—结拜名师。

1.展示观摩。以学科为主线,定期组织开展“名师好课堂”活动,名师(包括区内、区外)同台开课,教师观摩学习。给积极参与开课的区内外教师颁发证书,以资鼓励。

2.专家点评。聘请有关专家在每次开课、观摩结束后进行课堂点评和做契合主题的专题报告。

3.教师互动。开课的教师、观摩的教师、有关专家等实现多方互动、深入探究。

4.结拜名师。每学科每期开展活动后,抓住契机,开展名师结对活动,为下城名师成长创造条件。

5.资源共享。每期活动结束后,“课堂实录”都将纳入下城区教学资源库,为全区教师和相关合作单位积累丰厚、优质的课堂教学和教师培训资源。并以此为契机,建立“名师资源库”,为下城和相关合作单位链接、汇聚资源。

6.交流合作。通过“请进来”“走出去”等办法,开展送课下乡、送课进校、好课共享等活动,促进校际、区域交流和合作,并积极探索组织相关名师开展国际交流。

五、项目运作模式

“合作主办、基地承办、品牌共建、资源共享”。

1.合作主办。由杭州市下城区教师教育学院与浙江省中小学教师与教育行政干部培训中心、浙江省中小学名师名校长工作站合作主办。主办方主要职责:负责活动的策划与协调;负责每期“名师好课堂”区外名师和有关专家的聘请;负责活动的资金保障;负责为开课的区内外教师颁发盖有主办方公章的证书;负责品牌的建设与推广。为便于开展工作,主办方各安排一名工作助理，具体负责本项工作。

2.基地承办。杭州市下城区为“名师好课堂”的教学基地，“名师好课堂”由下城区教育研究发展中心具体承办。其主要职责：负责每期“名师好课堂”的组织与实施；负责做好资源的整理、共享工作；负责做好交流与合作的有关工作。

3.“名师好课堂”品牌共建、资源共享。由杭州市下城区教师教育学院、浙江省中小学教师与教育行政干部培训中心等，对“名师好课堂”实行品牌共建和资源共享。

至今学院已经开展了五届近百期的展示活动，并且加强了高端的联袂合作，让“名师好课堂”站位更高端，视野更开阔，引领更有力。2014 年 5 月，“名师好课堂”与“中国教育科学研究院实验区课堂展示”项目合作，举办中国教育科学研究院实验区的中学数学“名师好课堂”研训教活动。当年 11 月，“名师好课堂”再与台北教育考察团合作，开展首届“海峡两岸暨香港课堂汇”活动，邀请台湾、香港等名师同台展示、同课异构，进行比较教学的教师培训，受到教师的热烈欢迎，并以此为契机，将此项活动年度化，每年举办一届。2017 年 11 月，与浙江省教育科学研究院、浙江省教育技术中心联合主办浙江省“未来课堂论坛”暨杭州市下城区第五届“名师好课堂”研训教活动，引领教师以课堂为台，面向未来、着眼未来、创造未来。同时，“名师好课堂”参加了浙江省教育厅“百人千场”的赴庆元送教活动。目前，学院正以此为基础，开展好课堂研究，开展名师·名法总结提炼研究，更科学地指导教学的专业化发展。

文化融合。教研、科研、师训都有其特有的文化特征，从事不同工作的人员也各有不同的价值取向、目标愿景、组织文化和行为文化。实施机构整合、实现研训教一体化之后，如何促进机构和人员的文化融合，直接影响教师教育学院正常、有序的运转，影响团队凝聚力和团队战斗力，影响一体化的效率和质量。

于是，在继承传统、包容各方的基础上，学院提出了新的目标和愿景，提出了新的价值观和理念，特别是明确提出了“为每一个师生可持续发展服务”的理念，既大气包容，又定位清晰，使研训教工作指向、聚焦到了同一个方向，起到了统摄、统领的作用。在制度建设上让研究员身兼三职，拆除了藩篱，也为文化的融合提供了最好的土壤。

行为文化的融合与创生至关重要。为了让科研的理性与理论性、实证性文化，教研的实践性、创新性文化，师训工作的团队性、参与性文化等这些优势文化熔于一炉、优势共显，学院创设了许多载体和创新的项目，来推进文化的融合与创生。如推出了“重点项目实践研究”项目，促进理论与实践的结合，促进研训教一体化，促进研究员指导与示范并举，最为根本的是促进了研训教文化的优势互补与创新。

效益综合。研训教一体化，效益是关键。效益综合，就是要利用研训教的“集约”优势，产生“1＋1＋1＞3”的效应。如学院科研部门开展研训教一体化的科研路径创新，产生了显著的综合效应，陈锋、杜惠慧等研究员主导研究、实践成果，最终成果也发表在了《教师教育论坛》杂志上。

效益综合的检验标准就在于其有没有促进教师专业化发展，有没有提升区域教育教学质量，有没有真正推动教师教育学院的转型发展。这几年来，学院圆满完成浙江省第一轮五年全员 360 学时培训工作，且培训满意率五年均达到 99％以上，全区区级及以上名师达到 50％以上。科研工作也成绩斐然，每年省市级课题申报立项、获奖等指标均居省市前茅。教育教学质量不断提升，多次受到区委、区政府和区教育局表扬和奖励。学院先后荣获浙江省教研、科研、师训工作等先进单位。

二、方法体系：专业化

现代研训教制度是促进教师专业发展的一种重要制度。这种制度本身也需要以专业化为基本取向。

下城区在区域研训教现代转型中，大力探究研训教专业化特征及路径，重点在四个维度构建下城区教师教育学院特色的专业化体系。概言之，就是打造一个专业的机构、培养一批专业的人员、用专业的方法、做专业的事情。

（一）打造专业的机构

区域研训教机构科学、准确的战略定位，直接影响机构的可持续发展。一般习惯上对区域研训教机构有三种简单的表述，从中可以折射出大家对区域研训教机构的心理定位：第一种表述是教育局的直属部门；第二种是教育局事业单位；第三种则表达为教科研机构或是教师进修学校。前两种似乎都在强调其行政背景和管理属性，后者则强调的是其专业属性。区域研训教机构应成为专业的机构，这是由其固有的功能决定的，机构的专业化也是促进机构自身可持续发展的一个重要保障机制。没有专业化，机构就失去了其本身的价值和意义，就会处于自生自灭的境地。

2014 年 7 月 1 日国务院《事业单位人事管理条例》正式颁布施行。改革的根本在于转变职能、激发活力，在于多元化公共服务体系的构建和公共服务质量、效率的提升。区域研训教机构在这一改革中的重要价值取向应该是去行政化、强专业化，推进行政与学术分离，管理与服务职能的厘清，回归区域研训教机构作为区域学术共同体的本质。这也成为下城区教师教育学院现代转型设计的优先选项。

在区域研训教的现代转型中，如何让学院更具有专业影响力，并获得崇高的专业地位，从而具有较高的专业引领能力和智囊价值，是我们学院建设和发展的重要课题。一个研训教机构的能力建设是决定培训工作能否可持续发展的关键，是保障研训教工作内涵式发展的基石。学院重点启动、推进了以提升能力为核心的学院标准化建设工程，着力加强保障能力、治理能力和指导能力这三大能力建设。特别是保障能力提升方面，2013 年学院推进实施了六大保障工程：

第一，认识——思想保障。在让"每一间教室都有优秀教师"的理念指导下，上下各方达成共识：没有超越教师质量的教育质量，教师是教育的第一生产力，教师培训机构是教师专业化发展的发动机。因此学院得到了区委、区政府高度重视，下城区第十四届人代会第二次和第三次会议连续两年在《政府工作报告》中都关心、支持教师培训机构的建设。第一年是要解决培训资质问题；第二年明确提出："深化教师培训机构建设，着力打造示范性教师培训机构。"这才有了一次重大的转身与转型，并确定了"顶层设计，改革创新，科学转型，内涵发展"的总思路和要求。

第二，更名——机构、组织保障。将原区教师进修学校、教研室、教科室等单位合并，在原区教育研究发展中心基础上，经区编办批准成立杭州市下城区教师教育学院。学院的出发点有四点，包括定位更加精准：学校定位，致力于教师的终身学习、专业化发展；师资更加精干：规范教师编制，突出专业性；机制更加精巧：建构现代研训教制度和体系；服务更加精专：去行政化，突出服务属性和专业化方式。

第三，移址——办学场地保障。由于原场地只能基本保证办公需要，且无法改扩建，教育局研究决定移址改建，将占地面积 25 亩的原江心岛中学整体划拨给下城区教师教育学院，并重新规划、建设。这在教育资源和土地资源都极为紧张的杭州中心城区，实属不易。

第四，改善——办学条件保障。在新址建设、办学条件改善上，学院注重澄清一个观点：要建的是全区唯一的一所属于全区教师的学校，绝不是给教师教育学院建办公楼。这里的一切，是为全区教师所用，为全区教师专业化发展服务。按照教育局黄伟局长提出的“两园”建设的要求:充分发挥后发优势,按照标准化建设要求,把教师教育学院建设成全区教师专业化发展的学园和陪伴教师成长的精神家园。所以,在规划、投入和建设上高点定位、确立了三个原则:综合性、示范性和人文性。着力三大改善:一是功能的完善,满足教学、讨论交流、教师社团活动、运动、休闲、心理咨询、办公、生活等八大需要;二是设施设备的改善,支撑教学、实验和网络研训教和远程培训等;三是环境的臻善。在改造过程中,不求奢华,但求文化。营造高品质的文化环境,强调文化育师的作用,充分考虑了每一堵墙、每一片地对教师的文化熏陶和濡染,所以建设了教育家主题文化广场、主题文化大厅、主题文化墙和教师专业化发展馆等较有特色的环境文化场馆。

第五,改革——人力资源保障。2013 年学院开启包含四大举措的人事改革。一是在内设机构上简政。由原来的六个部门整合为四个。二是班子成员优化。通过同级竞岗、区域交流,实现了一正两副,并且三个班子成员均为省特级教师。三是中层精简。通过全员性、开放性竞争上岗,由原先 14 个中层干部(含副职)精简为 5 个中层干部(不配副职)。四是研究员有序流动。通过核编定岗、竞聘上岗,教师交流,实现了人编一致、人事相宜、人员流动。

第六,经费——财力支撑保障。严格按照国家、省、市规定的教师专业化发展培训经费政策的要求落实。同时建立了每年“三个一百万”的名师培训培养专项资金,开展高端名师系列研训教活动。

专业的机构中,专业能力是核心。因此,努力建设学习型组织成为推进学院转型、提升学院专业化能力的重要举措。

学习型组织充分体现了新经济时代对机构、企业管理模式变化的新要求。在学习型组织建设中,重要的有三层含义:学习是一种持续性、战略性运用过程,并倡导终身学习、全员学习、全过程学习和团队学习。强调学习与工作相结合,工作学习化和学习工作化,通过学习促使知识、信念及行为的改变。最终充分发挥组织每一个成员的创新能力,建立起一种有机的、柔性的、扁平的、可持续发展的组织。

教师教育学院在学习型组织建设中,采取了以下举措:

第一,科学制定学院发展规划、年度计划,以规划、计划的制定建立共同愿景,构建团队文化。最为关键的是把规划、计划制定的过程,转变成团队学习的过程,转变为调整自我、凝聚共识的过程,最终使学习力转化为现实的生产力。因此学院组织教师充分讨论,广泛征求意见、建议,通过深度会谈的方式，让教师充分表达自己的真实想法，从而调整教师的个人认识，并得到超越各自的个人认识，最终达成共识。在充分讨论和科学论证的基础上，学院制定了2017—2020年发展规划，明确提出了争创国家示范性教师培训机构的共同目标和远大愿景，这对每一个研究员都具有较大的导引和激励价值。提出了"为每一个教师的专业化服务"的工作理念，并细化为"让每一间教室都有优秀教师"的工作小目标，以"创新、创优、创业"为学院精神，这些学院文化的建设凝聚了师心，打造了学习型团队。

第二，打造受研究员欢迎的学习、交流平台。学院创新开发了"每周讲坛"平台，变过去的领导工作布置式的教师例会为每个研究员参与的学习、研讨型讲坛。"每周讲坛"强调"四面八方、五谷杂粮"的开放性原则和课程化实施的要求，促进了研究员之间知识与智慧的共享与分享。

几年来，"每周讲坛"已经举办90余期，学院每个研究员都在"每周讲坛"上交流与分享过，区域一线教师、全国著名专家、学者也在这里和学院研究员对话、交流和分享，这个平台深受全体研究员的喜欢。

【资料链接】

下城区教师教育学院"每周讲坛"实施方案

一、目的意义

为加强学习型组织建设，提升学院研究员的专业素养和人文涵养，并通过论坛，践行工作学习化和学习工作化，促进教师教育学院的现代转型，促进学院内涵发展、可持续发展。

二、功能定位

"每周讲坛"是研究员进行学术研讨的平台，是工作交流、智慧分享平台，是研究员专业成长的平台。

三、方式方法

主题式。学院根据教师需求和工作需要，精心设定相关主题，制作论坛的菜单，邀请有关专家和学院研究员同台，结合自己的工作认真准备和积极参与研讨、交流或展示。

参与式。每个研究员既是讲坛的组织者、主讲者，又是研讨互动的积极参与者，也是实施、落实的实践者。通过讲坛活动，促进教师专业化发展，提升工作质量。

研究式。围绕主题，研究员结合自身的工作，从研究的视角、用研究的方法探讨、交流和反思有关工作。

四、活动要求

1.“每周讲坛”由办公室负责实施。每周一上午为“每周讲坛”活动时间,全体研究员按时参加。

2.办公室根据学期工作计划制订“每周讲坛”活动计划表,各部门根据每期主题做好人员的安排,主讲人员提前做好相关准备。根据讲坛主题,相关分管领导担任讲坛主持并做简要点评(根据需要,也可以请相关专家点评)。

3.“每周讲坛”主讲者的主要观点在《下城研训》上刊发,实现区域共享。每场讲座结束后,全体研究员对主讲人员的讲座及时做好相关评价。对积极参与讲坛活动、质量较高的主讲人员予以一定的表彰和奖励。

4.强化论坛成果的实践转化,加强实践研究,把学习工作化落到实处。

第三,促进研究员的实践研究。学习型组织的重要理念和要求就是工作学习化和学习工作化。为此,学院创新开发重要的载体:重点项目的实践研究。学院每年围绕转型的重点和要求,通过项目征求和广泛讨论,列出当年的重点项目。以2015年为例,当年共列出15个重点项目清单,并实施分类管理,其中一类项目5个,二类项目6个,三类项目(自己申请的)4个,以“统一招标、分类管理、注重实践、力求实效”为原则,建立激励机制,合理配置项目经费。项目的运转特别强调实践性原则,要求采取行动研究的方法,研究要有“试验田”,实验的主阵地在校(园),评估的方式要实践化,评估验收既到“实验室”,又到“试验田”,既要有研究成果,更要有实践效果。

【案例】

下城区教师教育学院重点项目实践研究招标制度及实施办法

为深入贯彻人才强教和科研兴教战略,推进教师教育学院科学转型内涵发展,促进教师的专业化发展,提升研训教工作质量和水平,提升教育教学质量,特制定下城区教师教育学院重点项目实践研究招标办法。

一、主要原则

导向性原则。重点项目的确定,与学院的转型、与研究员工作方式的转变、与学校师生需求高度契合,并引领师生共同研究、共同实践、共同发展。

民主性原则。项目的产生、实践与评价,要坚持开放与民主。

实践性原则。采取行动研究的方法，研究要有“试验田”，实验的主阵地在校(园)，评估的方式要实践化，评估验收既到“实验室”，又到“试验田”，既要有研究成果，更要有实践效果。

二、实施办法

1. 重点项目的确定。根据教育局要求和教师教育学院工作重点及方向，自上而下和自下而上的上下互动，经过集体研究最终确定当年重点研究与实践项目，并予以公布。同时，编制项目目录，明确每个项目的要求，让参与竞标的研究员明白目标、方向和其的宽窄、深浅。

2. 重点项目的研究与实践实行分类管理。根据研究与实践的主题、研究与实践的价值以及研究与实践的效益等确定相应的类别等级，一般可分为一、二、三类，并与经费相应挂钩。第一、二类项目实行发布式，即由学院负责编制项目并组织招标，研究员投标；第三类项目实行研究员自选项目自主申报。各类申报方案必须科学、可行，研究员提出申报主题和方案，经专家评审通过后按要求实施。

3. 实施周期。项目的实践研究周期一般为一年，重大综合型项目可为2～3年。重大综合型项目须经班子会集体研究决定。

4. 投标对象。投标对象一般为教师教育学院研究员，同时，积极尝试和探索面向全区教师开展招投标。投标既可以由个人独立参加，也可以采取团队方式参与投标，团队投标必须有明确的领衔人。原则上一个领衔人一个实践研究周期内只能参加一个项目的投标。

5. 投标。投标实行自愿参与和自主申报。自愿参与投标的对象须按照要求提供相应的投标方案即重点项目的研究与实践的实施方案。方案要求科学、规范、可操作、可评估。

6. 评标。组建专家团队开展评标工作。评标工作分为预评和答辩两个环节。专家团队首先对投标项目书进行预评，预评通过后方可进入专家答辩。两环节均通过后将中标结果予以公示。

7. 实行项目负责人责任制。项目负责人负责项目的申报、过程实施、成果申报、档案资料的整理上交和经费的规范使用。项目负责人一般不得随意更换。项目负责人要组建相关团队负责项目的实施。因特殊情况(如出国、病休、调动等)离开该项目研究工作半年以上者，经集体研究决定更换或暂停，并按规定追回剩余相关经费。

8. 加强项目的实施，提升项目实施质量和效益。项目中标后由项目负责人科学、有序地组织实施，必须按照项目预定的目标、内容、时间等要求完成各项工作，并积极做好结项工作。

9. 项目内容不得随意变更和延期。如因特殊情况确需变更或延期，需由项目负责人提出书面报告，经领导小组审查并同意后方可执行，未经批准而擅自变更或延期的，按未完成项目研究处理，追回相关经费。

10. 加强项目绩效评估。项目结束后，组建专家组对相关成果进行鉴定评估。评估方式要多元化和实践化。评估结果作为经费拨付的重要依据。同时，对优秀成果进行表彰奖励。对不能按时完成任务或未能通过项目绩效评估的，将停止拨付相关资金，同时三年内不能再申报新的项目。

11. 加强经费保障和管理。一类项目经费为 10000 元，二类项目经费为 6000 元，三类项目经费为 3000 元。经费分为三大板块和环节：项目申报经费（占总经费的 10%），工作进度经费（占总经费 50%），绩效评估经费（占总经费 40%）。按照工作进度拨付相关经费。每个环节均进行严格的评审或验收，未达到相关要求的，暂不拨付相关经费。项目最终验收为“未通过”的，后续的绩效评估经费暂不予拨付，可视情况给予一年的继续研究实践期，仍不能通过的，绩效评估经费不予发放。严格执行财经制度，规范经费管理，按照经费的使用范围、程序和手续办理报销。

当前，区域研训教机构普遍存在人员老化、发展通道不畅、学习欲望不强、自我更新能力较弱、创新意识和创新能力不足等问题。下城区教师教育学院同样面临着这种困难和挑战。因此，加强学习型组织建设，对区域研训教机构的现代转型、对每一个研究员的专业化成长非常重要。有一个研究员在《每周讲坛》上和大家分享了一个故事，对学院学习型组织建设有较大的启发：老鹰是世界上寿命最长的鸟类之一，它的寿命可达 70 年。要活那么长的寿命，它在 40 岁时必须做出困难却重要的决定。当老鹰活到 40 岁时，它的爪子开始老化，无法有效地抓住猎物。它的喙变得又长又弯，几乎碰到胸膛。它的翅膀变得十分沉重，因为它的羽毛长得又浓又厚，使得飞翔十分吃力。它只有两种选择：等死或经过 150 天痛苦的自我更新。它必须很努力地飞到山顶，在悬崖上筑巢，停留在那里，不得飞翔。老鹰首先用它的喙击打岩石，直到喙完全脱落，然后静静地等候新的喙长出来。接着它会用新长出的喙把指甲一根一根拔出来。当新的指甲长出来后，它便用指甲把羽毛一根一根拔掉。5 个月以后，新的羽毛长出来了，老鹰就获得了再活 30 年的生存机会！

在研究员的教育人生中，不得不面临一种艰难的抉择，开启一个自我更新、自我变革的过程，把过时的思想、旧的思维和旧的习惯抛弃，把惰性根除，不断学习新的技能，才可以重新飞翔。

（二）建设专业化的队伍

打造专业的机构，关键要有专业化的队伍作支撑。在研究员的专业发展中，专业态度和专业能力是其专业素养的重要构成。

态度是个体是否愿意做某些事情的意向。专业态度要比一般心理学意义上的愿意、喜欢、向往的态度包含更深的含义和更高的境界。研究员和教师的专业态度包括专业理想、专业情操、专业性向三个方面。

专业理想。研究员和教师的专业理想是研究员和教师成为一个成熟的教育教学专业工作者的向往和追求，它为研究员和教师提供奋斗的目标，是推动研究员和教师专业发展的重要动力。具有专业理想的研究员和教师对教学工作抱有坚定的承诺，他们致力于改善教育素质，以满足社会对教育专业的期望，努力提高专业才能及服务水准，努力维护专业的荣誉、团结和形象。

专业情操。研究员和教师的专业情操是研究员和教师对教育教学工作带有理智性的价值评定的情感体验，它是构成研究员和教师的价值观的基础，是研究员和教师情意发展成熟的标志。研究员和教师的专业情操包括：理想的情操，即由于对教育的功能和作用的深刻认识而产生的光荣感与自豪感；道德的情操，即由于对教师职业道德规范的认同而产生的责任感和义务感。

专业性向。研究员和教师的专业性向是指研究员和教师成功从事教学工作所应具有的人格特征，或者说是指适合教学工作的个性倾向。美国学者霍兰德根据个性心理素质与择业倾向，将所有劳动者划分为六种类型：实际型、学者型、艺术型、社会型、事业型、常规型。霍兰德认为，社会型劳动者喜欢从事为人服务和教育他人的工作，其个性适合做教师，因为他们热情慷慨、善于交际、关心他人、人际关系融洽。他们总是在寻求与大众接触的机会，渴望发挥自己的社会作用。

这些研究成果，对学院开展研究员专业素养和专业能力提升工作，采取具体的实践措施，起到了较好的指导作用。学院具体在以下方面促进研究员专业化发展、提升研究员领导力。

1. 探索建立学院研究员专业标准

就研训教机构而言，研究员的专业化是一种高端的专业化。研究员的根本职责是促进教师的专业化发展。为了完成这一任务，研究员自身需要实现“先一步、高一层”的专业化发展。大部分研究员一般是经过基层学校的历练，通过规范的选拔程序遴选出来的。还有一部分是从大学及科研院所择优选进来的。从制度建设的角度看，除了把好研究员的入口关外，最重要的在研究员的工作过程中，建立和完善常态化的机制，为研究员的专业发展助力。

为了更好地促进研究员的专业化发展，一个核心措施是制定研究员的专业标准。为落实教育规划纲要，教育部先后印发了《幼儿园教师专业标准(试行)》《小学教师专业标准(试行)》《中学教师专业标准(试行)》和《义务教育学校校长专业标准》等一系列文件，对建设高素质义务教育学校校长、教师队伍有重要指导价值。但从事教师专业化发展的研训教人员专业标准却一直没有得到相关的部门和文件的明确，这种专业标准的缺失，也导致队伍建设的方向不清、标准不明、评价不准等诸多问题。因此，我们认为培训机构的标准化建设，首先要解决培训机构教师专业标准和专业化发展问题。2011 年年底，我们研制和实施了“金名片行动计划”，也开启了培训者培训，旨在将每个研究员打造成下城教育的“金名片”，提出了养元气、厚底气、显名气、接地气的行动要求，尝试从研究员的专业精神和职业道德、专业知识和技能、基本理论素养以及系统、丰富的实践经验等四个维度，研制下城区域的研究员专业化标准，并以此作为开展研究员培训和研究员流动的重要指导依据。提出了打造“五有”研究员队伍：有教育思想、有科研课题、有教研基地、有品牌特色、有学术影响。

2. 建立研究员准入门槛和流动机制

明确了“凡进必考”的制度和办法，并依照研究员条件和标准参加公开招聘。区域研训教部门最突出的是人事问题。长期以来，部门人员老化、机制僵化、格局固化。通过人事改革，实行核编定岗、竞聘上岗、教师交流，实现了人编一致、人事相宜、人员流动。近两年时间学院有 5 位研究员到校园挂职锻炼，有 8 人到基层校园和其他部门交流，同时通过开放性竞争上岗，招聘 9 位优秀的教师。竞争上岗、区域交流的推进，有效改善、优化了研究员队伍的结构，凸显了专业性特征。尤为关键的是建立了流动机制，激发了活力，为教师教育学院科学转型、加强能力建设提供了坚强的人力支撑和保障。

3. 加强院本培训，提升研究员专业能力

院本培训对研究员了解教育发展大势、开阔视野、更新观念、提升能力具有重要的价值和意义，对促进理论与实践的结合具有突出的功用。学院对此高度重视。学院科学进行规划和设计，认真制定校本培训方案，以主题化、课程化、项目化为主要方式，以专家来院指导、外出跟岗锻炼、外出考察学习、国外研修等为主要形式，提升院本培训的积极性、针对性和实效性。每年学院都组织研究员到全国各地研训教机构、著名大学进行实地考察、学习、交流活动，选派部分研究员到美国、芬兰、希腊、法国、澳大利亚、希腊等国进行考察、学习，同时也选派研究员到我国香港、澳门等地实施为期一年的定向交流。同时，加强以实践为导向的培训活动，让研究员积极参与到课程改革和核心素养培育研究与探索中，在研训教实践体验中进行研究性学习，在服务过程中养成探索的思想态势和创新的精神境界，提升专业指导能力。

4.促进服务作风转变，提升专业道德与情意

研究员队伍的专业化，其专业道德与专业情意至关重要。学院重点通过实践的方法，通过服务作风的转变，提升研究员对广大教师的热爱与亲近，对教育教学事业的钟情与敬畏。学院加大了调研力度，改进了调研方式方法，实施了蹲点联系校园办法，使校园、教师的需要与学院、研究员的服务无缝对接，把理论与实践有效对接，把研究员专业化服务与自身专业化成长整合对接。这是提升研究院专业服务能力与专业化成长的极好路径与办法。

【资料链接】

下城区教师教育学院研究员蹲点联系学校暨研究员示范基地建设实施办法(试行)

目的：为进一步落实“金名片行动计划”，切实转变工作作风，促进研究员重心下移和阵地前移。努力创设环境和条件，为研究员研训教工作提供实验、实践基地，促进研究员工作特色和个人、学科品牌特色的形成。并通过建立中心与学校共建、资源共享的工作模式和机制，精心培育研究员个人(学科)示范基地，充分发挥基地的辐射、示范作用，引领区域各校(园)有效促进研训教一体化，更好地服务基层校园，服务学校师生，并建立畅通、便捷、有效的教师教育学院与学校的沟通、联系机制。

目标：校校有联系人；人人有基地项目；科科有品牌特色。

一、蹲点联系校(园)及个人示范基地的确定

实行研究员与校(园)双向选择、个别协调的办法，确定研究员蹲点及基地的校(园)。

二、主要职责、任务

1.加强调研。定期(每月不少于一次)深入学校、深入课堂，开展调查研

究，了解学校和教师研训教需求；及时发现和挖掘学校和教师在教学管理、教研、科研、师训（主要是校本培训）等方面工作的亮点、特色以及工作的困难和问题，及时提炼、总结并填写好相关表格书面反馈给学院相关领导、部门和相关的研究员。总结、反馈工作每学期不少于两次。

2. 加强示范。通过个人（学科）示范基地建设，通过研训教一体化方式，在基地中实践、示范，在实践中研究，在实践、研究的过程中培养、培训教师。同时，通过基地的带动、辐射作用，高水平、高效率地为教师和学校发展服务，为区域教育教学改革服务。

3. 加强指导。按照教师教育学院工作要求，根据学校需求，蹲点联系人要积极与学校领导和有关教师一起认真讨论和研究研训教等相关工作，并科学指导工作。

4. 加强服务。根据学校需求和学院的安排，努力为学校和教师做好研训教服务工作，特别是对征求的意见和建议要加强协调和落实。

5. 加强协调。发挥桥梁作用，将学院有关工作和要求及时传达给学校和教师，并努力做好协调、沟通和落实工作。

6. 班子成员作为包片负责人，直接负责片区各研究员蹲校工作，要组织相关研究员经常研究、指导蹲校工作，要经常深入相关学校和课堂，了解学校意见和需求，加大协调和落实力度，更好地服务校（园）。

三、考核评价

1. 学院每学期对蹲点联系人进行一次考核和测评。考核内容包括蹲点人员职责履行和任务完成情况，特别是个人（学科）示范基地建设情况。

2. 对考核和测评结果进行专项总结和表彰，同时将其纳入研究员年度考核评价体系中。

（三）用专业的方法做事

区域研训教机构的重要职责就是促进区域基层校园的教师专业化发展，专业的事情，必须用专业的方法来做。专业的方法是机构和人员专业性的重要标志，直接影响区域研训教机构服务效能与效果，影响服务、指导的专业价值。因此，学院在着力培养研究员专业素养的同时，也在努力探究促进教师专业化发展的专业化方法和路径。

对专业方法的研究与实践探索，一直是学院专业化追求的重点。在学院具体的工作实践中，比较常见的方法有以下几种。

理论联系实际法。为了更好地服务于基层学校和广大教师，研究员必须勤于和善于学理论用理论，具体帮助学校和教师解决一些现实的问题。在所有学科领域的知识中，理论是核心知识。抛弃理论后剩下的只是一些经验和常识。没有理论的支持，有些复杂的现象和问题就难以得到很好的认识和解决。科学是普遍性的学问，没有普遍性，就没有科学。为了在较短时间内学习并获得发展，较为有效的方法是学理论和用理论。虽然理论较为深奥，难以即学即用。但是，一旦学会用理论，则收益无穷。通过学理论用理论，研究员不仅掌握了关于理论的显性知识，而且掌握了理论的隐性知识，在具备显性知识和隐性知识后，研究员就能很好地用这些知识为基层学校和教师更好地服务。

从学理论用理论的程序的角度看，研究员可以先通过阅读教科书、百科全书、辞书，了解相应的教育理论的名称和大致内容。之后，研究员可以阅读该理论的提出者的原著，更深入地了解该理论的基本内容。研究员还可以重点阅读将该理论应用到实际工作中的实际例子，从中领悟应用该理论的观点的具体用法。

研究员依据基层学校的实际情况和面对的具体问题，选择适用的理论，进行研究的设计，并分析和解决实际问题。

现场调研法。研究员要能很好地指导一线学校和教师，就必须善于使用现场调研方法。在进入任何学校进行教育教学等方面的指导的时候，都必须做足做好功课。做功课的一个重要手段是进行现场调研。在进行调研之前，首先需要明确调研的目的，细化调研的任务。首先，需要通过互联网信息和纸质的文献了解相关学校的基本情况。必要的话，需要从其他对该学校较为熟悉的人那里询问有哪些资料可以参考。其次，对调研方案进行粗线条的设计，如果调研的任务要求的精度很高，则必须设计一个更为精细的调研方案。如果要采集精确度较高的信息，则不妨设计一个问卷。设计问卷前应仔细搜集相关文献资料，尤其是参考同类型的调研报告。如果要采访重要的人员，则必须拟定一个访谈提纲，具体列出要提问的主要问题和需要了解的基本情况。最后，在恰当的时间到基层学校进行现场调研。可以先听取校长的工作汇报，并与校长和其他教师进行座谈。应查阅学校的相关文献资料，了解学校的概貌。对于专项的调研而言，还要收集更为具体的资料。针对特定的群体发放问卷，收集问卷。到课堂进行听课，并与教师和学生进行必要的交谈。

学院根据多年来的实践，科学打造了四种不同的调研模式：督评一体化的综合型调研，基于项目的专项调研，蹲点联系校园的试验田式调研，学科单一调研；并对每种调研模式和方法做了专业化提升，使调研工作更具“专业”含金量、更有专业效力。

1. 督评一体化的综合型调研

以督评一体化的综合型调研为例，将学院过去所做的传统调研与专业化要求下的现代调研进行比较研究，可以窥见“专业方法”之一斑。所谓督评式一体化综合型调研，即集调研、诊断、检查、指导和评价五位一体的复合型高效调研模式，与传统调研相比，凸显了五大不同与转变：

一是调研的价值取向不同。传统调研更多地“为我所需”，是基于上级领导要求和学院工作需要而开展的调研，较多地体现了本位主义倾向。而专业化追求下的调研，是基于促进教师专业化发展、促进学校和学生更好地发展而展开的有计划、有目的、有主题、有诊断、有反馈的系统、科学、完整的调研，较好地体现了以校为本、以师生为本的研训教理念。因此，调研呈现出由被动调研转变为主动调研的特征。

二是调研形态的不同。由封闭型调研转变为开放型调研。这种开放性体现在调研计划制订的开放性。其包括调研对象的开放性，其对象既包括学校教学管理人员、教师、学生也包括家长乃至社会相关人员；调研形式的开放性，其形式既包括课堂观察，也包括常规检查，还包括座谈、访谈、问卷调查等。而我们过去所做的调研，则相对显得简单、封闭得多。

三是调研功能的不同。传统调研，主要功能侧重于了解、指导或是定性评价上。复合型调研的主要功能是调研、诊断、检查、指导和评价五位一体，效率高，效果好。因此，调研功能由单一型调研转为复合型调研。

四是调研方法的不同。传统上实施的调研，形式比较简单、随意，主要是走一走，听一听，看一看，说一说，分析、研究远远不够。追求专业化的现代调研，更加注重数据的科学搜集，注重现场的观察、调查，注重科学的研究与分析，因此，学院努力实现由基于经验的传统调研转为基于实证、基于大数据的调研。

五是调研结果的不同。过去实施的传统调研，更注重排序和排位的甄别性评价。现在，学院更注重发展性、过程性的评价，重在为学校发展、为教师专业化成长、为教育行政决策提供诊断性服务。

正是因为对传统调研有效实施了“专业化”的改造，督评一体化调研呈现创新气象，这个项目在2012年推出时，就被浙江省教育厅教研室评为“教研工作亮点特色项目”。

【资料链接】

某学年第一学期督评一体化调研工作方案

1.调研目的

为进一步提升区域教学质量，落实教育学院“服务每一间教室”的要求，本学期将以学生学习品质提升为重点，进一步优化和推进全区第二轮督评式一体化综合调研。重点关注学生学习兴趣的激发、学习习惯的养成和自主学习能力的培养；深入了解和发掘学校在教学管理中的有效举措和创新举措，与学校共同研究提升学生学习品质、提升教学质量的策略和办法。

2.调研主题

主题：提升学生学习品质，提升学校教学质量

主要内容：

(1)学校和教师如何激发学生的学习兴趣。

(2)学生学习习惯如何培养以及学校是否建立学生学习常规。

(3)教师备课中如何体现对学生自主学习能力的培养。

(4)课堂教学中如何培养和提升学生的自主学习能力。

(5)学生作业如何体现自主学习的要求。

(6)学科教研和集体备课对课堂教学中如何组织学生进行学习活动的研究。

(7)校本培训中如何加强教师对学生学习品质提升的培训。

(8)学校教学评价中如何评价学生学习的品质和能力。

3.调研对象

继续实行学校自主申报和教师教育学院协商确定的方法。

4.调研形式及要求

(1)课堂观察：研究员在学校蹲点一周，根据学校以及教育学院对学科跟踪的要求，深入课堂，观察课堂教学中教师如何激发学生的学习兴趣，如何培养和提升学生的自主学习能力。力求学科组全面听课，认真填写听课观察记录，对教师课堂教学给予科学评价(优、良、一般、待评四个等级)。对学校该学科课堂教学总体情况进行定性描述。

(2)参与教研活动和集体备课活动：实地、全程参与一次学科教研活动和备课组活动，对学校学科教研活动和集体备课活动进行调查了解，了解团队如何开展课堂教学中组织学生学习活动的研究，进行科学评价(给出优、

良、一般、差等)，并对学校学科的教研活动开展情况进行定性描述。

(3)查阅教师备课本和作业的设置评改情况：按照教学常规的要求，查阅教师备课情况，重点关注备课中如何体现对学生自主学习能力的培养。检查作业的设置与评改，重点关注作业如何体现自主学习的要求。对这两项检查给予科学评价(优、良、一般、差等)。

(4)师生问卷调查：科学设计问卷，在部分班级、学生、教师中采取问卷调查形式，了解学生学习常规建立、学校在校本培训中如何加强教师对学生学习品质提升的培训、学校教学评价中如何评价学生学习的品质和能力等相关情况。调查结束后，及时进行调查分析。

(5)管理人员访谈：与学校分管教学领导、教导主任、校本培训负责人、教科室主任、学科教研组长等座谈，了解学校教学管理、校本培训、科研中关于提升学生学习品质的做法和创新举措。访谈结束后，及时形成书面报告。

(6)交流反馈：采取个别交流与整体反馈相结合的方法。研究员和上课教师进行个别交流，肯定成绩，指出问题，分析原因，探究对策。调研结束后向学校教学管理团队反馈此次调研的整体情况，并提出整改意见。

(7)形成报告：调研结束后，每位研究员就任务和职责写出个人单项调研报告，并附交各类相关调研材料。在此基础上学科牵头人对每个被调研的学校形成学校调研报告。最终，部门负责人综合形成本轮综合调研报告。

5. 调研方法

(1)统一调研与蹲点联系相结合。教育学院根据具体情况和校园申报开展深入统一的综合调研，同时根据学院的安排落实蹲点联系学校的定期调研。

(2)综合调研与专题调研相结合。以综合调研为主，同时针对教育教学中某些环节或问题适时进行跟踪专题调研，也可根据学校需求进行个别学科的专题调研。

(3)教学调研与研训要求相结合。教学调研在对学校教学管理进行检查指导的同时，还要深入教研组、教导处、教科室参与教研、科研、校本培训活动，以此促进教育教学质量的不断提高。

2. 团体形式的课堂观察法

这里的课堂观察是着眼于听评课的课堂观察。在课堂教学中，主要的主体包括教师和学生。课堂现场中教师进行的观察包括教师的自我观察和教师对学生的观察，教师对学生的观察包括对单个学生的观察和对学生群体的观察。课堂现场中学生进行的观察包括单个学生对教师的观察、学生群体对教师的观察、单个学生对其他单个学生的观察、单个学生对学生群体的观察。

在第三方介入听课和评课的场景下，又新增了一个观察的维度，即听课者对教师和学生的观察。在第三方介入的情况下，出现了课堂观察的合作体，即听课者和教师学生组成一个合作的团体。这一合作体建立有三个方面的重要价值。第一，建立合作体，有助于改变教师传统的单兵作战的听评课方式。第二，以合作体为组织的依托，可以使课堂观察专业化。第三，有固定的合作群体，使得课堂观察更加有动力，更加可持续。

为了更好地开展课堂观察，有必要进行课堂观察的框架设计。华东师范大学崔允漷教授构建了一个包含“学生学习”“教师教学”“课程性质”和“课堂文化”四个维度的课堂观察框架，对我们科学观察有较好的指导作用。

3. 临床指导法

临床方法首先源于医学领域。它强调对疾病症状持续的面对面的观察和临床分析，所谓“临床目视”。心理学家皮亚杰移植临床方法，系统研究儿童的认知发展，皮亚杰采用的方法是以儿童摆弄实物为主，附之以口头提问，结合现场观察。临床教育和临床教学法是医学的基本方法。临床方法也可以用于改进教师的课堂教学。所谓临床指导法是指导者（包括教学研究人员、专业工作者、专家型教师、准专家型教师）深入课堂，做现场观察、诊断教学行为、促进教师自我分析反思，以增加实践知识的一种专业引领策略。临床指导法包含以下四个操作要领：（1）深入现场，进行高度个别化的灵活指导。指导者直接深入课堂教学的现场，进行一对一的、面对面的指导。指导者要因人而异、对症下药、相机行事。具体说来，问题的性质不同，指导方法不同。学科特点不同，指导要求不同。指导对象不同，指导的重点也有所不同。（2）系统观察，建立及时有效的反馈系统。指导者要围绕目标行为和指导重点，做系统的课堂观察，同时配合以价格低廉的录音机等技术手段，注意从教师和学生那里获得多方面的补充材料。（3）诊断行为，澄清教学问题的症结所在。指导者对教学行动的诊断分析，应建立在教学病理学的研究基础之上。我国学者石鸥将教学疾病分为教学失衡、教学专制、教学偏见、教学阻隔四种类型，并逐一刻画出其症状表现。（4）教师为本，注重教学过程的自我反思。在进行临床指导的过程中，指导者以教师为中心，从教师改进自身教学的愿望出发，进行适当的指导，而不是以指导者为中心，把教学管理者的主观意图强加给教师。指导者的职责在于提供有关教学方法、技术和策略方面的咨询，协助教师收集教学过程的资料，帮助他们从自身的教学实践中获得反馈信息，进行自我分析和自我矫正，引导教师在自我反思中增进实践知识，获得专业成长。

4. 师徒结对、导师指导法

师徒结对一般发生在新入职的新教师或是青年教师当中，由学校或是个人与本校内或是区内富有经验的老教师、名师进行一对一结对指导。导师指导是指正在培养的骨干教师与区内或是区外名师、专家进行结对指导。

师徒结对是各校比较常见的、较好的一种促进青年教师成长的办法和措施，其可谓司空见惯，但正因为此，又会让我们熟视无睹。在教师专业化发展、教师教育学院现代转型的大背景下，为提升师徒结对的实践效果，我们对传统的师徒结对重新进行审视和改造，提出构建新型师徒关系。传统的师徒结对总是比较强调师傅对徒弟的指导、引领，忽视了师傅在指导徒弟过程中也需要并实现成长。构建新型师徒关系，就是要把师徒结对视为微小型学习共同体，强调共同学习，共同成长；并要求建立平等、民主的新型师徒关系，形成师生互爱、互信、互助的良好人际往来。在师徒结对活动中，为了提升师、徒的互动效果，我们还专门开发并实施了师徒结对的培训课程，学习、反思“今天如何做好师徒”，创新地制定了好师徒标准，开展“好师徒”评价、评比活动。

导师指导主要针对的是骨干教师群体，从一定意义上讲也是一种师徒结对。只是结对的形式和指导的内容、方法、手段等方面具有一定的差异。我们在骨干教师培养中，还采取双导师制，导师分别来自区内和区外的大专院校、科研院所，区内的导师重点指导教学实践，区外的专家重点帮助提升科研能力。

（四）做专业的事

专业化追求第四维度，就是要做专业的事。教师教育学院的定位和性质，就决定了其工作的目的、目标和工作的任务、内容，就是要促进教师专业化发展，就是要为教育决策提供专业化咨询与建议，就是要科学解决学校和教师发展中面临的专业性困难和问题。

2014 年，为较好落实《浙江省教育厅关于切实减轻义务教育阶段中小学生过重课业负担的通知》（浙教基〔2010〕127 号）和《浙江省教育厅办公室关于转发省教育厅教研室“小学低年级语文和数学教学要求的调整意见”的通知》（浙教办教研〔2014〕21 号）这两个文件精神，下城区顶层设计、积极推进学科评价改革，特别是积极探索小学低段的多元化、校本化和个性化的评价改革。在这一过程中，如何发挥教师教育学院的专业化指导优势，以专业的方式推进评价改革？学院决定以调研的方式深入研究，再以调研报告的形式，指导学校多元化探索小学低段的教学评价改革，由此，极大地推动了各校评价改革工作，并产生了长江实验学校、青蓝小学等一批全省、全市评价改革的试点、示范学校。下城区小学低段评价改革经验在全省、全市多个会议上交流。

【资料链接】

激发兴趣　夯实基础　发展能力

——低年级语文期末学业评价调研报告

小学低年级（一至二年级）儿童处于由直观形象思维为主向抽象思维发展的关键时期，是从游戏为主的学习转向规范课堂学习的过渡阶段。小学低年级教学应积极主动做好幼儿教育和小学教育的衔接，把创设快乐的学习氛围，激发学生的学习兴趣，使学生初步养成良好的学习习惯作为最重要的教学目标。贯彻落实《浙江省教育厅关于切实减轻义务教育阶段中小学生过重课业负担的通知》（浙教基〔2010〕127 号）和《浙江省教育厅办公室关于转发省教育厅教研室"小学低年级语文和数学教学要求的调整意见"的通知》（浙教办教研〔2014〕21 号）要求。严禁在小学低年级举办任何形式的校外和校内统一考试，遵循小学教育的基本规律和小学生的身心发展特点，减轻小学低年级学生的课业负担，除平时的过程性评价外，期末阶段的评价采用游戏活动形式，让学生在游戏活动中，体验到学习的收获，从而有效提高期末评价的趣味性。对改变一张试卷书面评价的方式为多样灵活、充满趣味的评价，提出了相关的要求。

如何积极探索，推进评价改革呢？为此各校进行了低年级语文期末学业评价的调研。

一、调研时间：2016 年 1 月

二、调研学校：全区各小学

三、调研内容：一、二年级语文期末学业评价

四、调研形式：走访学校与上交评价反馈表相结合（略）

五、调研情况

（一）成功的做法

1. 关注评价过程，平时的过程性评价与期末阶段的评价相结合

改期末一次检测定一学期学业成绩为过程性评价，将平时学习过程与

期末检测结合起来（朝晖实验小学），平时的作业、学习态度、课堂表现占30%，单元测验占30%，期末测试占40%，引导学生要重视平时的作业与练习，养成良好的学习习惯。期末的“模块游考”，重视评价过程，通过一个个模块的评价，学生获得的不仅仅是知识与技能的吸收和掌握，还有过程与方法的经历与体验，更有情感态度与价值观的内化与发展，从而调动了学生参与展示的自主性和积极性，激发了学生更强烈的表现欲望。

2. 关注长效激励，期末参评与期末免考相结合

根据复习阶段的书面练习与检测，成绩优秀的部分同学可以获得免考资格，不需要参加期末的单项游园检测；任课老师根据平时学生的学习表现，也可推荐优秀学生获得免考资格。

3. 关注课业负担，分项分时段评价与集中评价相结合

改期末一次统一检测为将检测评价贯穿于整个期末复习阶段。有的学校在复习阶段将有些板块如拼音、识字、阅读、说话写话等，分项分时段边复习边检测，内容准备相对单一。分项分时段进行监测评价减轻了复习阶段的课业负担，减轻了学生、家长的紧张心理。有的学校采用分项集中，以游园、闯关的形式集中评价，使学生在活动中体验获得学习成果的快乐（见图4-4）。

图4-4　青蓝小学期末评价

4. 关注多种能力，口头评价与书面评价相结合

口头与书面综合评价相结合可以更全面地检测学生多种能力的发展。识字写字评价，以口头方式让学生读一篇小短文，含有本学期所学的100个生字。这既可以考查学生在新语境中认读生字的能力，又可以考查其课外阅读能力；以书面的听写大赛、小小书法家等方式检测学生汉字运用能力。阅读评价，抽读（背诵）一篇（段）课文，读后完成2～3题相关的书面阅读题，通过抽读课文考查学生的朗读水平，以书面题检测学生的阅读能力。以小

组话题式的讨论交流，考查学生学习的参与度与听说能力，以自主选择看图写话的方式检测学生语文综合运用能力。

5.关注学生差异，指定内容与自主选择相结合

学生生活经验不一，知识面不一，喜好不一，为体现学生的差异，更好地发挥各自的水平，在分项评价时，有些项目设置了评价内容的自主选择，如"口语交际"项目，提供2～4个话题，4人小组可任选一个话题讨论交流，教师观察交流过程中每个学生的听与说的情况。又如"写话(二年级)"，提供2～4篇看图写话的材料，学生可依据自己的生活经验、相关知识及喜好，从中任选一个材料进行写话，有利于其发挥自己的真实水平。

6.关注学生发展，一次评价与多次评价相结合

按《语文课程标准》第一学段中的"课程目标与内容"的"识字写字""阅读""写话""口语交际"几个板块进行学业评价，在期末分项分时段评价过程中，如学生不满意自己的评价等级，每个板块可以给予一次再准备再选择再评价的机会。如青蓝青华实验小学每个关卡闯关结束后，孩子们可以获得自己的闯关等级证书。如果小朋友没有获得最高等级证书，还想争取更好成绩，可以向任课教师提出申请再次考级，考级通过后即换取更高级别证书，每项考级最多三次。这种评价方式让每一个孩子都有体验成功和喜悦的机会，在复考中提升自己，体现了以评价促发展。

7.关注全面素养，学科评价与基本技能相结合

学业评价的主要功能是有效促进学生的发展，提升学生的全面素养。学业评价不仅仅停留在考查学生的学科知识，同时也重视考查学生的基本素养，关注了学生的学习习惯和学习态度，如，采用四人小组的形式，在小组长的带领下走进各个模块的考核，充分发挥团队精神，相互合作共同闯关。又如，有的学校如京都小学一年级还设立了"我会系红领巾"这一活动项目，考查学生的基本技能，促进学生良好学习生活习惯的养成。再如，口语交际方面有的学校采用课本剧表演的形式(胜蓝实验小学)，既考核学生对于阅读的理解感悟，又考查学生对小组排练、表演过程中的很多问题的讨论和协调，"人与人"之间交往的和谐与合作；有的学校(德天小学)采用"故事大王"的形式，给出成语，让孩子自己根据成语创作故事，锻炼了学生的想象力，充分展现了低段孩子们无穷的创新思维和活力。通过综合性活动关注学生的自主能力与交往能力。有学生家长(江心岛实验小学)说：这样重过程、关注发展的评价方式，让孩子各方面的能力都得到了锻炼，比单一的书面考试更能吸引孩子。

8. 关注学习兴趣，形式多样与趣味游戏相结合

注重评价形式的多样，有口头评价与书面评价，有单项能力检测与综合运用能力的检测，有学科独立检测与多学科整合的综合检测(见图 4-5)，积极探究课程整合视域下的“主题式”的测评，“嘉年华”活动以中国传统的“新年”为主题，整合成四个板块进行测评，每个板块涵盖了语文、数学、音乐、英语、美术、体育等多门学科，是集综合性、趣味性为一体的期末综合性测评。注重激发学习兴趣，创设快乐的评价氛围，有汉字听写大赛、有小小书法家展示、有游园活动、有闯关游戏、有植物生长“结果”、有小组竞赛抢答、有旅行记等，让学生在游戏活动中，体验到学习的收获，从而有效提高期末评价的趣味性，减轻学生对考试的心理压力。从使用的媒体来看其也体现了形式多样，在使用传统媒体的基础上，增加了现代信息技术多媒体的使用(青蓝小学)，如识字部分运用平板小电脑；绘本看图写话运用微课播放等，现代信息技术的加入，更有效地增加了趣味性和选择性。

图 4-5 长江实验小学综合检测

9. 关注评价多元，教师评价与学生家长参评相结合

“模块游考”改一张书面试卷教师定成绩为集综合性、趣味性、探索性为一体的从师、生、家长三个角度对孩子的学习成果进行评价。许多学校在测评活动中都有家长志愿者参与。这样的测评活动让家长真切地了解学校教育教学变革与创新的新举措，特别是对当下低年级的学科评价有了客观的认识。同时其借助家长、专业人员等适当参与评价活动，以争取社会对学生语文学习的更多关注和支持。

(二)问题与建议(略)

三、内容体系:个性化

个性化,顾名思义,就是非一般大众化的东西。个性化服务最早起源于企业,是企业通过为顾客提供具有个人特点的差异性服务,或是提供有自己个性和特色的服务项目,以便让接受服务的客人有一种自豪感、一种满足感,从而留下深刻的印象,并赢得他们的忠诚。个性化服务理念的形成是服务业日益加剧的竞争带来的结果。

随着教育改革的深入推进,课程、教学方式、评价等改革全面展开,教师研训的需求越来越多元化和个性化,教师专业化发展越来越趋向特色化和特长化。传统的研训教活动都是以学科建班,不分年段,不分层次,就是同一学科"一群人""赶鸭子式"研训教,其研训教效果可想而知。研训教机构如何面对这种挑战,提升研训教品质,并以此为契机让转型真正而有效地发生?

2014年,学院提出了实施个性化的转型要求,要求树立"以师为本"理念,建构以教师需求为导向,以保证教师选择权为核心,以小班化和个别化为主要形式,在均衡服务基础上通过差异化、个别化的服务,较好满足学校、教师需要,提高教师专业发展研训教的针对性和研训教方式的有效性。

个性化研训教的提出可谓是一项创新,三点变革:研训教机构的精准化研训、区域教师的合作化研训教以及教师个体的特色化发展。其中,教师个体特色化发展是目标,精准化研训教是要求,合作研训教是手段,三者构成一体两翼的协同、互动关系。

区域研训教个性化服务,在具体实践中,体现出以下主要特征:

师本性。现代研训教体系建设,首先是思想、理念体系建设,是人的观念的更新。研训教机构为教师、学校发展服务,就必须要切实树立以校为本、以师生为本的服务理念。在此理念的支撑下,学院和研究人员才会真正以学校、师生需求为出发点,才会努力寻找适合教师专业化发展的内容、手段、方式方法,才会尊重每一个教师并与他们建立平等、合作的良好关系,建立成长共同体,与此同时,也才能有效促进研究员的专业化成长,才能真正实现研训教机构的现代转型。由此可见,个性化服务,就是促进人本理念落地的较好抓手和载体。

师本理念在区域研训教活动中落地。在教育现代化进程中,人本理念已经深入人心。但也存在很多问题,比如有理念、缺行动,有思想、缺载体,有探究、缺深入,由此导致理念和行为、思想与实践两张皮现象。特别是在年龄结构偏大、行为习惯相对固化、行政化思维主导较为明显的区域研训教机构，以人为本、以师为本的理念真正落地还需要创新载体、抓手不断强化，通过杠杆的力量促进转化。区域研训教机构的人本观念，具体体现为一切为了师生的可持续发展，为了一切师生的发展，以及一切依靠师生来实现发展。实施个性化服务，以师生、学校需求为出发点，以师生发展为旨归，较好地回应了人本理念的核心要义，让人本理念真正落地生根并开花结果。

民主性。民主化是社会变革、也是教育改革的大趋势。随着现代学校制度的建设，行政部门的放权是把权力更多地还给了学校和老师，而不是让渡给中介机构（区域研训教机构）和中间人（研究员）。基层学校的教师也是研究者，在实践层面，他们往往比研究员有着更多的发言权。“互联网＋”背景下，信息传播渠道和信息技术发展，教师获得信息、获得资源以及获得指导与帮助的渠道多元化，“研究员”的地位与作用也相对下降。这些构成区域研训教民主化的外在环境，对研究员走下“主席台”而言是被动态。而来自区域研训教机构个性化服务的实施，则是机构自身的变革，呈现主动态，进一步促进了民主化的发生，这是因为，个性化服务势必需要更多的人来参与，需要更多的资源支撑，需要更好的方式方法来实现，这就对区域研训教组织的变革提出了挑战，就需要打造扁平化学习型组织，创新服务机制，形成良好的民主氛围，调动更多的学校、教师来支持、参与研训教，也需要生产更多的研训教产品，汇聚更多的教育教学资源，让教师有个性化选择的机会和条件。通过个性化服务，也较好地实现区域研训教的普惠价值。因此，基于个性化服务的这种民主性体现在三个方面：一是研训教机构和研究员首先要走下主席台，把自己置于与学校和教师的平等关系中。二是研训教活动要更多地满足、惠及每一个学校和每一个教师。三是让每一个教师和学校都能积极参与到研训教活动中，让每一个教师都有话语权。

多样性。可选择是现代教育的重要特征，课程改革的重要思想就是要实现学生学习的可选择。学生的可选择，给教师的专业发展提出了巨大挑战，原先单一的、可预见甚至可复制的教育教学内容，教师可以发挥、创造的空间很小。伴随课程改革、评价改革不断深化，要满足学生的可选择，教师、学校必须提供可选择的课程和内容，可选择的方式、方法，因此，教师的终身学习和可持续发展能力面临前所未有的压力，与此相关的专职于教师专业发展的教师教育学院必须负起责任担当。可选择、个性化必须有多样性做保障，没有多样性，没有丰富性，就没有可选择，个性化就无从实现。反之，当个性化真正实现后，研训教生态的多样性也就自然呈现。研训教的多样性具体体现在学校、师生等服务对象的多样、需求的多样、方式方法的多样和结果、评价的多样。

精准性。由于每个学校、教师的发展阶段有异，发展方向各不相同，面临的困难和问题也不尽一样，从而对研训教需求也就各有不同。传统自上而下一刀切、大一统的研训教模式，那种基于研究员本位或是教师教育学院本位提出的模拟问题和需求，在教育教学改革、创新大力推进的今天，越来越不适应和满足学校和教师的发展需求，也受到了诸多的质疑与诟病。我们提倡的研训教个性化，就是要发现差异、了解差异并尊重差异，因材施训，因需施策，精准服务。

个性化研训教和服务的核心和根本矛盾是需与供，持续、深入推进个性化研训教和服务，就必须科学、有效解决好这一相辅相成、相互促进的矛盾。

正如一枚硬币具有正反两面，如果我们把需求侧当作硬币的正面，其实施要求所表现的主要特征就是要“从一群人的服务转向一个人的服务”；把供给侧当作硬币的另一面，解决需求矛盾的方法特征正好切换为“从一个人的服务转向一群人的服务”。当然，这里“人”的对象各有所指，前者所指的是需求侧的教师，后者是供给侧实施研训教的人员。

（一）需求侧：“由一群人的服务转向一个人的服务”

个性化服务的实施首先必须转变服务观念。在传统研训教活动中，我们总是一个研究员带领区域一个学科几百人的教师开展“一锅煮”“一刀切”的研训教活动，这种方式操作简单、实施方便，但针对性、实效性较差，区域研训教活动如何小班化、如何个性化，真正实现为每一个教师的发展服务，就必须在研训教形态上发生根本转变，实行“一群人的研训教转向一个人的研训教”。

1. 个性化服务主要模式

（1）菜单选择模式

所谓菜单选择模式即研训教机构根据教育教学改革的方向和要求，根据学校、师生现实的或是潜在的需求，本着“缺什么，补什么，需什么，供什么”的原则，尽可能开发较多的研训教产品，形成可供选择的服务菜单，为学校和师生提供个性化服务。我们实施的菜单选择服务模式，是一种自上而下、上下结合的个性化选择服务模式，操作步骤如下：

一是全面了解需求。研训教活动必须坚持需求导向。精准的需求预测，离不开全面、深入的调研，离不开研究员专业、敏锐的预判能力，只有这样，我们开发的菜单，才是有效的、富有“营养”的菜单。前面我们已经讲到通过督评一体化综合调研、专项调研、蹲点联系校园、各学科自主调研等多种途径，建立经常性、及时性的需求了解渠道，通过问卷调查、座谈访问、教学观察、常规检查等需求了解方式，同时也根据研究员工作大数据以及经验的预判等，对学校和教师的需求有比较全面的了解。

这里要特别强调一点的是在信息化时代，学院着力构建“教育＋互联网”的研训教环境及方式，特别是通过教育教学大数据充分了解教师、学校的个性化需求，以数据、信息驱动研训教服务，因此，庞大数据的支持让个性化服务有了更好的延伸和更大的价值。

二是精心制作研训教“菜单”。“菜单”既要充分考虑教师、学校现实需求，也要充分考虑未来教育教学改革趋势带来的潜在需要，使区域研训教具有引领、带动价值。既要考虑教师核心素养的形成，也要认真考虑营养丰富和均衡搭配，因此，“菜单”要科学、合理，要有课程思维。如学院的新锐青年骨干教师课程模块，就是在充分调研与专业研究后，制作了课程模型（见图4-6），用于指导具体课程菜单的定制。

图 4-6　新锐青年骨干教师课程模型

由于学校、教师乃至学生的需求是多元的，也势必造成碎片化现象，研究员如何梳理和统合，需要智慧。这种整合方法主要有两种：一种是借鉴肯德基、麦当劳套餐模式，实行“主食＋配餐”的方法，在主食与配餐中再提供可选择的内容。这样，既较好体现了教师的选择权，又兼顾了研究员的主导与引导。另一种方式是“专题式菜单”，以专题为主线，贯穿多元需求，涵盖众多教师、学校，整合碎片化要求。

如学院在新锐青年骨干教师培养中，根据前面课程模型进一步制作了

"富氧课程菜单"(见表 4-1)。

表 4-1　新锐青年骨干教师课程菜单

<table>
<tr><th colspan="2">培训模块</th><th>主要内容</th><th>培训方式</th><th>课时数</th></tr>
<tr><td rowspan="15">第一学期60学时</td><td>前期诊断</td><td>学员培训前的课堂教学及科学研究能力的综合评估</td><td>会诊式(分五个学科进行):听课、论文点评(中小语、小数、中小英科、中小音体美、幼儿)。通过分析、诊断提出整改意见</td><td>每组 4 课时</td></tr>
<tr><td rowspan="7">教师的职业规划和发展</td><td rowspan="2">教师专业发展的目标与路径</td><td>系统培训式:学术讲座</td><td>4 课时</td></tr>
<tr><td>助产式:由各学科导师主持,分学科结合自身特点,以小组形式进行交流。增强自身发展意识和信心</td><td>每组 4 课时</td></tr>
<tr><td>教师的学习文化——如何阅读一本书?</td><td>系统培训式:学术讲座</td><td>4 课时</td></tr>
<tr><td>特级教师成长经历解读(幼儿、小学、初中各若干位)</td><td>学术沙龙式:分学科由各学科导师安排,进行采访和对话交流。分享特级教师的成功经验和体会</td><td>每组 4 课时</td></tr>
<tr><td>教师的反思能力与不同发展阶段的反思指向</td><td>系统培训式:学术讲座</td><td>4 课时</td></tr>
<tr><td rowspan="2">我的职业发展规划</td><td>自主发展式:制定发展规划</td><td>4 课时</td></tr>
<tr><td>助产式:由各学科导师主持,分学科结合自身特点,以小组形式进行交流。加强自我认识,明确自我定位</td><td>每组 4 课时</td></tr>
<tr><td rowspan="3">本体性知识和教学法研究</td><td>结合学科确定进一步加强学习的本体性知识内容</td><td>学术沙龙式:分学科研究教材,在此基础上,确定本学科需要拓展和提升的知识内容</td><td>每组 4 课时</td></tr>
<tr><td rowspan="2">学科本体性知识的提升和拓展</td><td>系统培训:学术讲座</td><td>每学科 4 课时</td></tr>
<tr><td>模拟面试过程:结合教材阐述某一知识点在整个学科中的地位和作用,及本人对这一知识的深入理解</td><td>每学科 4 课时</td></tr>
<tr><td rowspan="4">教育科研培训</td><td>文献检索理论指导</td><td>系统培训式:学术讲座</td><td>4 课时</td></tr>
<tr><td>文献检索实践操作</td><td>自主发展式:上机操作。通过独立上机检索文献,真正掌握文献检索技术</td><td>4 课时</td></tr>
<tr><td>行动研究理论指导</td><td>系统培训式:学术讲座</td><td>4 课时</td></tr>
<tr><td>行动研究实践操作</td><td>学术沙龙式:由专家主持,分学科进行经验交流</td><td>4 课时</td></tr>
</table>

续表

<table>
<tr><th colspan="2">培训模块</th><th>主要内容</th><th>培训方式</th><th>课时数</th></tr>
<tr><td rowspan="11">第二学期60学时</td><td rowspan="3">教育心理学理论培训</td><td>认知学习理论的案例分析</td><td rowspan="3">系统培训式：学术讲座、案例教学</td><td>4课时</td></tr>
<tr><td>人本学习理论的案例分析</td><td>4课时</td></tr>
<tr><td>行为学习理论的案例分析</td><td>4课时</td></tr>
<tr><td>本体性知识和教学法培训</td><td>学科本体性知识的提升和拓展</td><td>系统培训：学术讲座、学术沙龙</td><td>每学科12课时</td></tr>
<tr><td rowspan="2">个性化教学风格培训</td><td>教学特色、教学风格理论学习</td><td>自主发展式：分学科开展读书交流活动，通过自主阅读、自我反思，实现自我促进</td><td>每组4课时</td></tr>
<tr><td>著名特级教师教学风格研讨</td><td>系统培训式：案例教学</td><td>4课时</td></tr>
<tr><td rowspan="5">教育科研培训</td><td>项目化运作</td><td>系统培训式：什么是项目化运作</td><td>4课时</td></tr>
<tr><td>项目化运作实践操作</td><td>学员自己策划，确定牵头负责人及项目组成员。设计项目规划书并组织实施。将参训者在教学工作中的问题和困惑转变成项目课题</td><td>每组8课时</td></tr>
<tr><td>项目课题选择与设计指导</td><td>系统培训式：学术讲座</td><td>4课时</td></tr>
<tr><td>项目课题选择研讨</td><td>分学科由项目负责人主持，进行分组研讨</td><td>每组4课时</td></tr>
<tr><td>项目课题设计与申报实践</td><td>课题探究式：由各学科项目负责人主持，分学科以小组形式进行交流，对项目课题进行深入研讨，由组内成员进行修改完善</td><td>每组8课时</td></tr>
</table>

续表

培训模块		主要内容	培训方式	课时数
第三学期60学时	教师专业发展	我的压力与困惑	团队辅导式：由专业心理学老师主持全班活动。通过团体成员之间的互动，促使个体在交往中认识和探讨自我，激发潜能，增强适应能力	4课时
	教育心理学理论培训模块	了解与激励学生的理论与技巧	系统培训式：学术讲座	4课时
			研讨课式：分学科由各学科导师主持，结合课堂实践分组研讨	每组4课时
		学生学习风格差异与学习指导	系统培训式：学术讲座	4课时
			研讨课式：分学科由各学科导师主持，结合课堂实践分组研讨	每组4课时
		有效教学的理论与实践	系统培训式：学术讲座	4课时
		生成性课堂教学设计探索	系统培训式：案例教学	4课时
			研讨课式：由各学科导师主持，结合课堂教学实践活动进行研讨	每组4课时
		创建富有成效的学习环境——课堂管理	系统培训式：案例教学	4课时
			研讨课式：由各学科导师主持，结合课堂教学实践活动进行研讨	每组4课时
		有效课堂提问策略	系统培训式：案例教学	4课时
			研讨课式：由各学科导师主持，结合课堂教学实践活动进行研讨	每组4课时
	教育科研培训	项目实施报告交流与点评	课题探究式：由各学科项目负责人主持，分学科以小组形式进行交流，再由组内相关成员进行修改完善	每组4课时
		文献综述论文交流与点评		每组4课时
		模拟面试过程	重点为结合学员的项目化主题的答辩	每组4课时

续表

培训模块		主要内容	培训方式	课时数
第四学期60学时	教育心理学理论培训模块	课程观的案例解读	系统培训式:案例教学	4课时
			学术沙龙式:由各学科导师主持,结合学科特点,分组交流	每组4课时
		不同教材的比较研究	学术沙龙式:由各学科导师主持,结合学科特点,分组交流	每组4课时
			“小先生”式:挑选各学科学员代表,在全区学科教师中做观点小报告,起辐射引领作用	每组4课时(学科根据挑选的学员代表确定)
		我对教材的创造性运用	模拟面试过程:由各学科导师主持,结合学科特点,分组交流。内容为“我对教材的处理”	每组4课时
			“小先生”式:挑选各学科学员代表,在全区学科教师中作观点小报告,并分别与自己学校教研组的一名年轻教师结对,通过带徒研修,促进师徒共同进步	每组4课时(学科根据挑选的学员代表确定)
	个性化教学风格培训	特级教师引领、示范(这个环节也可放在第二或第三学期进行)	学徒式:由各学科导师负责,邀请各学科特级教师和学员结对一起备课、上课	按照实际学科,每学科12课时
		课堂教学研究(这个环节也可放在第二或第三学期进行)	同伴互助式:导师负责,同学科学员一起备课、说课、研课	按照实际学科,每学科4课时(单个学员建议在本校教研组进行)
			研讨课式:由学科导师负责,组织学员一起备课、上课、研课	每组4课时

续表

培训模块		主要内容	培训方式	课时数
第四学期60学时	个性化教学风格培训	优秀课堂教学展示	“小先生”式：由各学科导师负责挑选各学科学员代表，在全区学科教师中上展示课，并指导和自己结对的年轻教师在自己学校开设公开课一节。通过带徒研修，促进师徒共同进步	每组4课时（要求各学科都有老师上课）
	教育科研研修模块	项目化研究报告交流与点评	学术沙龙式：由各学科项目负责人主持，结合学科特点，分组研讨	每组4课时
		成果的诊断	课题研究式：分学科由导师负责对学生的科研成果进行指导，提出修改意见	每组4课时
		论文答辩	分学科进行	每组4课时

三是方便、快捷点单。在菜单公布后，教师、学校根据自己的需求开启选择模式，并通过网络采取网上点菜的方式实施选择。学院和学科研究员会对选择情况进行梳理，结合教师的点单，紧扣教育教学改革和教师专业化发展的需要，最终确定本年度或者本学期的A、B班研训课程。

四是实施分类研训教。根据教师的菜单选择，采取模块化和课程化两种主要方式，确定A、B两种课程，将参加研训教的教师分成A、B班，实施错位安排，差异研训教。比如，这周统一安排A班教师开展研训教，下周安排B班教师实施研训教。

这种AB课程、分类研训教的方式使每一个教师的需求受到关注、得到重视，并得到了一定程度的满足。教育教学的实际问题、困惑得到正视，并通过共同研训教较好地得到解决，因此，教师参与研训教的积极性大大提升。同时，隔周实施的分类研训教，有效避免了一个学校同一个学科的教师、在同一个时间段集中出来参加区域研训教的问题，在一定程度上也缓解了一直困扰教师研训教的工学矛盾问题。

菜单选择服务模式，虽然体现了个性化服务的要求，呈现出个性化服务的基本特征，但从具体服务方式来看，表现为从“大一统”向“小一统”过渡的特点，仍然无法真正满足每一个教师、每一所学校的更精细、更精准的服务要求。因此，个性化服务还需探索更多、更好的方式方法。

(2)订单定制模式

所谓个性化定制服务,就是教师和学校基于研训教的真实问题,基于教师的真正需求,而向研训教部门和学科研究员提出的服务“订单”,研训教部门和学科研究员经过科学梳理,有计划、有针对性地开展教研指导的一种研训教服务方式。这种个性化定制服务,改变了传统的自上而下的行政化运作方式,更加注重以学校、教师为本,注重问题导向,注重需求驱动。

从 2014 年下半年开始,学院推出了以个性化为主旨的研训教定制服务,得到学校、学科教师的积极、热烈响应,也得到学院研究员和各部门的高度认可与积极参与。通过三年多的探究实践,操作流程逐步清晰,实施过程日渐规范,实施效果逐步显现。

个性化定制服务的基本理念、基本流程和运作模式如下:①树立一个理念:服务每一所学校、每一个教师。②明确两个要求:基于教育教学的真实问题,基于教师的真正需求。③把关三个操作流程。

流程一:精准化定制。在上一学期结束或新学期初,学院分别向学校和教师发放“研训教工作个性化服务定制单”(见表 4-2),动员学校和每一个教师认真填写并及时上报。

表 4-2　学校、学科教师研训教工作个性化服务定制单

预定的对象(具体学科、学段或是部门)	定制服务的具体内容;相关服务要求;有关服务建议。	定制学校或个人及联系方式

流程二:精专化服务。各学科研究员和学院各部门对学校和各学科教师提出的订单进行认真梳理,分类整理。然后根据“订单”科学制订服务工作计划和安排,对每一个“订单”要注重“量身打造”“因材施教”,用专业的方法指导与服务。为避免个性化导致的工作量骤增,影响服务进度与服务品质,我们着力探究了四种“结合”的路径:分散与集中结合,对部分共性问题集中指导与服务,对个别问题个别解决;线上与线下结合;教师上来与研究员下去结合;研究员个人与教研骨干、教研共同体等团队解决问题相结合。

流程三:科学的评价反馈。个性化定制服务实施情况如何?效果如何?教师、学校是否满意?针对这些问题必须建立科学、及时的反馈机制,以促进工作的不断改进和完善。学院实施了专项调查和综合评价相结合的办法，科学考核、评价学院各部门和研究员个性化定制服务的实施情况。

学院对各部门、各研究员开展的各有特色的个性化服务情况进行专项调查与评价反馈(见表4-3)。

表4-3　下城区教师教育学院个性化定制服务评价反馈单

为更好地服务校园、服务师生，扎实实施“服务每一间教室”行动计划，教师教育学院前期开展了个性化、精准化、预约式的定制服务的征集，得到了学校和教师的积极支持和配合，在此深表感谢。经过一个学期的个性化服务后，实施如何？效果如何？我们准备进行相关的调研调查，请各校(园)和教师按照表格相关内容，实事求是进行填写。谢谢合作！

提供定制服务的部门或研究员	定制服务的内容	学院部门及研究员服务的情况(服务的对象；服务过程、方式、方法；服务效果等)	服务情况的整体评价	校园联系人(姓名及联系方式)

综合评价即学院每年对研究员实施服务对象的全员、全方位的评价，通过“研究员服务满意度问卷调查”方式，从服务意识、指导能力、研训教质量和综合评价四个维度和指标进行满意度等级调查，调查结果也成为个性化定制服务可参考的重要指标。

除了评价、反馈等手段以外，为了进一步提升个性化服务的质量和水平，我们还组织开展个性化定制服务案例评选，组织教师在《每周讲坛》上展示、交流个性化服务的创新举措等，这些措施都较好地推动了个性化定制服务的全面、高质量的实施。

个性化定制服务实施之后，较好地促进了“四个转变”：

一是变“自上而下”为“自下而上”，促进了研训教工作方式的民主化。由于个性化定制服务从机制上保证了基层学校和教师话语权、主动权，畅通了教师和学校的需求表达渠道和路径，定制的内容来自于教育教学第一线的实际问题和困难，促使区域研训教机构和研究员调整了工作姿态和状态：眼睛向下，身体前倾，脚踏实地，走进学校，走进课堂，走进师生当中，从而使研训教工作更加趋于民主化，更加具有针对性和实效性。

二是变“大锅饭”为“开小灶”，使教研工作更加人文、个性、精准和有效。个性化定制服务，真正使以研究员为中心的、“一群人”一起的、一锅煮的研训，变成以教师和学校为中心、为每一个教师服务的研训活动，研究员与每一个教师、每一所学校都要建立良好关系。

三是变“模拟问题”为“真实问题”，使教研工作更有针对性。

四是变“浮萍式”教研为“扎根式”教研，使教研员更能直接面对教师，面对课堂，促进教研员工作作风的转变。

(3)个别化服务模式

个别化服务是在普遍性服务基础上实施的针对个别学校、个别教师的一种针对性、差异性服务。其与订单定制服务有共同点、交叉点，但也有不同点，前两种个性化服务，侧重以需求为导向，而个别化服务侧重以对象为标准，因此，成为菜单选择和订单定制之外的另一种个性化服务方式，也是前面两种模式之外较好的个性化补充服务方式。

一般来讲，这种个别化服务的主要对象是特色学校、特殊教育学校或是特长教师、较为薄弱的教师。特别是个别化服务要针对优秀教师做好特色化凝练指导与服务，帮助教师个性化、特色化发展，这是个别化服务的重要任务。

2. 实施个性化服务面临的主要困难、问题

个性化服务确实对学校发展、对教师的专业化成长、对研究员的终身学习以及对教师教育学院的现代转型，都具有非常积极的意义和价值，带来的变化也是非常明显的。但其也存在较多的困难和问题：

第一，过于分散的个性化服务会大大增加学院和研究员服务成本和管理的复杂程度。具体表现在三个方面：

一是需求多，人手少。一方面，下城区域范围内有几十所中小学、幼儿园，从学段来讲涵盖从幼儿园到初中，从学科来看涉及几十个学科，从服务对象来讲将近有4000位老师。这样一种研训教生态，研训教需求既旺盛又千差万别。另一方面，研训教机构本身就存在编制不足、人手不够、经费紧张等一系列问题。要真正科学实施、高效实施、可持续实施个性化服务，还需认真研究，必须大力创新服务方式。

二是活动多，时间少。实施个性化服务之后，研训教活动频次和时间都会较大幅地增加，而无论研究员组织研训教活动的时间，还是学校教师能够走出来参与研训教活动的时间，都是有限的，工学矛盾会更加突出。

三是问题多，方法少。个性化服务也是基于真实问题、真实需求的服务，一个研究员面对几百个教师提出的各式各样的问题，要想妥善解决，真正满足每一个教师的个性化需求，确实会相当困难。

第二，并不是所有的个性化服务都有价值或有较高的性价比。特别是在研究员人手紧张、任务繁多、课程改革等中心工作要求较高的情况下，个性化服务也要有价值判断，有其选择性，也要通过多元化方式去满足教师需求。个性化服务如果实施不当，很容易引起研训教机构和研究员顾此失彼、力不从心等问题。对学校和教师来说则可能因为过于复杂的选择而不知所措，甚至产生反感情绪。因此，个性化服务不应简单地强调形式，服务的内容、服务的效果、服务的方式方法才是最重要的。

这些困难和问题的出现，以及对这些问题的深度思考，让我们认识到只有用改革的新视角、新思维才能有效化解这些矛盾与困难。

（二）供给侧："由一个人的服务转向一群人的服务"

2016 年，国家提出了实施供给侧结构性改革，强调从提高供给质量出发，用改革的办法推进结构调整，矫正要素配置扭曲，扩大有效供给，提高供给结构对需求变化的适应性和灵活性，提高全要素生产率，更好满足广大人民群众的需要。

个性化服务过程中的矛盾与困难，本质上讲就是供需矛盾，特别是供给侧结构性矛盾：一方面，教师和学校都非常欢迎个性化、个别化研训教，学校和教师参与研训教的积极性大大提升，个性化需求旺盛。另一方面，供给侧却严重不足，研究员一人难敌四手，严重影响了个性化研训教有序、高效、可持续的实施。

因此，学院和研究员在转型过程中，应开启供给侧改革、协同创新。以逆向思维方法，将"一群人的研训教转向一个人的研训教"所产生的问题，通过建构"从一个人的研训教转向一群人的研训教"的合作研训教新模式，让更多人参与，提供更多、更好、更快的供给，从根本上改变小马拉大车的不利局面。

学院个性化服务的重点是个性化研训教。以实施个性化研训教为指向，着眼供给侧改革的合作研训教，学院在具体实践中建立起四大支撑。

1. 理念支撑：树立研训教民主观，建立平等、民主的研训教人员关系

区域传统研训教的组织架构，较多的是一个学科一个研究员，一个研究员指导、服务一个学科的教师。这种一人在上、百人在下的不良层级结构，

一个人统领一群人的“小马拉大车式”的教研模式，以及“一人说了算”的一言堂教研方式，在长期的研训教实践中，使研究员与基层学科教师，事实上就形成了一种变相的“师生”、师徒关系，甚至是领导与被领导关系。这种金字塔形关系，不利于研训教机构去行政化、强专业化，妨碍了研训教工作的民主化，较大程度影响了教师参与研训教的积极性，影响了研训教质量和效率，最终也制约了研训教机构的改革与发展。

现代研训教，首先必须是研训教人的思想观念的现代化，并由此建立新型的教研关系，创新研训教模式。在研训教转型中，教师教育学院重新审视，研训教工作的理念与研训教工作中人际关系等存在的不匹配、不给力等问题，并及时加以更新。一个人的研训教向一群人的研训教转变，关键是研究员和全体教师研训教民主化理念的更新和转变，并由此强化研训教工作的人本性，凸显多样性，增强研训教工作的选择性。

学院理解和强调的研训教民主化至少包括三层含义：

一是为了每一个师生，实现研训教工作的普惠价值。研训教工作必须涵盖所有的学校，惠及所有的师生，触及教育教学改革中所有的问题。研究员要秉持公平、公正的原则，有强烈的服务意识，为每一个教师的专业化发展服务，为每一个学生的可持续成长服务。特别是在当前以选择性为主要特征的课程改革中，个性化问题日益突出，师生需求呈现多元化、多样化特征，传统由“一个人”主导的研训教模式是无法也无力实现这种普惠价值的。

二是让每一个教师参与研训教，凸显教师的主体地位。现代研训教必须牢固树立“以教师为中心”的研训教观，教研目的、内容、方式、方法等，都由教师决定。研训教活动应该由教师自主策划，自主实施。研究员的主要作用在于为教师的教研创造良好的人际关系和提供资源保障。这种研训教过程，不是把教师当成被动的接受者，而是把教师看成主动的探求者、资源的拥有者和智慧的贡献者。参与式研训教，也最大限度地保障了研训教民主的落实。从这个意义上讲，现代研训教必须实施赋权，每个教师都是研究员。这样的研训教，才是真正“一群人”的研训教。

三是营造平等的人际关系，建设合作分享的研训教文化。参与式研训教是一个系统的、互动的过程，所有研训教参与人都要平等地参与。研究员个人要摒弃行政思维、威权意识和管理惯性，也要在研训教团队中打破画地为牢、“文人相轻”的桎梏。要与全体教师一道建立民主、平等、和谐的专业关系和人际关系，并努力通过自身专业发展、素养的提升，成为教师平等中的首席，充当好研训教活动的协调者、促进者、顾问等角色。只有平等，才有

"一群人"的凝聚，才有扁平化的合作，才有互助与分享的研训教文化积淀。

研训教转型，重要的是研训教民主化理念的转变，是全体教师参与研训教积极性和主动性的激发，并由此实现由一个人的"高冷态"转向接地气、给力的群体态。

2. 组织、管理支撑：学习型组织与扁平化管理

一群人研训教的实现，重点在于建立组织支撑和保障。必须要对传统等级森严的纵高型组织进行结构化变革，建立以教师为本、合作学习为导向的扁平化组织架构，强化教师之间横向互动和交流，一方面让每个教师都有提案和参与的机会，有利于发挥每一个教师的创造性与积极性，凸显教师教研的主体地位和主体作用，加强了教师的合作学习与研究，体现分享与互助；另一方面又促进了研训教信息的快速传递与流通，使研训教随时发生、随需发生、适时互动，真正缓解教师在教学一线中面临的"在线""急等"的状况和问题。同时，便于集中大家智慧的扁平化组织，也较大程度提升了研训教质量和水平。

研训教组织按其性质可分为行政组织、学术组织与社团组织。随着互联网技术的运用，又出现了虚拟社区组织。这些正式组织以及非正式组织，形成良好的互补关系，共同繁荣、活跃着我们的研训教，促进教师的专业化发展。

基于这些思考与观念的更新，在扁平化研训教组织建设中，基于不同功能的实现，学院主要有以下探索路径：

第一，聘请兼职研究员，增加研究员点的分布与覆盖。兼职研究员身处一线，在教师当中，能更准确把握教学的问题，更及时了解教师的需求，更便利地与教师沟通研讨。同时，这一举措也激发了兼职研究员自身专业化成长的责任感和紧迫感，在研训教实践中也实现着自身的专业化发展。

第二，建立学科中心组，打造学科骨干团队。以学科研究员、兼职研究员等为核心，加上学科骨干教师，建立10～15人的学科中心组，开展学科教学研究。

第三，建立片区研训教联盟。根据学校地理位置，按照相近、便利的原则，区域教研机构牵头，划定学校研训教片区，实行自主运作、主持轮值的办法。片区研训教联盟与区域教研机构、学校研训教组织共同构成三级教研网络。这种分权式设计较大程度降低了研训教重心，有助于实现扁平化。

第四，建立区域研训教共同体。根据学校和教师需求，几个学校之间甚至几个研训教组之间自愿组建研训教共同体，共同研究和探讨某方面的教

学问题。比如，下城区九年一贯制学校较多，为探讨九年一贯制教育、教学问题，组建了九年一贯制学校教研共同体，在区域教研机构指导下，科学实施了九年一贯课程衔接研究与实践，效果显著，教学质量逐年提升，同时，研究成果丰富，已出版了语、数、英、科等四门学科课程衔接的研究成果。再如，在科研工作中，学院科研部门打造了"学术大讲堂"、科研共同体、小组工作坊等共同体。

第五，建立教研沙龙、教研社团组织。这是基于教师个体兴趣、个性化需要，以教师自愿、自发为基础的研训教组织构建，是研训教行政组织的良好补充，同时在教师专业化发展中也发挥着较好作用。如教师的读书沙龙，爱好阅读的教师定期聚在一起交流阅读经验，分享阅读体会。教师的书法、摄影社团，定期开展比赛、展示、展览活动，丰富了教师的教育生活，提升了教师的职业幸福感。

第六，建立网络研训教社区组织。区域教研机构利用互联网组建研训教网络社区和研训教群组织，让每一个教师都能参与其中，并适时互动。

多元化、生态型的研训教组织的良好发育，较好地实现了教师的互助与共享，有效地降低了研训教重心，更多的教师有了平等参与的机会，为学校和教师提供了多样、可选择和适合的教研产品。同时，有力地促进了教研员队伍建设的民主化，打造了以研究员为核心的专兼结合、内外结合、专家与一线教师结合、体制内与体制外师资结合、线上与线下师资结合的开放性、多元化的研训教队伍。

当然，这些组织的培育、成长，以及通过赋权后自主开展丰富多彩、合作分享的研训教活动，一是需要区域研训教机构具有开拓、创新的意识；二是需要科学指导各组织建立相关运行规则；三是要建设促进组织良好发育、正常运转的良性机制。只有这样，才能保障各组织有序、高效运转。

3. 研训教方式创新的支撑：合作研训教

"一群人"的教研，强调的是全员参与、全面参与和全程参与的深度参与方式，让"一群人"参与其中，乐在其中，也成长在其中。因此，学院重点从以下几方面畅通教师参与研训教的渠道，并调动教师参与的积极性。

参与研训教需求征集，合作研制研训教课程。个性化需求征集服务，使每个教师都能参与其中，并能基于反思、基于分析，研究、表达自身教研诉求。改变了传统研训教的自上而下的行政化运作方式，更加注重学校、教师为本，注重问题导向，注重需求驱动。在充分了解教师需求基础上，合作研制年度或学期研训教课程，为研训教的针对性与实效性奠定坚实基础。

参与研训教活动的组织与实施，合力解决研训教问题。参与式研训教与以往的大讲座研训教具有很大差别，它是一种问题导向的研训教，是一种研训教一体化的研训教活动。因此，我们强调教研员必须在真实的情境下，基于真实的问题、基于教师的实践经验组织研训教活动。参与式研训教方式，其研训教过程本身就具有学习的价值和意义。研训教的目的不是为参与者提供一些事实性知识，而是促使教师进行有意识的、主动的、高层次的学习，实现教师研训教的“三维目标”。因此，在研训教过程中，我们研究员较多和较好地使用了小组合作、讨论、对话等研训教方式。参与式研训教注重“自下而上”地获取信息和信息的分享。在这个过程中，学院强调研究员必须走下主讲台，还话语权于教师，平等地与教师对话、交流与分享。

参与研训教管理。成立区域学术委员会、学科中心组、项目组等研训教组织，让更多的教师直接参与到研训教管理中。

4. 技术支撑：教育＋互联网

学院现代研训教的转型实践，其中重要指标就是打造“互联网＋”的智慧化教研，并建设了四大平台：交互式研训教平台、资源库学习平台、大数据研究平台、信息化管理平台。这些平台建设有一个共同特征，就是以互联网技术为支撑，开展以融智为导向的众筹式教研，实现“一群人”的互助与分享，体现了三点创新价值：第一，真正促进研训教理念更新，视每一个教师为教学、教研智慧和资源的拥有者，人人都是智慧投入者，人人都是研训教受益人。第二，提供了新的融智渠道和平台，让更多的教师有机会参与研训教，并贡献资源和智慧。第三，众筹模式的去中间化，促进了扁平化，增强了教师横向、多维、适时的交流互动，促进了研训教信息的快速流动。众筹式研训教，使教师研训教从“专家报告”转向“众筹学习”。

(三)个性化实施的策略

个性化服务的保障，除了前面重点强调的四大支撑之外，科学的实施策略也是个性化顺利实施较为重要的保证因素。以下三种策略值得探究：

一是模块化课程。企业为了满足顾客的多样化需求，生产装配线必须具有快速调整的能力，这种调整能力就体现在产品模块化设计和制造上，企业要尽量实现产品的模块化，它由两部分组成，一部分是所有产品共有的，另一部分是体现产品定制特征的。这样，企业将共同的部分事先组装起来，一旦顾客提出自己的特定要求，便将这些满足要求的部件迅速组装上去，从而可以提高速度和效率。这种个性化服务策略也值得教育特别是教师研训教学习和借鉴。区域研训教机构，可以根据教师专业化发展的要求，进行模块化设计，一部分为通识性、大众化、规范化的研训教模块及课程，另一部分是为学校和教师定制的内容，这种操作策略，可以较大程度提升服务效率，降低服务成本，较好缓解前面所提到的诸多问题和矛盾。

二是分步式推进。个性化服务初期，研训教机构和研究员可以对重点的学校、重点的教师提供个性化服务，或是根据教师、学校提出的个性化需求的内容进行价值评估，然后提供相应的个性化服务，等条件具备之后，再逐渐扩大其服务范围，覆盖每一个学校和每一个教师。

三是小班化运作。个性化分散的单位可大可小，大到一个有同样需求的教师群体，小到每一个教师都是一个个性化需求单位。而过于分散的个性化服务，会增加企业的服务成本和管理的复杂程度，所以要合理掌控和设计个性化服务。小班化模式，是个性化研训教较为可行的操作方式。

下城区创新实施的名师智慧空间站项目，就是较为典型的小班化运作的个性化研训教案例，在杭州师范大学王凯教授、严从根副教授，浙江大学刘徽副教授的精心指导下，其实施三年来成效显著。原教育发展中心主任鲍争志主导研究的实践成果发表在《教师教育论坛》杂志上。

所谓名师智慧空间站，是杭州市下城区创立的，着力实现教学、科研、师训一体化的区域名师梯级培育机制。它是下城区人民政府出台的《关于进一步推进人才强教战略的实施意见》的配套机制。该机制吸收了国内特级教师工作室的有益做法，以名师引领，团队研修为主要活动方式，通过 2～3 年周期的项目研究，着力培养一批中青年骨干教师，使其成为学习型、研究型、专家型名师。每个“空间站”由一名特级教师或拔尖人才领衔，根据相关条件和程序，选拔 10 名培养对象组建成一个名师团队，以“工作室”的方式开展培训、培养活动。每个“名师智慧空间站”配备区内与区外、理论和实践“双导师”，开展小班化培训、个性化指导和跟踪式培养。全区共成立了“10＋2”个名师智慧空间站，每个空间站有 10 名左右的学员，学员来自区域内不同学校。

因此，所谓名师智慧空间站是指以名师培养为目标，以研究项目为载体，采用专家型教师引领，资源整合、开放互动、创新与实践相结合的研修方式，促进研训教三素同构的教师成长共同体。其主要特征有：群体性、多样性、自主性、研训教一体化。

1. 定位及主要特征

第一，是一个微小的学习型组织，具有学习型组织的诸多特征：如非等级权力控制的特征，有共同愿景，实施团队合作学习与自主管理等。空间站的学习特征非常明显，具体表现为：一是全员学习，空间站每个成员包括空间站领衔人共同学习、共同成长。二是全程学习，贯穿于空间站研修的全过程，工作与研修、学习融为一体，工作学习化，学习工作化。三是团队合作学习，赋予学习以群体意义和团体形式，使空间站成员处于一种相互交往的状态。四是组织的学习，空间站本身被当作一种学习系统，具备一套能够推动学校创新、设计发展愿望、诊断教学效能和解决问题的策略。五是校本学习，学习注重联系实际，强调学习和学校改进与发展的联系。六是终身学习，成员具有终身学习的意识、习惯和能力，具有持久的学习信念，同时要为学生未来的终身学习奠基。与此同时，空间站也要求努力创设、营造民主、平等、宽松、和谐的学习环境。构建学习共享系统，形成教学共同体。

第二，是一个名师成长的共同体，具有"群生长"生态特征。空间站是基于共享价值、为了共同目标而共同努力、共同学习、共同发展，具有开放性、凝聚性、共生性和多元化的名师成长共同体，可促进名师"群生长"。着力构建"导师引领、团队互助、个人自主、共同成长"的名师"群生长"新模式，可提升名师梯度培养的效率和效果。

第三，是一个研训教三素同构的研训教平台。名师智慧空间站既要承担项目的研究，又要开展教学的实践，同时还肩负着名师的培训培养，通过研训教三素同构的研训教方式，努力达成成人、成事、成学的空间站工作目标和考核指标。

第四，是一个智慧汇聚、生长与辐射的空间。

第五，是一个基于"互联网＋"的运行平台。

2. 名师智慧空间站运行机制

项目评审机制：上下结合，自主申报，专家评审，授牌建站。

学员的选拔机制：双向选择，自主考核。

运行保障机制：组织保障；政策保障；经费保障；人力资源保障。

成效评价机制：三大创新包括，一是年度"过程性考核"与届满"终结性评价"结合；二是第三方评价的主体；三是实证调查的方法。

3. 名师智慧空间站架构方式

名师智慧空间站由区教育局组织，实行"项目发布—个人申报—评审授牌—实施研修—评价奖励"。

第一，项目发布。区教育局按照区域教育发展规划和要求，采用上下结合、专家指导的方法，在广泛征集基础上科学设置和发布空间站工作项目。

第二，个人申报。领衔人和研修教师的申报，实行个人自主申报与学校（或单位）推荐相结合的办法，申报者须得到学校（或单位）的推荐。空间站的领衔人申报者须为下城好校（园）长、四星级教师、五星级教师和优秀研究员。研修教师申报者一般为一、二、三星级教师和新锐管理者培养对象。

第三，评审授牌。区教育局组织相关专家进行材料评审和现场答辩，通过者由下城区名师智慧空间站创建管理工作领导小组审定，经公示后予以公布和授牌。研修学员由空间站主持人组织相关答辩，答辩通过者由下城区名师智慧空间站创建管理工作领导小组审定，经公示后予以公布并开展研修活动。

第四，实施研修。各空间站领衔人根据自身优势和特长，按照空间站的目标、任务、职责、项目实施方案、工作计划等有序开展研修活动。

第五，评价奖励。空间站考核评价在对象上有空间站建设、领衔人、研修人员和设站学校等，在时间和阶段上分为年度“过程性考核”与届满“终结性考核”。对考核优秀的空间站、领衔人、研修人员和设站学校予以表彰和奖励。同时，建立退出机制，对考核不合格的站、人实行退出办法。区教育局设立专项经费，用于空间站日常运作和奖励。日常运作经费占三分之二，主要用于办公设备添置、图书资料的购置、业务培训、学术考察、聘请专家等。奖励经费占三分之一，主要用于三类奖励：考核优秀的空间站、领衔人、研修人员和设站学校奖励；成果推广奖励；培养名师突出贡献奖励。

4. 名师智慧空间站的研修路径

第一，名师群引领。空间站以区全体特级教师和四星级以上名师作为领衔人，聘请区外著名教育专家担任顾问，招募区内有专业发展意愿、参与研修意向、团队合作精神、一定教育经验的青年教师组成空间站。领衔人不仅是研修项目的设计者，也是研修课程的开发者、实施者、组织者，承担着把优秀的专家和资源引入空间站，形成智库，汇聚最新的教育理论和实践经验，整合项目资源、设计项目规划、引领项目实施、总结实践经验等职责。

第二，项目化研究。按照区域教育发展规划和要求，采用上下结合、专家指导的方法，在广泛征集基础上科学设置空间站工作项目，并通过“人选项目、项目选人”，实现领衔人和研修教师的双向选择。空间站以项目研究为抓手，在破解区域教育热点、难点问题的同时助推名师成长，致力于成事成人的双向互动。

第三，研训教课程。空间站着眼于教师专业培养，从顶层设计入手，作好“名师”与“智慧”两篇文章，构建特色鲜明、结构完备的名师素养目标体系，将人文素养、专业素养、理论素养、科研能力、团队精神、教学技能等有效整合，夯实研修学员人文基础，提升专业智慧。各空间站的研训教课程，均依据项目的年度规划，制定课表，有目的、有计划地完成课程实施。

第四，大空间模式。各空间站在运作中引进区域外优秀资源，或与外省名师工作室结对，邀请长三角地区相关研修领域的教师学习共同体组建研修联盟；或带领研修团队外出"游学"，遍访名家名校，通过实地浸润式学习，丰富实践智慧；或利用云端技术，开发线上线下相结合研修模式，引进名师在线指导，开展异地网络教研等。空间站已不再局限于区域内部，不再拘泥于物理空间的限制，将研修视野转向了更为广阔的学习领域，在大空间和大视野中进行专业智慧的激荡。

第五，激励型评价。聘请第三方教育专家、大学教授、新闻媒体等组成考核专家组，通过学员访谈、问卷调查、现场展示、台账评估、总结交流等形式，了解各名师智慧空间站年度运转基本情况，掌握各名师智慧空间站研修教师发展动态，发现各名师智慧空间站年度实施中的亮点，诊断各名师智慧空间站实施中问题与困难，评估各名师智慧空间站年度工作绩效，引导各空间站以考核为契机做好空间站研修工作的总结和提炼，通过特色展示相互交流、相互借鉴、相互学习，进一步厘清发展思路，逐步提升品牌力和影响力。区教育局根据考核结果还下拨名师智慧空间站考核奖励，奖励经费按一定的比例，分别发放给名师智慧空间站团队和领衔人。

5. 名师智慧空间站多元化运作模式

空间站按照运作模式可以分为课题引领式、活动体验式、任务驱动式、私人订制式、"互联网＋"式五大类型。

第一，课题引领式。此类空间站采用课题带动研修模式，重点围绕教育理论的运用、教学诊断技能的训练、教师思维方式的转变、儿童中心立场的感悟等领域开展研修。如丁杭缨名师智慧空间站确定了总课题"小学生数学学习中相异概念的诊断与转变"，研修学员通过"理论学习—实践诊断—归因分析—确定有效教学策略—形成教学设计"等过程，让每个学员在理论学习的基础上，编制一套小学数学经典概念的学习诊断的测试题，用于测查学生对经典概念的内涵、外延、特点等维度的前概念状态，在样本检测学校中完成了实践诊断和归因分析，厘清小学生数学学习相异概念的成因，并对成因进行教育学的分类与解释，最终形成有效教学策略和教学设计。通过对比实验等科研方法，让研修学员提高研究能力和增强对学科本质的理解。

第二，活动体验式。活动是理论向实践转化的有效媒介，多向人际互动的活动能提升教师核心能力。此类空间站强调名师要跨界汲取发展养料，注重让学员从机械枯燥的学科本体知识中抽离，以各类活动和社会实践为载体，培养学员对活动的设计与实施能力，同时浸润学员心灵，形成正确的价值观和学生观以及教育实践经验，实现全域培养。如唐西胜的“双新”名师智慧空间站，坚持把研修落实到活动上：一是常规性研讨活动——定期案例研讨、十大好习惯培养等；二是学术研讨会——主持召开读书活动，走进区内“56 号教室”，寻访身边的“雷夫”；三是社会实践活动——带领工作室全体成员参与“锤炼师德”的小候鸟驿站活动，为暑假到杭州来和父母团聚的“留守儿童”提供专业化陪伴，让他们学习有辅导、游玩有引导、安全有指导，为家长解决后顾之忧，也为青年教师搭建了一个“奉献爱心、锤炼师德、共同成长”志愿者活动平台，反哺学员的教育的精神追求。

第三，任务驱动式。此类空间站倡导研修学员带着任务去学习、研究和工作。首先从学员发展需求出发设计研修任务，再通过讨论、沙龙、辩论等研修方式，反馈和评价学员任务的完成情况，制订下一轮研修任务。例如，陈锋名师智慧空间站设计了“1—N”的日常研修任务：一是每学期写出 1 篇质量上乘的论文（评奖或发表）。二是每学期设计出 2 堂基于当代教学理论的研究课。三是每周坚持精读 3 篇期刊上的论文。四是每月做 4 页摘记。五是每学期写 5 篇评课稿。N 是把握 N 个机会和挑战。空间站还设计假期的研修任务：一是自我规划：写 1 个个人的自我规划。二是课题研究：争取申报 1 个相关的市级课题。三是完成“1—N”6 项小任务：精读 1 本教学设计的书；修改 2 个教学设计；浏览 3 本全年度的本学科杂志；写 4 篇读书笔记或反思；精读 5 个有关教学设计理论的学术论文；在浏览 3 本学科杂志的过程中，搜集并阅读不少于 10 篇本学科的论文，扫描、复印或下载汇编成资料册。

第四，私人订制式。此类空间站实行领衔人为学员“私人订制”研训教路径，根据学员个人特点和兴趣爱好，确定个性化研训教方案，帮助学员成为最佳的自我。主要操作流程：一是对学员进行专业诊断。二是制订和实施个性化研训教方案。三是反馈和分析成效，形成新一轮个性化研训教方案。如张祖庆名师智慧空间站为各位学员量身定制了语文拓展课程：刘发建的“名家经典读写周”，得到了莫言、赵丽宏、汤汤等作家的赞誉；曹爱卫老师的“绘本创意读写”刊发在《小学语文教学》《小学语文教师》等核心杂志；徐雪明老师的“汉字有光微课程”开发为校本课程，举办区级课题成果推介会；蔡红霞老师的“群落式课程”多次举办区市级现场会；戴一苗老师的“非连续性文本课程”，记载了多个案例，形成书稿；韩梅波老师的“群文创意读写课程”，多篇论文获杭州市级奖项等。

第五，“互联网＋”式。这类空间站依托互联网，开展线上和线下交互式研修，满足不同层次学员的需求，实现研修效益最大化。如俞春晓的名师智慧空间站实施“网络＋实体”运行机制，专门聘请了电脑网络技术人员介入研究和开发网站的各项功能，不断设计调整网站的栏目板块，形成了当前包括“春晓客厅”“成员驿站”“全民点赞”“学科带头人”“互助联盟”等9个主栏目、31个子栏目的格局，设计了“固定追踪＋灵活扫描”式的小组管理方法，由9个小组分别负责9个板块的维护，同时也由各带头人随时在日常浏览中发现和回复大家的问题。工作室尝试了群体远程研修、线上＋线下联动教研，并尝试更多的网络媒介辅助运作，以满足不同层面学员的研修需求。

6. 名师智慧空间站的绩效考核评价

采取年度“过程性考核”与届满“终结性评价”结合的方法。每年对各空间站都有绩效性考核，并据此进行绩效奖励。届满则按照成人、成事、成学的目标进行终结性科学考核。

在考核的主体上采取第三方评价的方法，科学、客观评价各空间站运行情况，考核名师成长情况。

在考核方式上采取材料查看与实证调查相结合的方法，全面、真实了解各空间站运行情况。

7. 名师智慧空间站与传统名师工作室的不同点比较

以名师工作室的方式培养名师，这是多年来各地较为普遍、也较为成功的做法。为进一步探究、创新名师培养的方式方法，下城区开启了名师智慧空间站的项目，使传统的名师工作室进行转型与升级，打造名师培养的3.0产品。

第一，名师引领多元化。传统名师工作室往往由区域内某一位特级教师主持，工作室成员全员学习主持人的教育教学理念与经验。名师智慧空间站则要求开放引领权限，吸纳众多名师资源。空间站主持人作为专业领域召集人，充分利用个人专业资源，汇集该领域中的精英，不仅吸纳下城区的名师，甚至吸纳杭州市、浙江省，乃至全国的专家，为空间站的研训教提供智力支持，让空间站成为相关领域的人才集散地、相关领域的名师智库。主持人带领学员外出“游学”，遍访江浙名师名校，切磋砥砺；采取“放鲶鱼”“掺沙子”的办法，与外省名师工作室结对，与著名作家、学者、专家交流，不断地把一些优秀的团队、优秀的个人引入团队中来，让研修学员觉得原来除了他们自己之外还有这么多优秀的人，让研修学员感觉到原来自己多年经营的领域里还有很多东西如此陌生，进而激发他们的求知欲和研究的“饥饿感”，避免学员在一个封闭的系统之内滋生自我感觉良好的心理。要让学员感受到，“我要下功夫研究，促使自己更好的向前”。

第二，培养定位不同。现有名师工作室的名师培养目标，往往注重教师执教技艺的培养，将精湛的教学技艺作为名师的核心竞争力。名师智慧空间站并不否认名师应该具有扎实的教学技术功底，但是希望名师不仅能“埋头赶路”，还能“抬头看天”，具备超越教学技艺的核心竞争力。各空间站主持人深入思考了名师内涵，积极讨论名师定位，在厘清所追求的名师理想类型之后，构建空间站名师培养体系。首先，空间站关注的名师“是有思想的教师，而不是有名气的教师”，要对教育教学实践有着敏锐的洞察力和独特的思维方式，名师的培养就不只是教会他们做什么，而是帮助他们反思为什么要这样做，并在反思的基础上转变思维模式。其次，名师应有自己的“话语体系”，空间站为学员“私人定制”发展路径，根据学员个人特点，帮助学员成为最佳的自我。最后，名师还要善于跨界汲取发展养料。空间站倡导突破学科视角、跨科整合，举办跨学科课堂教学展示观摩交流活动，汲取不同学科的课堂教学技巧和设计灵感，让学员获得多学科的滋养。

第三，突出项目制运作。国内名师工作室往往采用单一的、以研究课为基本单位的特级教师示范、学员模仿的培训模式。这种模式往往研究性不足，难以让学员有所突破，成为研究性名师。空间站则强化项目制，以有研究价值的前沿项目，带动教师的发展。目前运行的项目有以下三种：

一是复合型项目。项目研究充分体现研训教紧密结合，既要针对性强，直击当前教育教学中核心议题，也要切口小，使学员能够驾驭，还要接地气，有助于教育理论向教育实践的转化，更要立意高，在项目研究的同时追求教师核心素养的提升。要让学员在研修过程中，不仅较好地应用了科学的教育理论，而且深入学科教学设计的具体环节，训练教师科学的诊断技能，提高课堂教学有效性。最为难得的是该项目通过引导研修学员体验具体的教学诊断实践，转换研修学员的思维方式，使其在教学实践的变革中体会什么是真正的儿童立场。

二是参与式项目。现有教师学习理论指出，活动是理论向实践转化的有效媒介，同时还可以在多向人际互动的活动项目中提升教师核心能力。注重在活动中培养名师，尝试推陈出新，以“功夫在诗外”的立意，让学员从机械枯燥的专业学习中超拔出来，面向社会实现全域培养，以社会公益项目体验，震撼研修学员的心灵世界，刷新研修学员的学生观，并全面提升研修学员教育项目的设计与实施能力。

三是特色化项目。如“万题生长树”项目，在提升数学教师的出题能力的同时，紧扣当前数学教育中试题泛滥的痼疾，展现数学的简约之美，用“题树”将数学练习资源“做薄”。再比如数字化的课堂教学平台，构建了数字化教学模式。该模式体现了交互主体性的教学理念，不仅能发挥教师的能动作用也能发挥学生的能动作用，不仅注重学情分析也注重教情反思，不仅注重终结性评价也注重形成性评价，不仅强调竞争也强调合作。此模式给课堂带来了新风气。

第四，弥补师徒制的局限。名师工作室大多采用师徒制，学员以模仿或研究工作室主持人为主要学习方式。这种学习方式可能限制学员的视野，忽视学员之间相互学习的可能，造成学员发展同质化。“水本无华，相荡乃生涟漪。石本无火，相击乃发灵光。”没有什么教育智慧可以从某个固定的名师那里简单地传递给研修学员，研修学员只是在名师引领的群体智慧活动中协同前进，当他们最终能够与团队同步时，他们就跨越了自己原本的智力阈限，迈向向名师发展的征途。因为，名师智慧空间站不只是十余位教师聚会的物理空间，更是教育智慧激荡与延伸的专业精神家园。教师学习不只是向空间站主持人求教，更是主动参与共同体实践的过程。在共同钻研与实践过程中，每位学员发现的不只是个人与名师教育水平之间的差距，更是个人与共同体之间教育智慧的差异。各空间站通过对团队建设、智慧分享、协同攻关等方面的考核，引导空间站关注实践共同体建设，在空间站日常运行过程中，教师分组找资料、共同磨课，相互探讨，共同提高，促成名师教育智慧的无限延伸。研修学员感到：“我一个人走很孤独，但跟着团队走，我不寂寞。生活在这样一个团队中，我会享受到我的专业的幸福感。”这种高端团队也给其中的每一个成员形成了促动其发展的压力。研修学员反映：“这些伙伴都蛮强的，你在团队里你会觉得自己也不能太差。”

第五，研究名师培养模式。名师工作室一般只关注教师培养，忽视对教师培养模式的研究。为了避免空间站的同质化发展，我们提出各空间站不仅要培养名师，更要提炼名师培养模式、创新名师培养方式。空间站已探索有价值的名师培养模式，尝试空间站特色化的分类建设，部分空间站特色化研训教体系已初见端倪。如“双新”名师智慧空间站，以全域的培养思路，构建立体研训教课程。空间站以三力为培养目标，即事业动力、教育能力和人格魅力，努力达成学员“成人、成事、成学”。全域式的培养思路不局限于教师学科知识、专业技能的“实践”取向式的培养，而关注事业动力和人格魅力的“精神”取向的养成。从而使教师从业伊始就有意识规避造成“拥有教学技能，却缺乏教学思想，自主精神比较薄弱”的怪圈，使青年教师获得一个完备正确的成长雏形，奠定了健康可持续的专业发展模式，关心教师的精神存在与精神世界，即教师内在、核心的精神品质，以事业动力和人格魅力带动新教师教育能力的蓄养。

四、技术体系：智慧化

教育现代化的发展，教育与信息技术融合成为新时代的必然要求。对区域研训教方式的现代转型来说，信息技术的支撑与深度介入，是转型的重要内容之一。《中共中央国务院关于全面深化新时代教师队伍建设改革的意见》指出：“转变培训方式，推动信息技术与教师培训的有机融合，实行线上线下相结合的混合式研修。”所谓线上线下的混合式研修，就是要改变传统的以面授为主要形式的教师研训教方式，通过互联网平台组建网络研训教社区，开展线上知识传授、资源共享和互动交流，线下自主学习、实践内化，线上线下评测信息的交互传递反馈。

南京大学钱志新教授曾指出：智慧化是信息新技术的集成应用，主要应用物联网技术、云计算技术、智慧终端技术、大数据技术等新技术，其中大数据技术是基石，成为智慧之源。因此，我们把智慧化作为研训教现代化转型的重要指标，提出了打造基于信息技术支撑的、基于大数据的、基于网络资源的智慧研训教。着力加强四大平台建设，构筑智慧研训教的支持体系。

第一，交互式研训教平台建设。学院以“互联网＋”思维，审视研训教方式、方法与手段的变革，并在实践中大力创新。各学科组建了QQ群、微信群和研训教公众号等研训教社群，开展社群研训教。

高效率教师社群研修要注重五大要素：一是关系。在社区式研修中大量的学习活动不仅仅发生在指导教师与学员之间，还发生在学员与学员之间，这就将以前的研究员与学员教师的指导与被指导的单一、垂直关系变成了多向、水平互动的关系，这也是社群研修的一大特点，也直接营造出“人人为师，人人为学”的局面。二是交互。克里斯·阿吉瑞斯(Chris Argyris)的学习型组织理论提出了“单回路学习”(single-loop learning)模式和“双回路学习”模式。有效的社群研修的关键是互动交流，它不是一个传统的“我说你听”的授课模式，而是一个相互学习、相互交流、相互激发、共同参与的研修过程。在这样的研修社群中，成员享受着良好的互动交流氛围，产出的观点主意丰富多样，无论数量和质量都很高。三是情感。社群研修，因为组成了一个研修的团队和社群，特别是按照学科、分层和主题化方式组建的社群，很大程度上给了成员很多特别的体验，成员间形成共同语言，产生相互信任。情感因素容易让成员产生较强的认同感。四是机制。社群研修必须建立良好的运作机制和制度，保障研修的高效进行。比如社群良好的组织架构、同伴学习机制、积分制度以及强制的研修成果要求，用知识的输出带动知识的输入等。五是文化。成熟、有凝聚力的社群要由价值观、理念、观念等思想文化主导，要有良好的合作、交流、分享、创新等行为文化。

在社群学习中，研究员角色出现了重要变化，成为共同的学习者。孔子2000多年前的教育理想——"教学相长"，在新技术的支撑下可以良好地得以体现。

在一个"学无边界"的时代，学习终究是一种社会性的过程，而整个社会也将变成一个巨大的学习社群。

因此，学院各学科研究员根据自身特点注重学科特色，如小学英语研究员吴晓梅老师的"e-f-e对话场"——线上与线下结合的混合式研训教模式，幼儿教育研究员俞春晓老师的"云端学习场：'互联网＋'教师研修新范式"等探索。这种交互式研训教平台的建设，使一线教师问题反映更快捷，研究探讨更活跃，交互活动更有效，研训教方式更多元，定制化服务更有技术保障，因此深受教师欢迎。基于网络互联互通、及时互动的研训教，也促进了课堂教学"切片式"深度研究与指导，提升了服务指导实效性。同时，交互式平台的开发和使用，不仅成为"育人"的工具，也是"育己"的重要平台。

第二，资源库学习平台建设。本着"开放多元，教师众筹，使用便捷，评价激励"等原则开展资源库建设。通过自建、链接和采购三大路径抓好资源库建设工作。路径一：自建方式。通过区域教师"众筹"，解决研训教课程资源、学习资源、专家资源等不足的问题，同时解决资源的适切性问题。学院与技术中心合作专门搭建了下城教育"云学堂"，通过组织教师开展微视频制作、微课搜集、慕课课程、名师好课堂网络版等，实施资源的自主建设，并将资源的建设过程转化为教师学习、实践、反思的过程，将每个教师的参与，转化为教师专业化发展的成果分享。路径二：链接方式。链接国家、省、市教育教学资源库，教师免费取用、学习。路径三：引进方式。遴选优质专业资源库，学院集中采购，开展合约合作，方便教师学习。

第三，大数据研究平台建设。当前社会进入大数据时代，数据中蕴藏着巨大的教育资源。大数据的搜集、积累和科学使用，为教育教学的实证研究、评价变革等都提供了物质基础和技术支持。一方面，大数据使学院对学校、教师的需求了解更全面、更精准；另一方面，通过对区域教育教学和教师有关大数据的挖掘、分析，更有利于提升研训教的针对性和实效性。我们开发了教学质量监测平台，对学生的学、教师的教以及质量检测、评价等进行跟踪、分析和评估，为教育行政部门、研训教部门和学校、教师多方面提供针对化的教育信息反馈（见图 4-7）。

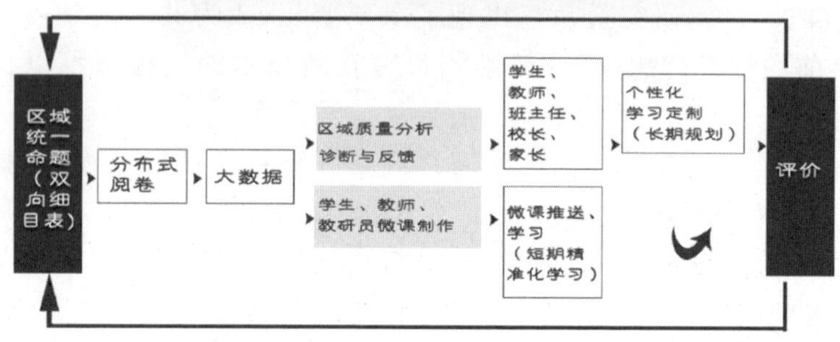

图 4-7　教学质量监测平台

在对大数据的分析、研究、利用过程中，做好大数据的精准化、可视化工作，也是非常重要的一环。以清晰、简洁和引人注目的方式展示分析、研究结果非常重要，有助于使事物、事情更形象直观，更清晰易懂（见图 4-8）。

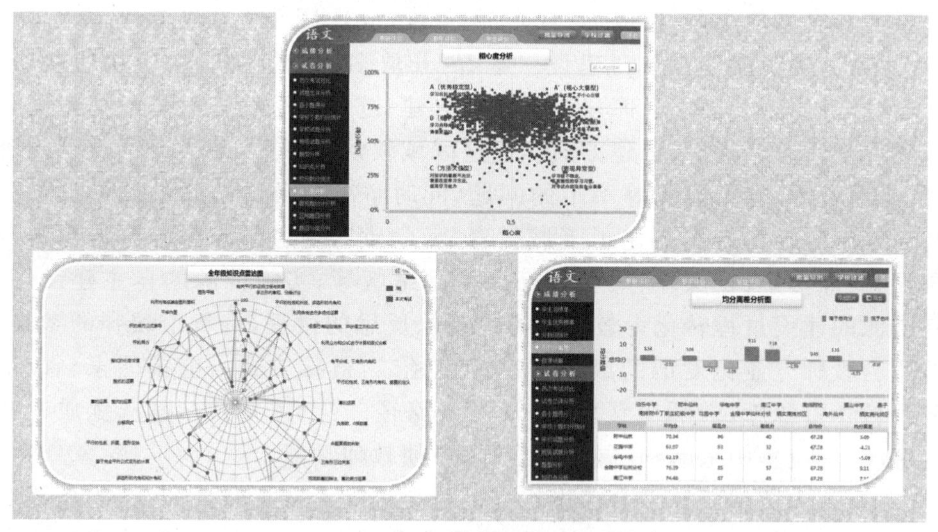

图 4-8　质量分析大数据的可视化呈现

第四，信息化管理平台建设。我们建立了教师专业化发展培训管理平台，实现培训项目、自主选课、学分管理、培训评价等平台管理，加强了过程监控，提升了管理效能。

教育部教育发展研究中心熊建辉博士曾指出：互联网时代下，教师发展路径存在很大的创新空间。教师线上线下混合学习，不断提升教师能力发展效率。教师“专业发展圈”也将从原有的学校教研组扩大到“云”的层级，极大扩大了教师的专业视野，丰富了教师的成长环境，将带来教师专业发展的创新空间。

五、保障体系：治理化

党的十九大报告指出，社会主要矛盾已经由“人民日益增长的物质文化需要同落后的社会生产之间的矛盾”转化为“人民日益增长的美好生活需要和不平衡不充分的发展之间的矛盾”。并且指出，人民群众对美好生活的需要日益广泛，不仅对物质文化生活提出了更高要求，而且在民主、法治、公平、正义、安全、环境等方面的要求日益增长。要求加强和创新社会治理，建立共建共治共享的社会治理格局。

治理能力是培训机构的重要能力。这里强调“治理能力”而非“管理能力”，契合了党的十八届三中全会精神，但也不是简单的词语变化，不是时新的应景和盲目跟风，而是学院定位、思想观念和办学理念的根本变化。

下城区教师教育学院的现代转型，由传统管理向现代治理转变是转型的重要内容，也是整体转型的根本保障。学院着力追求的现代治理具有以下特点：

一是参与主体的多元化。这是区别于传统学校管理模式的重要标志。通过院校一体化、研训教一体化、管办评一体化等方式，将教育主管部门、基层校园、师生和社会力量等整合起来，调动多元主体力量，特别是视基层校园和师生为学院重要组成部分，通过蹲点联系校园、实践基地建设、聘请兼职研究员、面向区域全体教师的研究员全员评价等方法，让校园和师生全方位、全程参与学院治理，达成共治格局，促进学院治理从过去封闭的内循环模式走向开放的内外合作互动方式。

二是治理方式的民主化。民主化是现代治理的根本特征。区域研训教治理需要学校、师生乃至家长的广泛、积极且有建设性的参与。多元主体参与的根本目的就是首先从研训教主体上构建民主化机制，通过多元主体的参与降低管理重心，形成了扁平化治理结构，有利于校园、全体师生的研训教需求和利益诉求得到充分、及时表达。民主参与，也有利于提升参与者研训教的积极性和有效性。同时，学院通过建立民主治理机制，促进决策的科学性和理性化，促进治理的公开、公平、公正，保障治理的阳光与透明。

三是治理手段的法制化、制度化。法制化的核心要义就是在学院治理现代化的过程中必须坚持"依法治校"，着力塑造"法治精神"。"法治精神"的培育不仅要通过立法、执法、司法等环节的完善，还要在学校治理中着力在规则意识、责任意识、权利义务意识、契约精神、制度行为文化等方面加以深化，以全员、全方位、全过程的方式使"法治精神"渗透到学校治理的各个层面和各个方面，以建设法治校园，实现依法治校。"法治精神"，在某种程度上可以说是学校治理能力现代化的"灵魂"。

学院治理体系分为外部治理与内部治理。学院内部的治理主要是学校内部的结构性治理，实质上是处理学校内部权力、资源的分配和支配问题，规定责权利的边界与运行办法。因此，重要的是通过建立和完善现代学校（院）制度，依据国家的法律、法规、制度和学院章程办院，同时，要建立健全规范、统一的学院制度体系，如研训教管理制度、评价制度、人员和人事管理制度、后勤保障制度、对外交流与合作管理制度等多方面的制度，形成程序化、科学化和制度化的治理体系，以进一步优化学院内部治理结构，提升治理能力。学院外部的治理，主要是处理学院外部的资源配置与分配问题。学院作为一种组织，作为社会的子系统，其生存与发展离不开外部环境，要受到环境的影响和制约。其影响主要来源于各种法律、法规、政策、财政体制、意识形态和各种人力、财力等资源的分配。全面推进依法治校，就是要遵守国家的法律法规和政策，制定学院章程，把学院研训教常规工作纳入法制轨道。要依法维护和保障学院教职工和基层校（园）师生的合法权益。

依法治校不仅仅是一种办学思想、管理思想，更是一种治理方式、治理秩序与治理文化。

治理化是学院现代转型的重要保障。学院治理转型的主要路径如下。

（一）明晰学校定位，由行政管理走向专业引领

传统的区域研训教机构定位一直比较模糊，甚至略显尴尬，其是教育局直属管理机构还是中介性、服务型机构，还是一个专业性学校（院），或是兼而有之，是一个值得探讨的问题。

从区域研训教机构的职能与履职手段来看：机构职能主要是研究、指导和服务，在定性上属于事业单位，教育局直属，但不构成教育局的组成部分。

按照规定，机构在人员编制身份、财政拨款、履行职责、内部管理等诸多方面，都与教育局不一样。但在教育教学、教师专业化发展等诸多方面，又被教育局赋权实施委托管理，区域研训教机构由此具有了一定的管理职责、管理手段和能力，因此，在传统管理思维主导下，区域研训教机构视自身为教育局组成部分，受教育行政赋权实施延伸管理，研训教机构和人员的行为特征都具有较强的领导管理色彩。

从区域研训教机构人员看：人员都属于教师身份，有教师编制，具有教师专业技术职务，参与教师聘任与交流，机构的研究员一般也是由从学校教学一线选拔出来的优秀教师担任。在促进专业化的过程中，研训教机构人员的职业生涯发展不是向官员升迁的轨道走，而是向成为专业人员的方向走。这种人员构成及特征，与一般学校具有较大的相似性。

从区域研训教机构工作性质和方法看：与培养教师的一般大专院校具有一定相似性，从事教师教育，研究教育教学规律，注重研究品质，追求专业地位和学术引领，在内部管理、评价上也呈现一致性。

因此，区域研训教机构一直处在区教育局具有延伸管理职能的直属单位、专业性服务机构、教师进修学校等多重角色之间的模糊地带和游移状态。这种多元特性，一方面形成了区域研训教机构独特的资源优势，既有行政管理手段，又有专业引领优势，既享有学校的办学自主权，又享有一定的行政主导权，有利于研训教工作开展；另一方面，由于区域研训教机构角色、身份等定位缺乏统一标准和精准定位，致使机构人员的角色意识模糊，职能职责不清，工作方式、作风等具有较大的行政性和随意性，较为严重地妨碍了区域研训教工作的开展，同时，定位不明确，发展方向不清晰，也在较大程度上制约、影响了区域研训教机构以及研究员的专业化发展。

随着国家和教育改革的深入推进，事业单位去行政化是大势所趋。中共中央办公厅、国务院办公厅在《关于进一步深化事业单位人事制度改革的意见》中指出：推进从事公益服务事业单位改革，强化事业单位公益属性，实行政事分开，理顺政府与事业单位的关系。进一步理顺体制、完善机制、健全制度，真正激发事业单位的生机与活力，不断提高公益服务水平和效率，促进公益事业大力发展，切实为人民群众提供更加优质高效的公益服务。区域研训教机构去行政化的核心是突出服务职能，不仅需要为行政机关提供服务，当好教育局的智囊和参谋，更重要的是要面向基层和一线，为学校、师生等提供多方面的服务，应该将服务的重心下移。

在区域研训教机构去行政化的同时，国家对教师专业化发展提出了更高的要求。教师专业化发展的重要载体和抓手之一就是教师发展学校。教师发展学校是一种新型的中小学校运行机制，目的在于为职前教师提供真实的实习环境和为在职教师的专业发展提供实践条件。教师发展学校，不是重建一所独立的专门学校，而是在现行中小学建制内进行的一种功能建设，它是大学与中小学的一种合作建设，通过大学和中小学合作建立的旨在促进教师专业发展的教学研共同体，加强大学教师与中小学教师的合作研究，在研究解决现实问题的实践中实现中小学教师的培养，使他们获得有效的持续发展。可以这么理解：教师发展学校是在合作的实践中实现教师的发展。但一直以来教师发展学校在建设机制上仅仅强调了大学与中小学的一种纵向合作，这种单一合作模式并不完整，对教师发展和学校建设质量的提升不能提供最大保障。我们在长期实践研究中发现，教师发展学校之间的横向合作，对于促进教师之间的合作对话、实践生成、反思建构和专业发展等方面具有更大价值，对于建设教师学习型组织更有操作性。

区域研训教机构既是教师发展学校建设的领导者、组织者和建设者，也是教师发展学校横向合作的协调者，同时还是区域教师专业化发展的直接实施者。因此，从一定意义上讲，区域研训教机构可以被视为区域教师发展学校的共同体，也是一个区域教师专业化发展的共同体。站在“共同体”视角对区域研训教机构再认识，不难发现下城区教师教育学院与中小学和大学在办学管理和办学规律上虽有差异，但更有共同点，它们都属于学校的类别，都实行学校的管理体制，并按现代学校治理要求实施办学。

基于以上研究、思考与论证，2013 年下城区决定将原下城区教育研究发展中心更名为杭州市下城区教师教育学院，是学校准确站位，是学校属性的回归。

在明晰了教师教育学院的定位以后，可以明确三个基本指导思想。首先，树立为全体基层学校服务的指导思想。教师教育学院的主要任务，不是为潜在的教师人选提供职前教育，而是为教师提供入职和职后教育。因此，他们的服务对象主要是所有基层学校里的教师。其次，树立为全体教师服务的指导思想。教师教育学院是每一个中小学教师的学园和精神家园，是他们的“娘家”。教师教育学院有义务和责任为每一个教师专业化发展提供相应的服务。第三，树立为教师提供全方位的服务的指导思想。教师的发展是多维度的，它涉及学习、生活和工作，涉及教育、教学、管理和评价，教师教育学院需要为广大教师的教育能力提升、教学能力提升、管理能力提升及评价能力提升提供综合的多方面的服务。

从治理体系建设看，学院定位、站位思考的重要价值和意义在于准确把握住以师生为中心，准确把握住充分发挥学院和学校两个积极性，明晰并正确认识学院服务、指导的主体对象——师生以及相关学校（园），明确了师生和校（园）在教师教育学院治理体系中的地位、作用以及相关权利、责任和义务。正是因为我们有了学校的基本定位，师生和基层校（园）应该成为我们治理体系中重要的构成，并发挥积极作用，由此学院确立了“以师生为本”的理念，并将这种治理思维和理念贯穿教师专业化发展培训的始终。这种站位，大大拓展了学院治理视野和治理体系的边界，重构了治理主体，从根本上改变了区域研训教机构传统的内部管理思维：把学院视为一个封闭系统，管理对象和管理主体仅仅是学院内部的研究员，在其“以师为本”的管理理念中，“师”仅仅局限为教师教育学院的教师即研究员。这种转变，为学院实施现代治理奠定了思想和理念基础，构建了现代治理的新格局。

（二）建立现代学校制度，从人治走向法治

建立现代学校制度是促进学校治理能力体系和治理能力现代化的关键。教师教育学院的学校定位，有助于明确学院的治理方式的现代转型——建设现代学校制度，凸现治理的法治思维、系统设计和整体推进，创新性推进现代区域研训教制度和体系的建设。现代学校制度就必须是以师生发展为核心的制度安排。在现代学校制度的框架下，学院所有的规则体系都是围绕更好地促进教师专业化发展来构建的，从而更加凸显了教师教育学院的专业性、独立性和自主性。因此，学院的现代学校制度建设，以现代治理为根本指向，以教师的专业化发展为核心来构建校内制度和校外制度，充分发挥学院利益相关者在制度构建和发展中的作用。

第一，“依法办学”是依法落实外层的法制化保障。依法保障教师参与研训教、实现专业化发展的权利。在学院搬迁、改造、更名等一系列条件改善的动作中，下城区政府和教育局都依法保证了投入。在教师专业化发展的全员培训中，区政府、财政局、教育局都严格按照国家和省市相关法律和文件的要求，落实了经费预算，保障足额到位。

第二，“依法办学”是夯实内部的制度化保证。现代学校制度建设，重要的是加强内部制度化建设。制度决定高度和跨度。我们对学院的发展规划、管理制度、绩效考核与评价等做顶层化和体系化设计，做到制度立校，在三个层面做好制度建设并努力达成相关的制度价值：一是以制度、规则保运行、保秩序、保效率，重点体现制度的规范价值。二是以制度促进人的发展。

我们始终坚持建设好的制度，也就是真正以人为本的制度，使制度能充分调动每一个研究员学习、工作的积极性，能促进每个研究员不断地自我更新、自觉创新，能促进学院的变革与转型持续发生，这些方面重点体现的是制度的发展价值。三是以制度促进学院正能量的文化形成，这是制度的最高境界和追求。制度本身是文化的重要组成部分，虽然不是文化的全部，但制度对一个机构、部门文化形成的推动作用却是全过程的。我们在学院的文化建设中，就充分发挥了制度的作用，从而持续建设学院开放、民主、创新、活力的文化气象。这些方面体现的就是制度的文化价值。

依法办学是现代学校制度建设的重要内容。依法办学的基础条件之一是完善教育法律法规。从目前教育法律法规制定的实际情况看，我国已经制定了教育法、职业教育法、高等教育法、学位条例、教师法、民办教育促进法等，但是学校法还付之阙如，尽快制定学校法是一项十分紧迫的任务。在加快立法进程的基础上，国务院和地方政府还要加强教育行政法规建设、地方性法规和规章的制定和实施。在立法的基础上，还要全面推进依法行政。各级政府按照建设法治政府的要求，依法履行教育职责。探索教育行政执法体制机制改革，落实教育行政执法责任制，查处违反教育法律法规事项。

依法办学的关键是依法治校。学校在开展各项工作的过程中，要自觉地遵法守法。学校要处理好与外在的各项法律的关系，对于各项法律对学校的诸多事务的要求，要严格遵照法律的准则和规范行事。教师教育学院的主要职责之一是为广大教师提供各层次的培训。因此教师教育学院需要严格遵从教育法、教师法关于教师培训的要求，以及省政府、省市区教育主管部门对教师培训的周期、培训资质、培训经费、培训管理和培训考核等方面的法制性和制度性安排。

依法治校还需要学校内部的制度化、规范化管理。教师教育学院在以下方面做了积极的探索：

第一，扩大学院的办学自主权，激发学院的办学活力。之所以学院需要办学自主权，是因为学院的首要任务是培养教师和提供决策咨询服务。具有办学自主权，是确保学院主动适应经济社会发展的需要的重要条件，否则就不能摆脱单纯的“政府的从属机构”的地位。具有办学自主权，才能确保学院的教职员工更充分地发挥自己的主动性、积极性和创造性。作为各个学科的骨干教师，研究员必须在教学和科研的前沿进行探索，拥有自主权，他们就能更好地进行前沿性课题的探索。扩大学院办学自主权的核心是依法自主办学，依法和自主办学两者缺一不可。不依法办学则会偏离教育改革和发展的大方向，难以做到很好地满足国家的需要。不自主办学，则学院缺乏办学的生机和活力。依法是自主办学的条件，它是指学院要依照国家和法律的规定，在政府的宏观指导下办学。依法自主办学的精髓在于自主办学，自主办学是指学院具有主体意识，明确本校的功能和任务，形成符合自身条件和要求的办学机制，确保功能目标的实现。自主办学的机制是指"自我发展和自我约束"的机制，说到底，就是学院建立的这种机制具有自我定向、自主运动和自我发展、自我约束的能力。学院建立一定的组织机构、建立和健全一定的组织制度，并使其协调运作，进入良性发展轨道。就教师教育学院而言，学院的办学自主权主要包括自主开展研训教活动和社会服务，自主设置内设机构，自主制定学院发展规划并组织实施，自主确定内部奖励制度和收入分配，自主管理和使用研究员，自主管理和使用内部的设施设备。

第二，建立完善学院章程，构建依法按章自主办学的机制。1995 年《中华人民共和国教育法》颁布后，原国家教委下发了《关于实施中华人民共和国教育法若干问题的意见》，其中指出："各级各类学校和其他教育机构，凡为制定章程的，应当逐步制定和完善学校的章程，报主管教育行政部门核准。"《中华人民共和国教育法》规定："学校按照章程自主管理。"从现代学校制度建设的总体要求看，学校章程是学校设立的基本要件之一，是学校办学的根本的规范性文件之一，它的制定主要依据教育法律和政策及基本规定。学校章程主要规定学校的权利和义务。学校章程是学校自主管理的法律基础之一。制定学校章程，可将书本上的自主权具体化、制度化，照章办事，不仅是对政府管理行为的规限，而且有助于学校办学自主权的实现，有助于教育法治的统一，有助于形成学校自我约束、自主发展的机制。

第三，完善学院的治理结构。构建以院长负责制为基石、研究员为主体、教师(学员)、基层校(园)等各方广泛参与的治理模式。这一开放式治理结构中最大亮点在于区域全体教师、基层校(园)成为参与对象，形成了广泛参与的共治格局。

学校(院)治理现代化的首要特征就是参与主体的多元化，这也是其区别于传统学校(院)管理模式的重要标志。参与主体的多元性，是学院民主治理的良好开端，有利于学院治理的民主化和民主机制的建立。"广泛参与"就是研训教质量要接受教师学校等各方评价、研训教成果要接受各方检验、研训教决策要接受各方监督，最大限度地吸引各方资源进入研训教领域。"共治"(collegiality)是学院治理的重要路径，是在多元主体基础上，强调多元主体参与学院治理的协作性关系。“共治”有利于各个主体之间的利益诉求的表达，有利于民主、公平、公开和公正，以增强治理的透明性和治理的多元性，有利于将权力和责任分配到多个责任主体身上，防止个别主体的利益独裁。美国学者埃利奥特・弗雷德森、澳大利亚学者马尔科姆・沃特斯和法国学者埃曼努艾尔・拉杰加则将“共治”看作是一种成熟的组织形式，用来解释在知识密集型的组织内部独立个体是如何共同协作进行非常规任务的。

教师教育学院是为区域内全体教师提供专业发展服务的机构。全区教师是学院研训教的主体，是一支可以依靠和需要给予帮助的重要队伍。教师对学院的发展建言献策，对于学院的发展具有重要意义。只有让基层教师作为学院的主人和主体积极参与学院的治理，学院才可能真正树立“以师为本”的研训教理念，才会真实关注并不断满足基层学校和教师的需求，才会充分尊重、信任教师，为学院的可持续发展提供重要的支持。

第四，健全各项工作制度和规范。现代区域研训教的科学发展有赖于相应的制度的保障。制度化是现代治理的关键。制度的建立和完善有利于推进研训教的质量和效能的提升，而制度缺失和不健全则会妨碍研训教的顺利进行。

制度按照性质和范围总体上可分为根本制度、基本制度和具体的规章制度。从某种意义上讲，制度也包括了体制和机制。新制度经济学将制度看成是约束人的行为规则体系。制度除了表现为法律、法规、规章、章程等正式的制度外，还表现为道德、风俗、习惯等非正式的制度。

研训教制度也可以分为外部制度和内部制度。外部制度包括法律、法规和政策对研训教的基本规定。内部制度包括关于专门的研训教机构和学校的研训教的相应的规章制度。研训教的制度化主要体现在研训教相关机构的管理制度的建立和完善，以及机制的设计和完善方面。

从研究员和教师的管理的角度看，可以将研究员和教师的制度分为培养的制度、任用的制度、培训的制度和考核的制度。培养的制度涉及由何种机构采用何种途径和方式进行培养。任用的制度涉及资格认定、岗位聘用、职务评聘、人员流动和退出、工资福利待遇等方面的制度。培训制度涉及通过脱产和不脱产的方式提高人员的素质的制度。考核制度涉及人员在完成工作任务的数量、质量、效率等方面进行考查和评定的制度。

从研训教体系的构成要素的角度看，现代区域研训教制度涉及教育科研、教师培训、教学研究等方面的一系列制度，这里不一一赘述。近几年，学院分别创新研制了研训教《工作规范》《教师专业化发展培训质量管理手册》等一系列的规范和制度。

（三）坚持民主治理，从控制走向协调

健全、完善科学决策、民主管理的机制。教育决策是教育管理的基础性工作。赫伯特·西蒙指出："管理就是决策。决策贯穿于管理的全过程。"教育决策是教育管理中的首要和普遍的行为。受泰勒的科学管理理论和后来的管理科学学派的思想观点的影响，科学决策逐渐成为管理的一个根本要求。教育领域的科学决策是指在遵循教育规律的前提下，采用现代的手段与机制，在动态中恰当选择教育行动方案的过程。科学决策不是决策者单方面意志决定的结果，它需要有决策中心对象的共同参与，需要教育决策者尊重教育决策中心对象的人格，需要对教育决策权力进行科学分配和组合，这就需要民主管理的机制。教育的民主管理是在充分尊重以人为中心的教育对象的基础上，通过对权力的恰当分配以及各个方面意见的分析、综合，有效选择教育行动方案的过程。教育的民主管理是对人的主体性的肯定，是为发扬人的主体性创造条件。

民主化是一种治理方法，也是一种治理能力。按照现代学校制度的设计，教师教育学院应该成为一个开放的组织，它不仅要关注学校内部的运作过程，而且要重视学校基层教师和基层校园的互动过程。学院管理者的决策不仅要平衡学院与研究员之间单方面的关系，还要平衡学院与基层校（园）和全体教师的关系，学院与上级行政或研训教业务主管部门的关系，乃至与科研院所和社会各方面的关系。因此，在民主化治理过程中，首先要有开放思维，要有宏大格局，有民主思想和理念。

学院在现代治理转型的民主化实践中采取了如下举措：第一，健全教职工代表大会制度。教职工代表大会制度的职责是代表全体教职员工对学校各项决策提出意见和建议，对学院工作实行民主管理和民主监督，充分发挥教职工的主人翁作用。第二，建立学术委员会制度，制定《学术委员会规程》。学术委员会坚持在价值上体现"专家治学，专业发展"，在功能上要实现决策、审议、评定和咨询作用，在人员构成上要凸显学术性、专业性，注重多元化，真正打破学术委员会"附属性"状态，建立区域研训教新的权力格局，持续提升学术治理能力。第三，建立教师专业化发展培训工作领导小组和工作小组，高水平制定区域教师培训的战略规划，研制实施重点培训项目，协调整合各方资源与力量，组织开展跨区域合作等。第四，建立联席会议机制，定期召开基层校园、教师研讨会和座谈会。通过这种机制，拓宽基层校园和参训教师参与教师教育学院民主管理的渠道。

民主化既是一种治理方式，也是一种教育和研训教理念。因此，不仅要体现在学院管理中，更重要的是落实在研训教工作和具体活动中。第一，注重研训教项目和课程开发的民主化。学院要求研究员认真研究教师专业成长规律，关注教师差异，关切教师需求，在规划、研制研训教项目和课程中，加强调研，成立项目开发组，广泛征求教师意见，按照教师的类别、学段和培训层次、维度、领域，系统开发递进式培训课程，保证研训教项目和课程开发的针对性和有效性。落实教师网上选课制度，保证教师的选择权，支持教师"用脚投票"。这种民主前置机制和制度安排，较好防止了研训教项目和课程开发由研究员一个人"说了算"的现象，也有效防止了凭经验、凭想象的随意式决策。

第二，保障研训教师资聘任的民主化。师资民主化是兼容并包、多元参与理念落地的重要抓手和载体。通过构建以研究员为主体、专兼职结合、院内外结合、专家一线教师结合、体制内外结合的开放性、多样化的培训师资选用机制，保障研训教民主化的实施，保证研训教质量的提升。下城区教师教育学院在转型过程中实施了聘请兼职研究员制度，把学校骨干教师聘请为学院的兼职研究员，一方面对学院来讲，组建了研究员核心骨干团队，形成了由一个人的研训教转向一群人的研训教的良好格局。由于吸纳了一线教师参与研训的规划、项目设计、课程实施等，研训教工作更接地气，更有针对性，也更受基层教师欢迎。另一方面对兼职做研究员的骨干教师来讲，学院为他们的专业化发展搭建了平台和舞台。直接参与学院研训教工作，既是一个学习机会和学习过程，也是一种荣誉，对其专业化发展产生较大的精神激励。同时，对兼职研究员所在学校来讲，对学校的学科建设、教研组、备课组建设等都有较大的推进作用，这对学校教师的专业化发展也有较强的引领、示范和激励作用。正是由于学院对兼职研究员有充分的价值认知，科学进行了制度化设计和民主化运作，加强了兼职研究员的选拔、任用和管理，达成了合作共赢的良好格局。

第三，促进研训教教学过程的民主化。研训教项目和课程的开发以及师资的民主化，为研训教工作奠定了良好的基础。教学过程的民主化，对于增强教师的参与感和研训教获得感具有显性作用。研究员在研训教过程中，较多、较好地使用合作式、参与式、讨论对话式、体验式和展示式等方式方法组织教学，营造一种民主、平等、合作的研训教氛围和环境，构建一种人人参与的研训教机制，形成民主、活跃的研训教文化。

第四，促进研训教评价的民主化。评价具有较大的诊断、改进、导引和评判价值。学院传统的评价方式是学院领导评研究员，研究员评领导，是一种封闭的、内循环式的评价方式，将真正的服务对象和有发言权的研训教主体排斥在评价之外，使评价失去了全面性、科学性、公正性和精准性。学院在治理转型过程中，按照民主化要求，改革研训教评价方式，构建开放式、多元化评价模式，让区域全体教师和学校参与评价，采用学评教、教评学、研究员及学员和学校评研训教机构、机构评机构等多种路径进行评价，使评价真正发挥了导引作用。

第五，加强研训教班级建设的民主化。强化学员自主管理、民主管理，成立班委会，建设班级规章制度，加强班风、学风、教风等班级文化建设。

民主化是治理的重要精神和气质。学院现代转型过程中，对民主化的探索贯穿始终。

（四）抓好大党建，从技术路径走向思想道德建设

新时代语境下的现代治理，绝不是方法、技术的简单更新，首先应该是政治思想革新和文化的鼎新。现代国家治理体系由政党、国家与社会三个主体性要素构成，其中政党具有领导功能。党组织的坚强、正确领导，党员先进模范作用的充分发挥，党风廉政建设的深入民心，是现代治理成功的根本保证。

《中共中央、国务院关于全面深化新时代教师队伍建设改革的意见》中明确指出：加强教师党支部和党员队伍建设。将全面从严治党要求落实到每个教师党支部和教师党员，把党的政治建设摆在首位，用习近平新时代中国特色社会主义思想武装头脑，充分发挥教师党支部教育管理监督党员和宣传引导凝聚师生的战斗堡垒作用，充分发挥党员教师的先锋模范作用。

下城区教师教育学院在现代转型实践中，始终坚持党的领导和社会主义办学方向，把立德树人的目标任务融入学院党建工作中，把抓好党建工作作为学院发展强基固本、凝心聚力的重要抓手，作为现代治理的重要保障。具体实施了“五化”建设工程：

第一，党总支建设标准化。以《杭州市中小学校党建工作标准（试行）》为指南，在参与决策和监督的制度机制、德育、基层组织建设、党员队伍建设、党风廉政建设、思想政治和意识形态工作、干部队伍和人才队伍建设、基层基础保障等全方位实施标准化建设，增强党组织的战斗力。

第二，推进“两学一做”学习教育常态化，健全主题党日活动制度。

第三，党员教师管理规范化，切实践行社会主义核心价值观。

第四，党风廉政建设制度化。实施党风廉政建设责任制，结合学院工作特点，出台了《学院师德建设十不准》，强化研究员师德考评，推行师德考核负面清单制度，着力解决师德失范、学术不端等问题。

第五，党建项目特色化。充分发挥学院研训教资源优势，打造学院“党建＋师建”特色项目，在研训教工作中注重提高教师思想政治素质，通过研训教课程设计，加强教师理想信念教育和新时代中国特色社会主义思想教育。建立健全把骨干教师培养成党员，把党员教师培养成教学、科研、管理骨干的“双培养”机制。强化教师社会实践参与，增强教师社会责任感，增强思想政治工作的针对性和实效性。在学院实施的名师智慧空间站项目中，“双新”名师智慧空间站组织青年教师每年暑假开展“小候鸟驿站”活动，为外来务工人员子女提供全方位志愿者服务，受到社会广泛好评，青年教师也获得较快、较好成长。

【资料链接】

“双新”名师智慧空间站“小候鸟驿站”活动方案

一、“双新小候鸟驿站”建站背景

“双新小候鸟驿站”于 2014 年由杭州市下城区唐西胜“双新名师智慧空间站”发起主办，2017 年下城区总工会、下城区教育工会共同主办，是以暑假到杭州来和父母团聚的“留守儿童”为主要服务对象，以“关爱他人、服务社会、成长自己”为价值理念的青年教师志愿者活动平台。青年教师志愿者给予“小候鸟”们专业化的陪伴，让他们学习有辅导、游玩有引导、安全有指导，为家长解后顾之忧，让孩子们在杭州度过快乐的暑假时光，为他们的童年留下一段幸福美好的杭州记忆，为杭州“大爱之城”更添一道绚丽的人文风景。“双新小候鸟驿站”每年暑假开办一期，至今已坚持四年，成功举办了四期。

“双新小候鸟驿站”的最初建站及四年的坚持，主要基于三方面价值判断与责任担当。

1. 外来务工人员子女暑期在杭州的安全与学习成为社会治理的难点与痛点

“小候鸟”是指父母外出打工、自己无奈留在老家上学，到了暑假来到城市与父母团聚的一群孩子。家人团聚无论是给在杭打工的父母还是来到父母身边的儿童们，带来的都是开心与幸福，但与此同时也带来了忧虑与烦恼：父母要上班，没有时间陪伴孩子，孩子的安全也成为最大的隐患。“小候鸟”因为无人照顾导致的溺水死亡、交通事故、治安刑事案件等时有媒体报道，也酿成诸多家庭惨剧。下城区“双新名师智慧空间站”的导师与青年教师学员们体察社会，萌生了巨大的社会责任感。

2. 教育公平与教师师德培训培养是教育改革与发展的重点

教育公平是社会公平的重要基础。外来务工人员子女因为各种原因不能在杭州学习生活，但暑假来到杭州，青年教师通过搭建“小候鸟驿站”平台，让他们也能享受到杭州的优质教育资源，为教育公平尽一份责任，奉献一点力量。同时，习近平总书记对教师师德建设非常关注和重视，2014 年号召全国广大教师做有理想信念、有道德情操、有扎实学识、有仁爱之心的“四有”好教师。师德建设始终是一个重点、热点，但也是一个难点。“双新名师智慧空间站”在青年教师的培养中，创新探索建设“小候鸟驿站”，开展师德素养的真实性培训，促进青年教师师德的知行合一。

3. 关爱外来务工人员子女是杭州“大爱之城”的温暖点

杭州素有“大爱之城”的美誉。2017 年杭州市总工会专门发文，要求深入实施农民工“圆梦计划”，切实提高外来务工人员在杭工作生活的存在感、获得感和幸福感，促进外来务工人员子女健康、快乐成长，维护社会和谐稳定。

二、“双新小候鸟驿站”推进情况

2017 年是下城区“双新小候鸟驿站”发展的重要一年，“驿站”得到了下城区总工会、下城区教育工会大力支持，并形成三方共同主办的格局。在“驿站”建设和服务过程中，凸显公益化、规范化、专业化以及课程化等特点，因此也得到社会的高度认可和一致好评。主要从以下几方面推进：

1. 选址建站。分别与下城区长庆街道的十五家园社区、东新街道的万家星城社区合作，开辟专门场地作为“驿站”活动场所，确保“小候鸟”享有舒适、安全的温馨港湾。

2. 志愿者招募与培训。随着“驿站”的社会影响力和凝聚力不断提升，志愿者纷纷主动加入，成员已经涵盖下城区全体青年教师、在校大学生、在校高中生，浙江大学、中国美院等高校的教授们也参与了进来。

3. 招生。主要有三条路径：一是志愿者在外来务工人员相对集中的地方通过发放宣传单直接招生；二是与街道、社区合作招生；三是与《钱江晚报》《今日早报》等媒体合作招生。2017 年长庆街道和东新街道的两个站点共招生 62 人。

4. 募集资金。"驿站"采取公益化运作,"小候鸟"们在"驿站"的学习用品、饮食、外出参观、看电影、服装等是全部免费的。由于"驿站"的社会影响力较大,资金筹集已经实现了多元化。至 2017 年,下城区总工会、下城区教育工会、阿里公益等都积极出资赞助,还有部分学校、青少年活动场馆以及企业积极提供场地、交通,支持"驿站"活动。

5. 课程。"驿站"活动采取课程化方式运作,课程设计贴近孩子需求,贴近家长要求,围绕"学在杭州、游在杭州、爱在杭州"三个板块展开。对孩子的个性、特长进行指导和开发,开展数学天地、玩转绘本、创意科学等课程;设置绘画、剪纸、表演、急救知识宣讲等有意义的互动活动;同时,带领"小候鸟"们到西湖、博物馆、科技馆、美术馆等地游玩,讲解历史、畅聊未来,激发"小候鸟"追求梦想的情怀,使其树立积极向上的人生观。

6. "驿站"管理。制定并印制了《志愿者服务手册》,指导、规范所有志愿者的服务。制定全天候、专业化的陪伴方案,采取"管家式"服务模式,每天 8 点到 16 点 30 分,由志愿者全天候陪伴"小候鸟",辅导学习、带领游玩、保障安全。

三、"双新小候鸟驿站"的成效与意义

"驿站"开办四年来,已经形成"领导支持更大、志愿者参与更众、服务对象更多、社会关注度更高"的服务局面,已经成为凝聚社会力量、奉献爱心、传播正能量、践行社会主义核心价值观的优质平台。《浙江日报》、《杭州日报》、《钱江晚报》、杭州电视台等媒体大量报道。2017 年 8 月,浙江省委书记车俊、杭州市委书记赵一德委托杭州市委常委、秘书长许明专程到"双新小候鸟驿站"走访慰问。省教育厅、杭州市委、市政府等批文,要求介绍下城区"小候鸟驿站"的做法,并大力推广。

1. 社会治理的微创新。党的十八届三中全会明确提出要推进国家治理体系和治理能力现代化。"小候鸟驿站"通过搭建惠民平台,组织志愿者、发动社会力量,共同参与服务外来务工人员子女,提高外来务工人员在杭工作生活的存在感、获得感和幸福感,促进外来务工人员子女健康、快乐成长,维护社会和谐稳定。

2. 青年教师师德锤炼的新平台。"驿站"以"关爱他人、成长自己"为服务宗旨,走进、善待外来务工子女,通过与"小候鸟"的互动,引导青年教师汲取教育公平的理念;通过工作日志的记录,不断提升青年教师的服务意识和能力;利用活动总结和讨论,帮助青年教师思考教师的责任担当。青年志愿者们用自身的努力推动着教育公平。

第三节　评　价

在学院转型的全过程中，绩效评估与效果验证始终贯穿其中，并起到导向、诊断、激励等作用。因此，在转型发展的顶层设计、整体构建之初，评价创新就作为重要的内容和环节充分讨论和论证，达成了学院转型评价的三元构成：在转型中评价、有关转型的评价和为了转型的评价。在具体的转型研究与实践中又不断修正、完善和再创新，由此创造了多元主体的调研考察式、项目评估式、创先评优式、满意度调查式、展示交流式、教师反思式、绩效考核式、媒体推介式等评价载体，创新了过程性、表现性、发展性、真实性等评价方式方法，实现转型实践的过程控制科学化、绩效评价精细化、评价结果价值化，构建了一套科学高效的绩效评价体系。通过评价一方面准确客观表达评价主体对转型事件的真切感受与满意度，另一方面也科学验证和评估学院转型的效果与效能。

学院现代转型是否成功有效，师生的发展和各方的认可才是最终的检验标准。因此，本章节所指的评价，主要是通过多主体、多维度、多形式乃至可视化的评价方式，来求证和还原转型创新的真实发生及客观效果。

一、教师、校(园)满意度评价

学院的宗旨就是要努力为每一个教师和校(园)提供专业、优质、满意的服务。因此，科学建立教师、校(园)对学院、研究员或是研训教项目的满意度评价机制和评价标准，成为重要的绩效管理手段。学院在以下项目评价中，实施了满意度测评。

(一)教师 360 学时全员培训的学评价满意率高

在 360 学时全员培训中，每一个项目实施后在浙江省师训网络管理平台上均需要学员和项目负责人(学院的研究员)以满意度为主要指标实施学评教、教评学的过程性评价，年度对区域研训教机构所有项目实施满意度总体统计评价，其满意率数据也是作为省对区域培训质量状况的考核的重要依据。这些年来下城区各项培训评价指标在全省均名列前茅。从表 4-4 中可以看出学评教满意率达到 99.45%，培训质量满意率达到 99.45%，其他指标也优于市、省平均水平。

表 4-4　下城区 2015—2016 年度全员 360 学时培训主要指标

主要内容	指标	主要内容	指标
教师年人均完成培训学时	93.43 学时	教师培训实际参训率	99.06%
教评学完成率	100.00%	教师规定培训完成率	100.00%
学评教满意率	99.45%	培训质量满意率	99.45%
教师培训自主选课率(不含校本培训和指令性培训)	60.42 学时	教师培训自主选课率占总体培训学时数	64.67%

(二)教师对研修活动的反思性评价

学而不思则罔。研训教后的反思是促进教师专业化成长的重要方式,也是评估学员对研训教活动的反应和学习收获的重要载体和方法,学院的研训教制度建设对学员学习反思的撰写有硬性要求。

美国威斯康星大学的唐纳德·L. 柯克帕特里克(Donald L. Kirkpatrick)1959 年就提出了评估培训效果的柯氏四级评估:第一级是反应层,主要看学员对课程和老师反应好不好;第二级是学习层,主要看学员从课程和老师那里学到了什么;第三级是行为层,主要看学员在课后行为改变情况;第四级是成果层,主要看学员行为改变后对组织带来的实际绩效成果。学院对研训教效果的评估正是按照这一模型实施的,在前面学院通过学评教、教评学方式较好评估了学员的反映层,研训教反思则正是评估学员学习层的重要方法,既可以评价学员研修的收获、满意度和成长情况,也可以从中发现、诊断、评价研训教活动的质量和存在的问题。

【资料链接】

新锐青年骨干班学员戴丽丽老师参加“超级演说家”主题研训教活动后的反思

2018 年 4 月 18 日下午,带着感动和思考,融合着现实和梦想,新锐青年骨干教师们述说着一个个震撼心灵的教育故事,诉说着自己的教育梦想——俨然一位位超级演说家。

通过这个活动,也引发了我的“三思”:

1. 演说素养。演讲在展现教师风采的同时,也反映出每个人的语言特征。它不仅是一门艺术,同时也有技巧可循。用抑扬顿挫的不同语调和疾缓快慢的不同语速进行演讲,可使听众的注意力集中在演讲者的身上。就像新锐骨干的语文老师们所呈现出的演讲技巧，让在场的老师们如沐春风。同时要想吸引每个人的注意，引起大家的共鸣，我们必须思考演讲词中究竟应该包含怎样的“言语智慧”。

2. 理想情怀。记得伟大的美国哲学家爱默生曾说：“不倾注激情和情怀，休想成就丰功伟绩。”教育没有激情和情怀，就没有教育的震撼、共鸣和创新。演讲中的一位老师说道：“我的梦想就是在平凡的岗位上做平凡的工作，然而却成就不平凡的学生。”是啊，有了理想和情怀才能助推我们走向梦想的彼岸。

3. 教育智慧。很多“演说家”老师们提到：在教育梦想的路上也曾经历过坎坷、挫折，甚至气馁，然而他们并没有放弃，而是不断地在一次次的受挫中积累经验，同时不吝惜自己的智慧和努力，才能有如今的自如自信、得心应手。其中，有老师提到了小老师课堂、爱的日记、学习故事等，这些都是值得我去学习和实践的智慧方法。

这样有深意的活动，也让我明白只要心中有教育梦，其他的阻碍都将会化为我们梦想之路上的基石。教育是一个长远的过程，需要我们在过程中慢慢地积淀。每个孩子都是一本独特的、非常耐读但又不易读懂的书，需要教师用智慧和理性去解读。在教育梦的路上，应与孩子携手同行、共赢共舞。

活动结束后，由浙大刘徽老师、阎亚军老师等三位专家评委进行点评和颁奖。每位专家对活动都给予了较高的评价。阎老师如是说：“下城教师的教育理念和专业素养已经达到一个很高的水准，让我感觉最深刻的是每一个老师都能站在儿童的视角，眼中有人，心中有爱。”当然，专家们也对在座的老师们提出了新的期望。其中刘老师和婷婷老师共同提到的一点也深深地启迪了我：“作为教师要让自己获得更多的快乐感与幸福感，不忘初心。回到当初问问自己，你为何当老师，可能更多的是收获你与孩子、家长之间的情感积淀，一些教育实践慢慢会让我们的梦想得以实现，一定会让大家在求梦的道路上越加稳健。”这句话让我会在日后的教育生活中：少些抱怨，多些用心；少些烦恼，多些思考；少些空想，多些实践。

专家的点评和花式鼓励，使每位新锐骨干教师们深受鼓舞，也让大家明白梦想成长的形状来自碰撞，一路上的艰难要靠有形的努力去克服，才能实现我们心中的教育梦。所以只要做好自己，做好老师这一重要角色，这就是最美好的教育梦。虽然我们不一样，但其实我们都一样——一群实践自己教育梦的下城新锐者们。

杭州市京都小学语文教师沈悦涵参加小学低段语文智·趣课堂的研训教活动反思

低年级语文教研活动以“智·趣”为核心，分成不同的专题板块进行，例如识字教学、童话教学、写话写作教学等，这对于我们一线教师来说，更有针对性，更具操作性。识字教学对于低年级来说，是教学的基础和重点。本学期识字教学专题教研由教研员曹老师亲自做了“基于统编教材的‘智·趣’识字教学策略”专题报告以及课例引领“‘贝’的故事”。

在报告中，曹老师指出在统编低年级教材中，识字渠道有不同的三种，识字目标不同，采用的策略也不同。曹老师基于热情与兴趣激发、思维与想象打开、逻辑和意义建构三个维度阐述了识字教学活动该如何设计。每个维度又有具体的操作策略，比如基于思维与想象的根据字形组块、根据字义组块等，又辅以教材中的教学案例，更生动形象地呈现出来，带给我们直观的感受和深入的思考。曹老师的课例“‘贝’的故事”一课，运用微课呈现、创设情境等方法，带领学生智慧识字，共享乐趣。课例环节的巧妙设计给我们启发，策略的运用也值得我们学习。

（三）基层教师对研究员工作年度满意度测评

学院转型的一个重要内容就是从管理转向服务，并树立为每一个教师服务的理念。在服务的作风与态度、服务的方法与形式、服务的质量与水平、服务对象满意程度等方面，教师最有发言权和评判权。学院在治理体系建设中，构建并实施了区域全体教师参与的全员评价制度，按服务对象分别对每一个研究员从服务意识、指导能力、研训教质量和综合评定等四个维度进行满意度调查，调查采取网络、分校（园）、不记名方式开展（见表4-5）。

表4-5 杭州市下城区教师教育学院研究员工作满意度调查

请填涂您的基本信息：

学段：幼儿园、小学、初中

学科：（略）

年龄段：25岁及以下，26～30岁；31～35岁，36～40岁，41～45岁，46～50岁，51～55岁，56～60岁

职称：初级职称，中级职称，高级职称

星级名师：一星级，二星级，三星级，四星级，五星级

部门	姓名	服务意识	指导能力	研训质量	综合评价
略	略	A优（　） B良（　） C合格（　） D不合格（　）	A优（　） B良（　） C合格（　） D不合格（　）	A优（　） B良（　） C合格（　） D不合格（　）	A优（　） B良（　） C合格（　） D不合格（　）

以2017年度满意度调查测评为例：单项指标中个人A等率最高值为100%，最低值为91%，“综合评价”指标中A等率最高值为100%，最低值为90%。从各项指标的学院平均值来看，研究员服务意识A等率平均值为98.04%，指导能力A等率97.67%，研训质量A等率97.74%，综合评价A等率为97.81%。虽然调查可能存在不全面、不科学和不精准等问题和偏差，但这一成绩单至少能从一个侧面反映在转型过程中研究员从自身改变开始，提升专业领导力和影响力，赢得了老师的普遍赞誉与好评。

近几年的满意度调查大数据显示，对同一个研究员的满意度调查，不同校（园）、不同年龄段、不同专业发展阶段（职称、星级名师）的教师，满意度评价结果不同，五个指标体系中各个指标的满意度结果也各不一样。不同学科、不同的研究员之间更是呈现较大的差异。一方面，这说明由于不同教师的需求不同、评价标准不一样，对研究员满意度结果也会不一样；另一方面，这说明研究员专业发展和工作表现还存在不平衡问题，研究员的能力水平、作风态度、与教师关系等诸多方面都有较大的改进空间。这些调查和研究，对研究员队伍建设起到了良好的导向、激励、诊断和改进作用。

（四）校（园）对学院的民意测评

对于学院转型效果的评测，仅有每年对研究员的满意度调查还是不够的，学院每年还自主开展校（园）、教师对学院的满意度调查，从近几年的调查大数据来看：各校（园）对学院的“综合评定”这一指标A等率指标均在95%以上，这一结果与教师对研究员满意度调查中的“综合评定”A等率平均值十分接近，说明了区域教师和校（园）对学院转型、发展的支持与认可。

二、专业机构的创优评价

省、市研训教机构每年或是定期都会开展不同项目的评选评优工作，近些年，为使推评工作更有导向性、激励性和权威性，评选评优的方式方法及手段也在不断改进和创新，最为明显的改变就是由传统的指标分配式向差额考评式转变，大大提升了推评工作的专业性、科学性和权威性，较好激发了区域研训教工作争先创优积极性，也为观察、评估区域研训教机构工作绩效提供了一个较好的视角和参照。

(一)下城区研训教工作分别荣获浙江省教研、科研、师训三项先进荣誉

自2013年实施转型实践与研究以来,下城区先后荣获了浙江省教育厅教研室、教科院、省师干训中心等颁发的研训教三个大奖:浙江省科研工作先进集体、浙江省教研工作先进集体、浙江省师训工作先进集体。

这些项目的评选都采取了自主申报、市择优推荐、专家评审、差额入选的办法。在省师训工作先进集体评选中,还专门组织专家组实地走访考察打分评价,下城最终以高分入选。

【资料链接】

浙江省2015—2016年度师训工作先进集体评比条件

1.培训规划好。认真做好教育行政部门的决策参谋,积极调研分析,在提出培训思路、设计培训计划方面,切合本地实际、方向正确、思路清晰,得到当地教育行政部门的高度认可和评价。

2.培训实施好。规章制度健全,培训机制完善,扎实完成培训计划和任务,绩效排名要在本地区处于中上水平,教师参训率在95%以上,教师满意度在95%以上,成绩突出。日常培训工作运作正常、规范、有效,并有一定的特色。

3.培训监控好。重视过程管理,有完整的监控规范和操作规程。

4.培训指导好。指导校本培训方面,尊重基层,服务学校意识强,作风务实,公正规范,措施得当,行动得力,效果明显,基层反响好。

5.培训创新好。重视培训模式创新、培训者队伍建设、工作作风建设和教师素质提升;团队和谐,积极向上;积极引导培训教师关注工作策略,在工作创新和提高培训质量方面有思路,有实践,有成效。

6.培训宣传好。每年有多项新闻报道在"浙江省中小学教师继续教育网"和各种媒体上登载。

7.培训研究好。每年有师干训研究课题在各级各类课题申报中成功立项,尤其是在省中心每期师训干训研究课题申报中都有课题成功立项,并在课题评比中获奖。有科研论文在正式刊物或中心杂志《教师教育理论与实践》上发表。

8.无违规违纪现象,评选期内没有被有关部门通报批评或查处。

(二)浙江省市县教研工作亮点评选中下城亮点纷呈

为推动市县教研工作改革创新，省教育厅教研室从2012年开始每年组织开展市县教研工作亮点评选，年评选总量一般控制在10～20个，形式采取自主申报、市教研室择优推荐、省教研室专家评审的办法，下城区已有"督评一体化调研""教研转型·个性化定制服务""教研转型·重点项目实践研究"等三个项目先后入选并获得表彰，区域"亮点"数量名列全省前茅。

(三)课题研究及评价

学院转型的重要策略之一就是通过课题研究指导助推实践。2015年，笔者领衔研究员参与积极申报并立项了浙江省教育规划课题"现代区域研训教一体化的路径创新与实践"，以课题为载体，借智借力，共同探究和推进区域研训教机构的现代转型。中国教育科学研究院、浙江省师干训中心、省教研室、省教科院、浙江大学等单位的领导专家都先后到学院指导课题的研究和转型的实践，并给予了较高的评价。课题顺利通过鉴定按时结题，目前正在积极准备申报研究成果。

三、行政评价

(一)顺利通过浙江省教育厅中小学教师培训机构资质认定

为了提升和把控教师培训质量，浙江省有严格的中小学教师培训机构资质认定要求和办法，以促进培训机构和培训者向标准体系看齐，不断提升其专业水准。在"十二五"初期，原下城区教育研究发展中心(教育学院前身)因场地不足、办学条件较差，一直以来没有通过浙江省教育厅中小学教师培训机构资质认定，在全省教师5年360学时全员培训启动的时候，下城区只能与杭师大合作，利用其资质开展教师培训。在实施转型发展战略、成立下城区教师教育学院后，区政府、教育局大力支持学院改善办学条件，学院全方位推进转型创新，成效斐然，各方面均达到或超过资质认定专业标准，2013年学院高水平通过了省教育厅组织的中小学教师培训机构资质认定评估。

(二)被确定为"长三角中小学名校长联合培训实践基地"

为加强师干训工作，上海、浙江、江苏、安徽四省(市)教育厅(委)建立了联合培训机制，并分别在每个省(市)选拔建设了校长跟岗实践基地，每个省(市)仅选建两个县区教师培训机构类的实践基地，下城区教师教育学院被确定为2016—2018年"长三角中小学名校长联合培训实践基地"。截至2017年11月，本基地已经接待了2期来自长三角县区研训教机构的名校长在这里跟岗实践，学员深入了解下城区开展的现代转型工作，并给予了高度评价。

（三）区教育局对学院年度绩效考核

教育局都要对校（园）、直属事业单位以及相关的班子管理团队实施年度绩效考核。对班子团队从学习成长指数、重点项目指数、先锋服务指数等三个维度进行评价。对直属单位的考核则是从机构发展、重点项目、校（园）评价等方面展开，特别要对校（园）评价实行满意度调查。下城区教师教育学院在实施转型工作以来，连续四年的年度考核均获得“优秀”的好成绩，由此也较好地说明了教育局、基层校园对学院的转型发展路径以及成绩成果的认可和点赞。

四、第三方项目绩效评价

（一）九年一贯制办学课程衔接研究与开发项目

区域研训教机构现代转型的一个重要方向就是由研究课堂转向研究开发课程，近几年来学院大力推进课程改革，加强拓展性课程开发与建设。下城区较早地实施了九年一贯制办学实践探索，也是县区九年一贯制学校较多的区域，区内最多时候有六所九年一贯制学校。在大力推进义务教育均衡发展、实行就近入学背景下，国家鼓励和支持九年一贯制办学实践。

课程衔接是九年一贯制学校的核心优势。为更好地研究和服务于九年一贯制办学，下城区与中国教育科学研究院合作开展九年一贯制办学的课程衔接研究与课程开发工作，中国教育科学研究院专家团队作为项目指导专家，下城区教师教育学院学科研究员作为课程开发领衔人，组织区域一线骨干教师合力攻关，短短一年时间在多年研究积累基础上编撰出版了语文、数学、科学、英语四个学科的课程衔接指导书（见图 4-9）。中国教育科学研究院组织国内知名专家对该项目实施了第三方鉴定，给予了高度评价，面向全国召开了成果发布会，《中国教育报》《中国德育》等媒体参会并做了专题、专版报道。

（二）名师智慧空间站项目

名师培训培养一直以来都是区域教师队伍建设的重点项目，在名师培养方式上下城区创新打造了特色品牌项目——名师智慧空间站，全区首届共建设了由特级教师领衔的 10 个“空间站”。为了提升项目实施质量，加强该项目的绩效评估，学院与杭州师范大学专家团队合作实施了第三方评价，构建了过程性评价与终结性评价相结合的评价方式，为名师智慧空间站项目的优质、特色、高效建设提供了有力的评价支持。各名师智慧空间站运行

图 4-9　九年一贯制课程衔接指导书

三年成果丰硕，共培养 110 多位骨干教师，开展 10 余项课题研究，在各级各类学术期刊上发表论文 150 余篇，出版 10 多本学术专著，“空间站”名师培训培养品牌价值彰显，吸引了全省、全国教育同行前来考察交流。

【资料链接】

下城区“名师智慧空间站”2015 年度考核办法（试行）

为更好地规范名师智慧空间站管理工作，及时掌握空间站名师培养动态，进一步完善名师培养机制，加快名师培养步伐，打造区域名师培养品牌项目，根据《下城区名师智慧空间站创建及管理办法（试行）》（下教〔2013〕102 号）文件精神，特制定本年度考核办法。

一、考核导向

（一）坚持过程性考核

本次年度考核继续通过多种考核形式，有效诊断名师智慧空间站运行状况，及时发现名师培养过程中出现的问题，进一步加强对名师智慧空间站的考核反馈，引导各空间站认真总结名师培养先进经验，提炼空间站创建特色，达到以考核促进空间站创建，以考核推进名师培养工作的目的。

（二）突出差异性评价

本年度考核不用一把尺子衡量所有名师智慧空间站，强调在落实规范化管理的基础上，实现名师智慧空间站差异化、个性化、特色化发展。

（三）关注特色化成果

本年度考核不仅强调空间站认真落实工作计划，还关注空间站阶段性成果发表与宣传，以及终结性成果的发表出版等方面的准备工作，尤其是具有创造性的名师培养成果的提炼。

二、考核目的

（一）了解名师智慧空间站年度运转基本情况

（二）发现名师智慧空间站实施中问题与困难

（三）测评名师智慧空间站研修教师发展水平

（四）交流名师智慧空间站特色化发展的举措

（五）关注名师智慧空间站的成果发表与宣传

三、考核办法

组建专家考核组，采取台账检查、书面报告、问卷调查、领衔名师的现场述职相结合，定性与定量考核相结合的形式。其中台账检查占35%，书面报告评估占15%，问卷调查与访谈占15%，空间站领衔人述职占35%。专家考核组结合书面报告、问卷调查与访谈情况，撰写并提交名师智慧空间站年度考核反馈报告。

（一）台账检查

专家组对照《下城区名师智慧空间站年度考核办法》，检查名师智慧空间站年度台账，并评分（台账统一电子化，请将相关活动方案、通知、照片、证书、文章等形成性档案，拍照或扫描，建立清晰的文件夹；单独备一个文件夹目录，对电子台账的内容做一个详细的查找指南，便于考评组查阅）。评分结果作为考核各名师智慧空间站年度运作是否规范的重要依据。

（二）书面报告

空间站主持人和研修学员，分别填写《名师智慧空间站年度运行情况报告表》和《名师智慧空间站年度研修情况报告表》

（三）问卷调查

编制《名师智慧空间站研修学员调查问卷》，调查空间站研修学员发展水平，形成问卷调查报告。

（四）研修学员集体访谈

约请一半左右的空间站学员，集中于教师教育学院进行集体访谈，了解一年来空间站的运行特色和亮点工作。

（五）领衔人述职

智慧空间站领衔人做12分钟述职。述职不必面面俱到，重点介绍亮点、特色、成效以及第三年(2016 年 12 月底)终端考核成果呈现方式构想。考核组现场评分(专家评委＋群众评委,具体方案另行通知)。

五、学院内部的绩效考评

学院转型发展的其中一个重要指标就是治理化,绩效考核是治理的重要方式和手段之一。学院在治理化转型中整合多种资源、多方力量和多种评估,科学建立内外互动、多维支撑的“两层面三维度”发展性评价机制和年度考评制度。

从“两层面”看一个层面是指研究员对学院班子成员的绩效考评。教育局每年都对学院班子成员实施年度考核,研究员是参与主体,其考核结果一方面作为班子成员自我审视、自我反思、自主改进的依据,另一方面也作为验证转型发展战略的重要参照。

第二个层面是学院对研究员实施的“三维度”年度绩效评价,呈现多元化、开放性、发展性等特点。维度一:研究员个人自我反思性评价。要求研究员对自我年度专业化发展情况、本人履职情况、本学科教师专业发展情况进行全面梳理、自我反思、自主评价。维度二:主管部门实行的履职表现评价。以学院年度工作计划、学科或部门工作行事历、教育局和学院重点项目、临时性安排的重要工作等为内容,建立每个研究员个性化的履职责任清单,以正负赋分的方式进行评估。维度三:服务对象的全员评价。在前面的满意度调查中已做了详细介绍,这里不再赘述。三个板块的内容整合起来并给予不同的权重配比,就构成对研究员的年度考核,较好地体现了多元主体的参与,科学处理了研究员工作统一性要求和个性化特点之间的矛盾,可操作性强,评价结果也相对精准。评价是风向标,特别是这种多元开放、内外互动的创新性评价,为学院转型工作的诊断、改进提供了良好的契机,也较好地促进了学院的转型发展。

六、媒体、社会对学院转型实践的舆论评价

区域研训教制度是具有中国特色的促进教师专业化发展的制度,区域研训教机构在新时代如何应对并实施改革创新,本身就是教育的一个热点、难点和焦点。因此,学院自主实施转型创新的研究与实践以来,得到了媒体和社会的广泛、持续的关注,特别是各方媒体,从不同的视角,采取不同的方式,对发生在杭州下城的区域研训教机构——教师教育学院转型实施的过程、重点项目和工作以及成效成果进行了大量的宣传报道,《中国教育报》、

《浙江教育报》、《浙江日报》、《杭州日报》、《钱江晚报》、《上海教育》、《教师教育论坛》、杭州电视台、各大门户网站等媒体均给予了正向、积极的报道和评价(见图 4-10、图 4-11)。

中共浙江省委教育工作委员会
浙江省教育厅
www.zjedu.gov.cn

以科学和谐理念 引领教育发展

首页 教育机构 浙江教育 教育动态 政策法规 政务公开 网上办事 互动交流 阳光高考

站点搜索

您的位置：首页 · 教育动态

杭州市下城区教育局以“双新小候鸟驿站”创惠民新平台

【浏览字体：大 中 小 】 发布时间：2017-09-06 17:54:56 点击数量： 110

近年来，下城区为解决暑期“小候鸟”来杭团聚、“二次留守”问题，整合力量、多方联动，依托下城区教育局、下城区双新名师智慧空间站、下城区总工会等单位，联手打造“双新小候鸟驿站”，让“小候鸟”们体验“学在杭州、游在杭州、爱在杭州”。该“驿站”开办至今，已成功举办4期，搭建了服务“留守儿童”促成长、服务青年教师促发展、服务社会发展促和谐的全新惠民平台。8月16日，一封来自文龙巷小学盛志富小朋友关于“驿站”的信件，得到省委书记车俊的批示。

一、服务“留守儿童”促成长

一是精心筹备，开辟安全舒适环境。下城区在长庆街道、东新街道开辟专门场地作为“驿站”活动场所，确保“小候鸟”享有舒适、安全的温馨港湾。同时，做好后勤服务保障，为“小候鸟”免费提供营养午餐，组织观看各类电影，确保“小候鸟”身心健康。

二是全程陪伴，解决家长后顾之忧。关注“小候鸟”的生活现状和学习情况，制定全天候、专业化的陪伴方案，采取“管家式”服务模式，每天9点到16点30分，由志愿者全天候陪伴“小候鸟”，辅导学习、带领游玩、保障安全，为“小候鸟”留下一段幸福美好的杭州记忆，也为家长消除后顾之忧。

三是精彩课程，激发学生学习兴趣。精心设计课程，围绕“学在杭州、游在杭州、爱在杭州”三个板块展开。对孩子的个性、特长进行指导和

图 4-10 浙江省教育厅门户网站介绍杭州市下城区教师教育学院“双新”名师智慧空间站创新“双新小候鸟驿站”载体，培养青年教师师德的有效做法

浙江教育报

教师周刊

2015年5月22日 星期五

微言微语

让每一间教室都有优秀教师

杭州市下城区教师教育学院“研训教”进入“私人定制”的“小时代”

图 4-11 《浙江教育报》介绍下城区研训教转型发展

【资料链接】

《中国教育报》2017 年 1 月 3 日第 8 版

“区域一贯教育的选择与突破——杭州市下城区九年一贯制学校办学创新探索纪实”(部分)

突破三:聚焦办学核心

课程衔接是九年一贯制学校办学的核心优势,下城区九年一贯制学校聚焦核心,在开齐开足国家课程的基础上,以语文、数学、科学、英语 4 门学科为重点,主动进行了课程衔接的研究和实践,着手整合与衔接、调整与修订,对课程衔接研究的机制、路径、规律加以探求,强调了学生和课堂才是一切教育的终端,回到了教育教学的原点,取得了整体性的成果。

1. 调研衔接学情。研究员走进学校,走近师生,走进教材,全面了解衔接问题。一方面,通过访谈、问卷、测验等研究方法,基本掌握了下城区九年一贯制学校的学科发展状况、师资的配备情况和衔接教学现状、困难。另一方面,认真研读课程标准和中小学教材,仔细分析和比较中小学学科教学之间的异同,积极探索有效的教学策略和方法。这些工作为课程衔接研究与实践提供了翔实的依据,奠定了良好的基础。

2. 构建衔接方案。针对当前“教学目标、教学内容、教学方式、教学评价”等衔接断层问题,通过多次的集中研讨,形成课程衔接的基本取向——“拉长、降坡、放慢、提质”,旨在拉长重、难点的学习时间,为学生理解重、难点设置阶梯,降低坡度,帮助学生自己思考、分析,做到真正理解、内化,同时,在重、难点问题上给足学生思考、内化的时间,让学生得到充分的体验与感悟,从而减小课程障碍,提升学生的学习质量,实现学生学科素养的提升。语、数、英、科四大学科以“养成—素养”作为衔接课程的基本模式,从理解学科、理解学生、理解教学这三个层面出发,从课程内容的规划上进行衔接,从教学思想方法上进行衔接,从学生学习方式上进行衔接,从教师的教研培训上进行衔接。研究团队厘清了六至八年级教学目标、教学内容、教学方式等方面的衔接要点,有效减少了重复教学,增强了中小学学习的贯通性,减轻了学生负担,提高了学习效率。

3. 创新衔接组织。在研究和实践中,各学科都由研究员领衔,组建全域研究共同体。建立了覆盖全区九年一贯制学校的新的教研形态:专家指导的权威式教研——实现高位引领;区域统整的主题式教研——实现资源互享；校际合作的联盟式教研——实现学科互助；以校为本的融通式教研——实现中小互动。中国教科院组织的课程专家团队对各学科课程衔接研究全程高位指导；研究员从教学设计到磨课指导，再到成果总结，对研究全面负责；各校骨干教师共同研究、共享资源；各校以教研组或片组为单位，完成学情调查、教材内容梳理、教学目标制定及课堂教学研讨等工作。以此，依托研究共同体，凭借集体智慧，从教学实践中发现问题，共同寻找解决问题的途径和方法，再共同研究提升教师的教学水平和理论水平，让参与者领略到了课程衔接的魅力，促进了教师课程衔接意识的形成和自身专业的成长，让教师逐步成为"课程的研究者"和"课程的开发者"。

4. 形成衔接成果。课例研究是下城区九年一贯制课程衔接的研究特色和重点。课例研究是一个"做课例"的过程，围绕如何改进一堂课进行研究，其目的不仅是上好这堂课，更是让老师在研究这节课的过程中，学会有目标、有方法地改进这类课或更多课。语、数、英、科四个学科在衔接的教学与实践中，大力开展课例研究，形成了各自的典型课例，通过课例研究过程中的主题选择、问题解决、同伴参与、不断反思、持续改进等，形成了若干课例研究文本，为课程衔接提供可参考的范本。在此基础上，积极参与编写"九年一贯制学校课程衔接研究与实践丛书"，形成成果，使之更臻系统化、科学化。

实践表明，下城区九年一贯制学校办学的创新探索，主张让更多的人接受更好的教育，让更多的人实现人生起点的公平，它观照人的权利、发展、机会、选择、可能、希望，它以把家门口入学的普通学生培养成优秀的毕业生为使命，它的价值取向就是要让不同的群体都对教育公平充满预期和信心，它的发展意义在于可以生成教育对社会公平的乘数效应，为学生和家长理智地择校提供更多的依据和理性的指引，自觉地挑战、改革、补充、创新现行教育及其办学模式，能够为教育的多元发展带来新的希望，为教育行动开辟新的可能。下城区九年一贯创新办学的实践无疑走在了国家教育改革的前列，也为区域教育改革发展提供了范例。

转型是一个持续不断的过程，创新永远在路上。区域研训教机构及研训教制度体系的现代转型才刚刚开始，发生在下城的转型研究与实践探索将向纵深迈进，因此，转型不会有终结性评价。

由于现代转型是区域自主探索和下城区率先实践，区域研训教机构转型或是现代区域研训教体系制度建设目前还缺乏整体的、可借鉴的评价工具和方法，因此，既无法实施全面系统的自评，也缺乏第三方权威、专业、专门性评估。但这并不是说发生在下城区的区域研训教机构现代转型就无法验证、不可评价,恰恰是上面这些项目化、过程性、展示性等评价方式,为我们提供了更为鲜活、更为精细、更可操作的评价方法,为实施转型提供了导向、诊断、改进、激励等支持,真正彰显了评价的价值和意义。

现代转型的根本目的在于促进师生发展,促进研究员发展,促进学院和区域教育的发展。近几年来,下城区教育教学质量在高位均衡基础上实现稳步提升,课程改革深入推进,教师专业化发展步入快车道,下城教育呈现出更开放、更包容、更精彩的发展新样态。学院现代转型研究与实践探索,既从下城教育的整体优质发展中获益,也为下城教育的改革创新助力,这种良性互动才是学院持续转型发展的不竭动力。

第五章　未来展望

基础教育的教研、师训制度是中国特色的区域教师培养制度，如何让特色更好地转化为教育生产力，区域研训教机构的转型创新是必然选择。转型是一个持续发生发展的过程，既要有当下的作为，更要有对未来的预判。从过去的实践出发，我们对区域研训教发展有以下期待：教师培训培养从知识、技能模型向素养模型转型升级。

纵观我国教师培训的发展，大致呈现出几种不同的发展模型：

第一，知识模型(1.0)。在应试教育、"知识中心"的背景下，形成了"给学生一碗水，教师要有一桶水"的教师发展观，教师培训的导向和任务主要是弥补、更新、丰富教师的多种教育教学知识，以应对学生对知识的渴求，在这一过程中不断完善、细化教师知识的结构和内容，形成了通识性知识、本体性知识、条件性知识和实践性知识的教师知识类别。特别是进入信息时代，信息技术与教育教学的融合，在信息化环境下学习，对教师提出了新的挑战，出现了教师应当具备的且必须具备的全新知识——整合技术的学科教学知识 TPACK(见图 5-1)。

TPACK 涉及学科内容、教学法和技术等三种知识要素，但并非是这三种知识的简单组合或叠加，而是要将技术"整合"("融入")到具体学科内容教学的教学法知识当中去。

第二，能力模型(2.0)。中国教育改革的推进，素质教育长期实践探索，学生创新能力和实践能力培养成为关键词，与此相适应的就是教师能力的提升成为教师研训教的主题，从最初单一教学技能的研训教到具有教学组织、言语表达、教学设计、教学媒体、教学监控等多方面能力的培养，教师培训机构和负责培训的人员都在努力探索教师能力模型及培养路径，但总体而言，对教师的培训还是侧重在教师的"技"与"术"上。

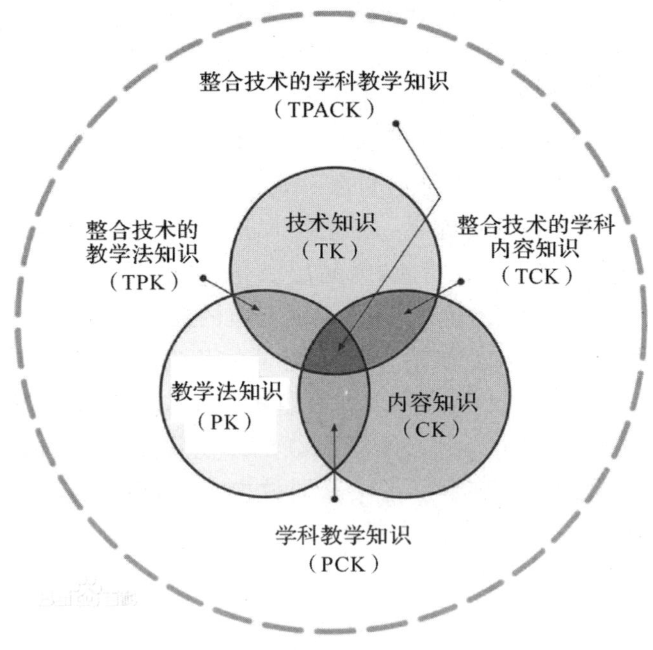

图 5-1　整合技术的学科教学知识 TPACK

第三，核心素养模型（3.0）。随着对中国学生发展的核心素养的提出与探索，教师专业化发展和培训也有了新的坐标和主题——教师发展的核心素养及模型建构。教师培训要立足宏大的时代场景和未来视野，将"人员培训"与学生的发展、学校发展、教育发展紧密有机地结合起来，反思未来教育以及未来"教育需要什么样的人才"。核心素养的模型一般由三个维度组成：价值观念、必备品格、关键能力。教师核心素养，既不同于一般人的素养，也不同于教师的一般素养。立德树人作为教育的根本价值追求，师德师风构成教师的必备品格，教书育人能力就可以成为教师的关键能力的重要内容。由此观之，教师发展核心素养模型的构建，对教师教育观念、角色、方式方法提出了新要求，正如吴卫东教授提出的：要树立超越学科教育的大教育观，教师角色要从"学科人"转型为"教育人"，教育教学方式要从教书、育人的"分体"走向教书育人的"合体"，双师型、综合型教师培养就成为教师研训的重要目标。这些根本变化对教师、对教师培训都提出了新的挑战，当然，也指明了未来的方向和目标。

教师发展核心素养模型的构建，必将升腾起两种力量，一种向上，另一种向下。其中"向上的力量"开启研训教组织的变革。

培训是一种有组织的知识传递、技能传递、信息传递、价值观传递、教育文化传递的行为。组织变革既是区域研训教治理的变革，也是研训教活动方式的更新。长期以来，区域研训教机构的行政化取向，缔造了与之适应的区域研训教组织的金字塔式科层制结构，区域研训教机构的研究员处于金字塔顶端而成为某一学科或是项目唯一的领导者。从横向看，研究员既是课程的设计者，也是组织实施者，还是对学员的评价者，这就形成了以研究员为核心的单核组织结构。因此，纵向层级化、横向封闭化、结构单一化、人员固定化的机械组织特点，造就了研训教工作的集权与专断、小马拉大车的被动局面，这些都极不利于知识、信息、能量的传递与流动。近几年来随着研训教治理的民主化，对区域、对研训教组织的生态发育有所重视并逐步改进，打造了以校为本、片区合作、区域引领的多层级组织，在加强备课组、教研组、年级组以及区域学科组等正式研训教组织外，也充分培育了研训教共同体、工作坊、师徒结对、项目组、课题组、名师工作室等合作性研训教组织，研训教组织建设呈现出多元化特征，这是好的迹象，但总体而言，金字塔形层级式组织和以个人为核心的单核组织结构并没有根本的改变。

美国布赖恩·罗伯逊在《重新定义管理》中提出了合弄制管理模式，强调未来组织是进化型组织，具有三个显著特征：自主管理、追求员工的完整性、"活"的生命系统，国内诸多培训专家为此也提出了好的见地。参照这些观点，结合对区域现有研训教体制、机制的反思，对未来区域研训教管理和研训教活动的组织变革与创新有以下几方面的期待：

一是研训教组织结构由金字塔的科层制转向生态的圈层。按照合弄制管理观点，未来组织的发展更像是一个生态圈建设，组织便是一个大的生态圈，在圈子里由不同角色完成一定的功能和使命，这些角色亦可根据彼此间的协作关系形成新的子圈子，从而独立完成一些更为重要的功能和使命。同时，每位研究员和教师都可在不同的圈子里担任各异的角色。每位教师都有权利选择加入不同的圈子，承担不同的角色。这样，组织的结构不再是围绕个人展开，每位成员都可遵照自己的发展意愿和能力，选择不同的角色，发挥特长。这些角色和圈子都是按照实际情况进行动态迭代，研究员角色进一步转型，从领导者、指导者到共同的学习者。

生态圈层的组织结构创新，外显的是组织形态变化，内隐的是关系、机制、运行模式的改变，重在体现自主管理和建设"活"的生命系统。

二是研训教组织变得富有弹性和张力。传统研训教呈现机械式组织的管控特征，“管控”的根基是“权力”，即教育行政部门让渡给研训教组织及人员的研训教管理权。在研训教组织的生态圈层建设中，管控式研训教将面临“水土不服”。有机式组织相对于传统的机械组织具有松散、灵活、低正规化、分权化和高度适应性等特征，其显著优势就是具有较低的垂直分化和较高的内外沟通。有机式弹性组织的建设，研训教人员、对象不再相对固定，教师基于研训教的兴趣、问题、项目等需要构建同质或是异质型组织。组织边界不再清晰，研训教范围、研训教成员不仅仅局限在区域内，跨学校、跨区域、跨文化的共同体式、联盟式、城乡结对式、海外游学式等合作研训教将成为常态。组织内的威权关系发生变化，以研究员为核心的单核结构的组织形式将为分权化的多核结构所替代，甚至每个教师就是一个能量体，组织张力巨大。研训教组织的发育呈现多元化趋势和多样化结构，在正式组织之外，更多的是非正式组织的蓬勃发展，论坛、沙龙、俱乐部、读书会、教师社团等非正式研训教组织生机勃勃。

三是蓬勃发育的网络社群组织。技术创新也是组织创新的重要内容，在“互联网＋”和移动终端等技术支持下，研训教管理和研训教活动注重实体组织与虚拟组织结合，特别是基于互联网构建网络社群组织，一个组群的人基于共同的兴趣、任务或者价值观，通过网络聚集到一起进行有组织、交互式、群体性的合作学习行为，本质上就是构建学习共同体，实施合作学习。这种研修具有群体互动超越时空性与开放性、成员关系呈现平等性与自主性、群体成员的异质性较高和群体边界模糊等特征，使研修活动随时、随地、随需要而发生，而不是由某个核心人员按照上级的指令发起组织，较好地实现生态圈层组织人人为师、人人为学的价值追求。

伴随研训教组织的多元化、生态化发展，研训教一体化也将进一步强化与深化。区域研训教机构高度重视研训教协同创新，一体化在机构整合型(1.0)、资源统合型(2.0)、要素融合型(3.0)方向和路径上进化升级，研训教三要素在各级各类的研训教组织中共同发力，极大提升区域教师研训教质量和效率。

“向下的力量”，将重点放在对区域研训教机构讲师的培养和教师研训教学习方式的变革上。区域研训教机构通过培养内部讲师，使研训教课程的开发更加适合区域教育内部实际场景。同时，从根本上改变大学教授传授知识、骨干教师传授教学技能、专家学者开讲座灌输理念观点的保守、单一的研训教模式，“学习方式的探索”将成为第二个五年全员培训乃至更长

时间教师研训教的一次大的风潮,并形成两大看点:

一是标杆学习和海外游学让区域研训教走向国际化,成为教师研修方式新的增长点和亮点,更多的优秀骨干教师将拓展国际视野,到海外访学、进行沉浸式研修。

二是信息技术与教师培训的有机融合,实行线上线下相结合的混合式研修。教师培训中培训师与人工智能协作共存渐成趋势。未来“引导(facilitation)和教练(coaching)”技术、“行动学习”技术、“视觉引导”技术、E-Learning和 M-Learning、慕课学习技术等将在区域研训教中有更好的表现,发挥更大的作用。人工智能连接正式学习与非正式学习环境,教师研训教将更开放,泛在学习会逐渐成为基本形态,人机结合的思维体系是我们未来思维方式的重要转变方向。

在信息技术支撑下,碎片化学习与系统化研修将实现较好的统一,基于网络的合作学习突破地域、师资、资源等限制,实现跨文化交流。在大规模背景下实现个性化研训教成为现实,基于大数据的个性化知识推送以及跨组织的点对点经验分享让个性化研训教更具魅力。教师开启从培训消费者到研训教创造者的转型,不再只是消费现有的研修内容,而是通过上传教程,分享经验,创造研修内容来学习。

当然,人工智能变革教育是一个过程。余全胜在《人工智能可能承担 12 种教育功能》一文中指出:尽管人工智能可以快速迭代,但教育制度以及教师的知识结构、教学习惯、教育观念的转变是较为漫长的过程。若想充分发挥人工智能在教育中的作用,就要将人工智能服务嵌入业务流程中,创造新的范式、新的流程、新的结构、新的业务形态,来服务于我们的教育,构建新的教育体系。这些观点为我们科学处理线上、线下关系,实施混合式研训教提供了很好的行动指导。

未来不是我们要去的地方,而是我们要创造的。

后　记

从2012年开始，杭州市下城区教师教育学院深刻经历了五年的转型发展。

《中共中央国务院关于全面深化新时代教师队伍建设改革的意见》中明确指出：建立健全地方教师发展机构和专业培训者队伍，依托现有资源，结合各地实际，逐步推进县级教师发展机构建设与改革，实现培训、教研、电教、科研部门有机整合。

当前，我国社会主要矛盾已经转化为人民日益增长的美好生活需要和不平衡不充分的发展之间的矛盾，人民对公平而有质量的教育的向往更加迫切。面对新方位、新征程、新使命，教师队伍还不能完全适应，全面提高中小学教师质量，建设一支高素质专业化的教师队伍已经刻不容缓。推进教师培养供给侧结构性改革，加快区域研训机构的转型与创新成为当务之急。

正是在这种教育变革的宏大背景下，杭州市下城区教师教育学院在局领导的大力支持和科学指导下，率先开启实施了“科学转型、内涵发展”的创新战略，注重顶层设计，整体推进，学院班子、部门负责人和全体研究员统一思想、转变作风，扎实而有效地开展实践研究和行动改变，五年的转型实践，创造了丰富鲜活、有价值、有成效的转型项目、案例，积淀了较为丰厚的创新思想观念和文化，为学院的可持续发展奠定了良好基础。本书因受篇幅所限仅摘录了部分部门和研究员的研究和实践的成果加以展示和印证，书中已经注明了相关人员名字，这里不再赘述。在此，对他们以及每一个积极参与转型研究与实践的干部、研究员表示由衷的感谢！

发生在下城的研训教机构转型创新工作，得到了大量专家学者的精心指导：中国教育科学研究院田慧生院长，浙江大学刘力教授、肖龙海教授，华东师范大学郑金洲教授、杨九诠教授，华中师范大学雷万鹏教授，杭州师范大学刘堤仿教授等，浙江省、杭州市教研、科研、师训等机构的领导、专家也多次到下城调研指导，在此一并表达敬意与谢意！

本书重点呈现的是学院五年转型发展的一段变革之路，同时希望通过对下城区教师教育学院转型的梳理，一方面，能够为区域教师发展机构建设与发展提供有价值的借鉴和参考；另一方面，通过小结和回望反思，也谋划、勾勒学院未来发展的新蓝图。

由于受本人学才所限，书中很多东西还只限于个人粗浅的观察思考与认知，并不能全面、准确、深刻地反映发生在下城研训教机构真实的转型价值，这也正是我要进一步思考、持续研究的地方。同时，限于各种原因，本书还有许多不足之处，恳请大家提出宝贵意见。

唐西胜

2018 年 5 月

图书在版编目(CIP)数据

区域研训教现代转型研究与实践 / 唐西胜著. —杭州：浙江大学出版社，2018.12
ISBN 978-7-308-18777-0

Ⅰ. ①区… Ⅱ. ①唐… Ⅲ. ①师资培养—研究 Ⅳ. ①G650

中国版本图书馆 CIP 数据核字(2018)第 282455 号

区域研训教现代转型研究与实践

唐西胜　著

责任编辑　吴伟伟 weiweiwu@zju.edu.cn
责任校对　杨利军　张培洁
封面设计　黄晓意
出版发行　浙江大学出版社
(杭州市天目山路 148 号　邮政编码 310007)
(网址：http://www.zjupress.com)
排　　版　杭州隆盛图文制作有限公司
印　　刷　绍兴市越生彩印有限公司
开　　本　710mm×1000mm　1/16
印　　张　13.25
字　　数　226 千
版 印 次　2018 年 12 月第 1 版　2018 年 12 月第 1 次印刷
书　　号　ISBN 978-7-308-18777-0
定　　价　48.00 元